JN025498

佐々木憲一・小杉 康・菱田哲郎・
朽木 量・若狭 徹［著］

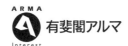

ARMA
Interest
有斐閣アルマ

改訂に際して

　本書の初版が刊行されて12年が経ちました。幸い，大学の考古学の概説講座で広く活用されて，6回も増刷を重ねることができたことを，大変うれしく思います。

　この12年の間に，考古学界では新しい発見があり，新しい知見が発表され，また方法論もより精緻になりました。改訂に際して，そういった考古学の進歩をできる限り反映させるよう，著者一同頑張りました。それ以上に今回気をつけたのは，初版で「難しい」と学生さんたちから指摘があった箇所について，よりわかりやすい例を提示し，図や説明を充実させ，場合によっては削除したことです。

　高校や大学で初めて考古学を学ぶ皆さんにとって，身近な，読みやすい書物として，さらに多くの読者の皆さんに手に取っていただけることを祈っています。

2023年11月

著者を代表して

佐々木憲一

「考古学」と聞いて，皆さんはどのようなイメージを思い浮かべ
ますか？ 字を素直に読めば，「古いことを考える学問」ですから，
歴史学に関係が深いことは理解していただけるでしょう。また，テ
レビニュースを見ると，本書のカバー写真のような「発掘作業」が
よく報道されるので，それをイメージする人も多いかと思います。
あるいは，博物館で銅鐸を見た人や，自宅の近所に塚（古墳）があ
るという人もいるでしょう。では，地面を掘ることと古いことを考
えることがどのようにつながっているのでしょうか？ 銅鐸や古墳
は歴史の中でどの部分を占めているのでしょうか？ 皆さんのそう
いった疑問に答えるために本書を企画しました。

　第Ⅰ部では，考古学研究者が発掘を経て，どのようなステップを
踏んで歴史叙述に至るのかを説明しています。そして第Ⅱ部では，
考古学研究の蓄積に基づいて，日本列島の人類史を再構築してみま
した。

　近年は，映画を見たり小説を読んだりして考古学を大学での専攻
に選んでくれる若者も少なくありません。大変ありがたいことです
が，映画や小説はフィクションの世界です。映画の中で，主人公が
墓穴を発見して，その場所を測量も写真撮影もせず掘り進むシーン
を見て，「何をめちゃくちゃやってるんだ！」と驚愕した覚えがあ
ります。また，私は読んだことはないのですが，宇宙人が古代文明
を築いたという小説があるそうで，それを半ば本気にしている若者
に出会ったこともあります。しかし，学問はフィクションではあり
ませんから，結論に至るためのさまざまな手続きがあります。そう

いった適切な手続きとは何で，その手続きを経た結果，どのような結論が導き出せるのか，本書から学んで欲しいと思います。

その目標に近づくため，欲張って古今東西の考え方や方法を紹介するように努めました。考古学専攻を志望する学生諸君だけでなく，新聞やニュースで考古学の成果の一端にふれる機会のある多くの市民の皆さんにも，広くお読みいただければ幸いです。

2011 年 2 月

著者を代表して

佐々木憲一

著者紹介 (執筆順)

● **佐々木憲一** (ささき けんいち)　　　　執筆担当：第 1, 5, 13 章

現　在　明治大学文学部教授，Ph. D.（学術博士）

専　攻　国家形成期の考古学（古墳時代）

主　著　『霞ヶ浦の前方後円墳――古墳文化における中央と周縁』
　　　　（共編著）六一書房，2018 年
　　　　『日本の古墳はなぜ巨大なのか』（共編著）吉川弘文館，
　　　　2020 年
　　　　Early Korea-Japan Interactions（共編著）Harvard University Korea Institute, 2018.

読者へのメッセージ

　考古学は歴史学の一翼を担う，どちらかというと狭い学問分野かもしれません。しかし，発掘あり，室内での遺物整理あり，文献資料調査（報告書からのデータ抽出）ありで，バラエティに富んだ研究活動が要求され，結果として，非常に楽しい学問です。その醍醐味の一端を本書から理解してもらえれば幸いです。

● **菱田　哲郎** (ひしだ てつお)　　　　執筆担当：第 2, 10 章

現　在　京都府立大学文学部教授

専　攻　日本考古学，比較考古学

主　著　『古代寺院史の研究』（共編）思文閣，2019 年
　　　　『古代日本国家形成の考古学』京都大学学術出版会，2007 年
　　　　『須恵器の系譜』講談社，1996 年

読者へのメッセージ

　考古学を知るということは，身のまわりのさまざまなモノに対して鋭い観察眼を養うことにつながります。遺跡や博物館を楽しむための手引きになればと思っています。

● **朽 木　　量**（くつき　りょう）　　　　　　　執筆担当：第 3，11 章

現　在　千葉商科大学政策情報学部教授，博士（史学）

専　攻　歴史考古学，物質文化研究

主　著　『墓標の民族学・考古学』慶應義塾大学出版会，2004 年

　　　　『墓制・墓標研究の再構築——歴史・考古・民俗学の現場から』（共著）岩田書院，2010 年

　　　　『近現代考古学の射程——今なぜ近現代を語るのか』（分担執筆）六一書房，2005 年

読者へのメッセージ

　近世・近現代考古学は考古学の理論的立場が問われる領域です。ポスト・プロセス考古学的視点など，これまでの日本考古学の教科書にはない視点も含めて執筆しました。日本考古学における理論の深化につながることを願っています。

● **小 杉　　康**（こすぎ　やすし）　　　　　　　執筆担当：第 4，7，8，12 章

現　在　北海道大学大学院文学研究院特任教授

専　攻　縄文文化の考古学，物質文化の研究

主　著　『縄文のマツリと暮らし』岩波書店，2003 年

　　　　『心と形の考古学——認知考古学の冒険』（編著）同成社，2006 年

　　　　『縄文時代の考古学』全 12 巻（共編著）同成社，2007-2010 年

読者へのメッセージ

　難しい研究内容をできるだけ平易に，しかもこびることなく凛として，すぐに安易な答えを求めるのではなく関心を持続させること——少しくたびれはじめた我が頭脳への課題です。若い読者の皆さんは，おおいに考古学の思考方法と人類史の発想を学んでください。

● **若 狭　徹**（わかさ　とおる）　　　　　　執筆担当：第 6，9 章

現　在　明治大学文学部教授，博士（史学）

専　攻　日本考古学，文化財の保存と活用

主　著　『もっと知りたい　はにわの世界——古代社会からのメッセージ』東京美術，2009 年

『ビジュアル版 古墳時代ガイドブック』新泉社，2013 年

『東国から読み解く古墳時代』（歴史文化ライブラリー394）吉川弘文館，2015 年

『前方後円墳と東国社会』吉川弘文館，2017 年

『学習まんが日本の歴史①列島のあけぼの』（監修）講談社，2020 年

『埴輪は語る』ちくま新書，2021 年

『古墳時代東国の地域経営』吉川弘文館，2021 年

『埴輪——古代の証言者たち』角川ソフィア文庫，2022 年

読者へのメッセージ

　考古学は，古代ロマンを追求する趣味的で懐古的な学問だと誤解されがちです。しかし，過去の人類史の再構築はもとより，未来の地球社会の形成にも大切な役割を担っています。そうした本来の効用を頭の片隅におき，ときに再確認しながら，学びを進めていただきたいと思います。

目　次

第Ⅰ部　考古学の考え方と方法

第Ⅱ部　考古学からみた日本列島の人類史

第7章　旧石器文化 *161*

第**8**章　*縄 文 文 化*　　　　　　　　　　　　*179*

第**9**章　*弥生・古墳文化*　　　　　　　　　　　*199*

第10章 古代から中世前半の考古学　*227*

第11章 中世後半から近現代の考古学　*251*

Column 一覧

Information

● **本書の特徴・構成**　考古学の幅広さ，奥深さが理解してもらえるよう，さまざまな違った考え方に言及するように努めました。1つの課題に対して複数の立場が存在するという現実を認識して欲しいからです。古い学説だけでなく，最新のモデルなども積極的に紹介しています。また日本考古学の入門書とはいえ，多くの外国語文献を取り上げています。日本考古学を世界的視野から客観的に見つめる姿勢も養って欲しいからです。

　本書は2部構成です。第Ⅰ部は抽象的な議論が続きますので，第Ⅱ部を先に読んで，どうしてこのような叙述に至ったかを考えるためにあとで第Ⅰ部を繙くのも，本書の使い方です。詳細な索引を付していますので，索引から知りたい人名・遺跡などを見つけて，使うことも可能です。

● **部　扉**　各部扉の表には，部に含まれる章タイトルを掲載しました。また，第Ⅱ部の部扉裏には「日本列島の考古文化の編年対照表」を入れました。第Ⅱ部の見取り図になるよう，該当する場所に章番号を入れました。

● **章　扉**　各章冒頭には図版もしくは写真とリード文を入れました。

　第Ⅰ部については，その章を読む視点を伝えるリード文に，第Ⅱ部については，その章の内容を概観するための「要約」になっています。

● *Column*　各章に関するトピックスを本文中に囲み記事で入れました。

● **キーワード**　とくに重要な用語については，太字（ゴチック体）にしました。

● **読書案内**　巻末に，本書を読んで，さらに学びたいと思われた方におすすめの本を，各部ごとに取り上げて紹介しました。

● **引用・参考文献**　本書を執筆するうえで引用または参考にした文献を，和文文献は五十音順，欧文文献はアルファベット順に掲載しました。

● **図版出所一覧**　図表・写真の出所について，番号順に掲載しました。

● **索　引**　検索の便を図るため，基本用語・事項，遺跡名，人名につき，巻末に索引をつけ，欧文人名には原綴を入れました。

● その他補足資料を，有斐閣 HP 内の本書誌情報ページにて提供いたします。

　下記 URL や右の QR コードからご覧いただけます。

https://www.yuhikaku.co.jp/books/detail/9784641222250

【口絵1】　群馬県保渡田古墳群・八幡塚の復元整備

【口絵2】　環状盛土遺構の地図学的分布論

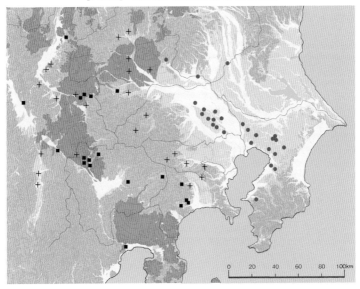

地形分類（自然地形）	配色	地形分類	配色	地形分類	配色	地形分類
		山地・丘陵		台地・段丘		砂丘
		火山地形		低地		湖

【口絵3】 北海道における旧石器文化・縄文文化の密度分布

① 旧石器（検索半径 100 km）

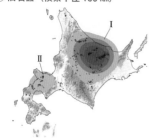

旧石器文化の北海道島地域の密度分布を求めると，検索半径100kmで東西に2つの大きなまとまりがあらわれる。東側の密度分布（I）は，常呂川と湧別川とのそれぞれの上流地域（北見山地中部〜南部の置戸・白滝）を中心とする。西側の密度分布（II）には，北海道南西部山地の赤井川村域が包摂されている。

② 旧石器（検索半径 40 km）

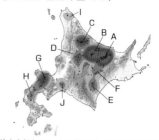

検索半径を40kmまで絞ると東側の密度分布には顕著なもので6つ，西側には2つ，その他宗谷丘陵地域と石狩・苫小牧低地帯とに1つずつの密度分布があらわれてくる。
《黒曜石産出地を包摂する》
　A：置戸，B：白滝，F：十勝三股，G：赤井川
《その他の石材産出地》
　C：チャート分布地帯，H：頁岩分布地帯
《石材以外の占地要因》D・E・I・J

③ 旧石器（検索半径 50 km）

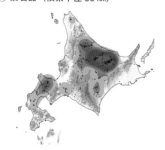

④ 縄文早期（検索半径 50 km）

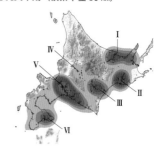

⑤ 縄文中期（検索半径 50 km）

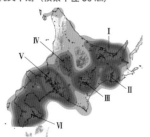

⑥ 縄文晩期（検索半径 50 km）

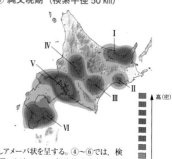

③では，密度分布の大きな広がりは，いくつかのまとまりを示しアメーバ状を呈する。④〜⑥では，検索半径50kmで，北海道には大別各時期すなわち早期から晩期にかけて6つの超越的地域（I〜VI）を認めることができる。

高（密）

低（粗）

第Ⅰ部　考古学の考え方と方法

測量の様子（国史跡舟塚山古墳：茨城県石岡市）

全長 183 m，周濠を含めると 256 m の東日本で第 2 位の規模を誇る大型前方後円墳。明治大学・茨城大学・東京学芸大学の合同測量調査（2012 年）の風景。

発掘の様子（小幌洞窟遺跡：北海道虻田郡豊浦町小幌海岸）

縄文文化（続縄文期）から擦文文化，アイヌ文化期にわたってオットセイ狩猟のキャンプ地として利用された海蝕洞窟に残された遺跡。北海道大学文学部考古学実習（2011 年）の洞窟前庭部の貝層の発掘風景。

第1章

考古学とはどんな学問か

この図は，漫画家園山俊二の描いた石器時代の生活です。過去の人類がどのような生活を送り，どのような社会・文化であったのか再構築するのが考古学の役割です。本章では，どのような方法で，どのような思考過程を経て，こういった再構築ができるのかを説明します。

1 考古学とは

　高校の教科書には，「考古学」の本はありません。しかしじつは，日本史の教科書の最初の部分，旧石器時代から弥生時代にかけての議論は考古学の研究成果のみに基づくものです。また，古墳時代や奈良時代も考古学に負う部分が非常に大きいのです。平安時代以降も，それほど大きくないかもしれませんが，考古学の貢献は無視できません。ということは，考古学は歴史学の一部をなす，あるいは歴史学に貢献する学問分野であることは簡単に理解できるでしょう。

　本書は，初めて考古学を学ぶ皆さんに，考古学とはどんな学問で（本章），どのように研究し（第Ⅰ部），その結果日本ではどのようなことがわかってきたか（第Ⅱ部）を解説します。第Ⅰ部では考古学の「方法論」を扱いますが，その大きな柱は，難しい言葉でいうと「機能論」（第2章），「編年論」（第3章），「分布論」（第4章）です。つまり，土器や石器はどのように使われ（機能），それらはいつごろのもので（編年），どこのものか・誰が使ったものか（分布）ということを探るのです。それら方法論が，考古学研究全体の中でどのように使われるかについて，本章では該当する箇所に（第何章）と記して，できる限り触れるようにします。

考古学の占める位置　歴史学に貢献する分野は，文献史学，美術史学，民俗学，民族学など考古学のほかにも数多くあります。主要な分野は文献史学で，この分野を一般的に歴史学という場合も多いのです。ここでは，文献史学を狭義の歴史学ととらえ，文献史学・考古学を含めた歴史学を広義の歴史学としておきたいと思います。以下，広義の歴史学に貢献するさまざまな

学問分野を比較しつつ，考古学の学問的特質を抽出していきます。

　文献史学と考古学は，歴史学を支える2本柱です。何が違うかというと，歴史に迫るために依拠する素材が違うのです。文献史学では，その名のとおり，古文書など文字で書かれた資料を解読して，過去の社会はどうであったか議論します。そういった文字資料を「史料」と呼びます。文字が書かれている素材は紙が一般的ですが，木簡といって木の札に文字情報が記されている場合も，とくに奈良時代など古代日本では多かったのです。また，メソポタミアでは粘土板に楔形文字が刻まれています。石に刻まれた碑文，金属器の銘文なども大切な史料です。

　それに対して考古学が研究素材とするのは，土器や石器といったモノ，専門用語で**物質資料**です（第2章）。そういった物質資料には絵画や彫刻も含まれます。奈良県明日香村高松塚古墳では極彩色の壁画が石室（お棺を安置した施設）に描かれており，考古学者・美術史学者両方にとって大切な研究素材です。その点では，美術史も考古学と姉妹分野といえます。また木簡や文字が刻まれた石碑・金属器（これを金石文といいます）といった史料が考古学的発掘調査で検出されることが多く，文献史学と考古学を単純に分けることはできませんし，分けてはなりません。

　物質文化とは，物質資料が製作，使用された当時の文化・社会の中での，製作・使用・廃棄など一連の行動にかかわる側面を意味します。歴史時代になると，モノの製作を依頼したり買ったりといった行為まで含まれてきます。さらに，文化的範疇や社会構造が，人間の五感で認識できる形で表現されたものでもあります。たとえば，衣服は本来身体を保護するための道具ですが，軍服のように，着ている人の社会的役割や地位を表示する機能があります（後藤，2004）。考古学では，物質資料からその背景である文化に迫るのです。

最後に民俗学の歴史学への貢献も忘れられません（第2章）。これら諸分野が協力し合って，過ぎ去った歴史を考え，議論し，その実像に迫るべく努力を続けているのです。

　そして，これら諸分野の研究対象も重複する部分が多いことがわかります。文献史学と考古学の役割分担から説明していきましょう（第10章）。まず，文字のない時代の歴史を考えるのは，考古学の独壇場です。本書の旧石器文化，縄文文化，弥生文化が文字のない時代に属し，この時代を先史時代といいます。古墳時代は，『古事記』『日本書紀』あるいは『風土記』といった文献史料から，当時の歴史がある程度わかることもあります。しかし，これら文献史料は8世紀に執筆・編纂されたもので，5，6世紀の出来事を人々の記憶に基づいて記しているため，不確かな情報が多く含まれています。

　また，文献記録には書き手の恣意性が反映されることが普通であり，そこから歴史的事実を明らかにするためには，史料批判が欠かせません。とはいえ，古墳時代に書かれた古墳時代に関する文字資料（史料）というと，片手で数えるほどしかなく，またそれらすべてが，短い文章で終わっているか文章になっていないのです。一番長い文章は，埼玉県埼玉稲荷山古墳から出土した金錯銘鉄剣の銘文ですが，115文字しかありません。そのため，古墳時代史についても考古学の貢献度が文献史学より圧倒的に高いのです。ただ，文献と対比する研究が古墳時代史の再構築においては今なお低調です。この観点から，記述者の意識の問題も含めて，文献史料に対する考古学的な解読を行うことが求められています。

　この文字が使われ始め，文献史料も研究資料として，歴史再構築のためにある程度使える時代を原史時代と呼ぶ場合があります。弥生時代も『後漢書』「東夷伝」，『魏志』「倭人伝」など中国の歴史書を参考にすることがありますので，原史に含めることがあります。

文献記録がある時代，これを先史時代に対して歴史時代と呼称します。歴史時代でも考古学の役割は決して小さくはありません。なぜなら，記録に残らないことがらが多く存在し，とりわけ，当時はあたりまえであるがゆえに記述されなかったことがらに，重要な事実が隠れている場合があるからです。たとえば，トイレ（第2章）は，おそらくどの時代にもあったはずですが，古代や中世のトイレが文献にあらわれることはめったにありませんでした。したがって，藤原京や平城京におけるトイレの発見は，都市衛生史にとって画期的であるといえましょう。また，農民の住居についても記述があまりにも少なく，竪穴住居から掘立柱建物への移行を文献から明らかにすることは不可能です。一般に，生活誌に関する情報は，文献からは引き出しにくい状況にあり，考古学資料に期待される部分が大きいということになります。

考古学が対象とする時間的範囲――先史考古学と歴史考古学　先史時代といっても，「人類出現以降」が考古学の研究対象に入ります。たとえば，恐竜はもちろん文字のない時代に生きた生物であり，また以下でお話しする「発掘」という技術で研究データを検出しますが，考古学の研究対象ではありません。それは，人類がこの地球上で生活を始める以前に絶滅したからです。同様にして，化石化した哺乳類も考古学の研究対象となるかどうかは，人類出現以前か以後かによるのです。つまり，人類と同じ地域で同時に生活をし，人類の狩りの対象となったか，逆に人類を自らの獲物としていた哺乳類が考古学研究の対象となるのです。年代でいえば（第3章），700万～650万年前くらいでしょうか。ただし，この年代も人類の祖先の化石の新しい発見により，今後さかのぼる可能性は大いにあります（第7章）。考古学研究者によっては，人類が石器を使用し始めて（約250万年前）以降に限定する人もいます。この先史時

代を対象とするジャンルを先史考古学として，区別します。ちなみに恐竜の研究は地質学の一分野で，古生物学に属します。

今度は逆に，文字が普及して以降，どの時代までを考古学の研究対象としているのでしょうか。歴史時代の中で，考古学が研究対象とした「新しい」遺跡の例をあげますと，1872年に日本で鉄道が開業した当時の新橋駅や第二次世界大戦当時の防空壕・高射砲の基礎工事などがあります。新橋駅では，明治時代の駅弁につけるお茶の汽車土瓶（どびん）が東海道本線の駅によって違うといった，『日本国有鉄道百年史』にも記載されていないような事実が判明しました。また，1940年代前半の戦争遺跡の調査が日本史において大きな役割を果たしているのは，戦争に関する文字記録の多くが当時から機密扱いで，戦後焼却処分されているからです。ただ発掘にあたって，文献史料から多くがわかっている江戸時代や明治時代以降の地層を調査するかは，その地域の歴史を理解するためにどれくらい重要かという問題意識によりますので，どの時代までを対象とするか一概にはいえない部分があります。歴史時代を対象とする考古学を歴史考古学と呼びますが，中近世を対象とするジャンルを中近世考古学，近現代の考古学的研究を近現代考古学として区別します（第10, 11章）。また，近現代考古学の中でも，産業革命以降，鉄道など産業にかかわる資料の考古学的研究を産業考古学といいます。

考古学研究の定義と目的　以上を踏まえて，考古学を定義しましょう。「考古学とは過去の人類が残した物質資料に基づいて人類の過去を研究する学問」です。この文章は，歴史学から独立した考古学研究室を大学に日本で初めて開設した京都帝国大学教授（のちに総長）の濱田耕作（1881-1938）（号：青陵）が1922年に著した『通論考古学』という入門書の冒頭の文章を，現代風に書き改めたものです。

その研究目的は，先史時代も含めた歴史の再構築です。昔はどのような社会であったのか（第5章），人々はどのような生活を送っていたのか議論して，それら実態に迫ることが目的です。アメリカ合衆国・カナダでは，先史時代は先住民族の歴史に属するので，それを自国の歴史と長いあいだ認めませんでしたから，考古学はむしろ，民族学・言語学・自然人類学とともに人類学の一分野として位置づけられています。そこでも，社会が時間とともにいかに変化したか，そのプロセス（過程）に迫ることが考古学の研究目的とうたっています。とくに，アメリカ合衆国でこの研究目的を前面に押し出し1960，1970年代に流行した考古学研究は，自然科学との密な協業やコンピュータと統計解析の大々的な導入といった，方法論的にも区別できるところが多いため，プロセス考古学と呼ばれます。考古学が歴史学の一分野である日本でも，古墳時代はいかにして始まったか，律令国家はいかに形成されたかといった社会変革の過程（プロセス）を研究しているわけで，社会の時間的変化のプロセスに迫るのは，アメリカ合衆国であれ，日本であれ，学問的に共通する側面は大きいと考えます。

2 物質資料と資料的限界

遺　物

考古学において物質資料は遺物，遺構，遺跡を指します。まず遺物とは，石器や土器のように人間が作ったもの，そしてその製作過程で生じる残滓（ゴミ）です。石器・土器のほかに木器，青銅器，鉄器があります。木器の中には漆器も含めて考えることがあります。以下の遺構との違いは，地面の一部をなしておらず，今日移動が可能であるというこ

　本文でプロセス考古学に言及しましたので、それと比較される学派として、ポスト・プロセス考古学を紹介します。じつはポスト・プロセス考古学は1つのまとまった学派ではなく、単にプロセス考古学とは違った研究目標を掲げたり、研究手段をとったりする考古学者の総称です。下世話なたとえとして、野球のアンチ巨人がこれに似た構造の集団といえます。つまり、アンチ巨人の中には阪神ファンはもちろんのこと、中日ファンや、はてはパ・リーグファンまで含まれるのと同じです。ポスト（後の）という接頭語が付くのは、プロセス考古学が一世を風靡した1960、1970年代より後に、英語圏、とくにイギリスで強調されるようになったからです。1980年代初頭当初、その旗手は第5章で紹介するI.ホダーでした。実際、ポスト・プロセス考古学には、象徴考古学や構造主義的考古学、認知考古学などさまざまな立場の研究者が含まれており、ポスト・プロセス考古学者どうしが反駁し合うことも至極当然の現実です。それらに共通する研究姿勢を抽出するのは難しいのですが、考古学研究における「個人」「違い」を重視します。

　まず、プロセス考古学は社会が一定程度人間の行動を規定すると考える、イギリス社会人類学における「機能主義（functionalism）」の強い影響を受けています。『西太平洋の遠洋航海者』（Malinowski, 1922）などを著したB.マリノフスキ（1884-1942）と『未開社会における構造と機能』（Radcliff-Brown, 1952, 原著は1935）を著したA. R.ラドクリフ＝ブラウン（1881-1955）の研究が機能主義の顕著な例です。それに対して、ポスト・プロセス考古学では機能主義を排し、社会における個人の主体的な認知、思考、行動を重視します。そして、研究対象としている時代の人々の思考にも迫るような研究を実践すべき、と説きます。

　社会における個人を重視しますから、ポスト・プロセス考古学においては、歴史変革・進化の社会的法則性を積極的に認めません。もちろん、そういった法則性を完全に否定しているわけではありません。ただ、プロセス考古学で顕著であったように、時代と文化の違いを超えて、世界は同じプロセスで進化するといった単純な考え方は排除します。

　個人の重視に関連するのですが、ポスト・プロセス考古学では歴史の表舞台に立ってこなかった立場の人々、具体的には女性や先住民の存在

を強調します。いわゆる「ジェンダー考古学」では，先史時代の有力者の中に女性が存在した可能性を前提とします。日本史においては卑弥呼や推古天皇が女性であったので，至極当然なのですが，英語では men が女性も含めた人々を過去，意味していた経緯があるため，とくに強く主張する傾向があります。

　次に，ポスト・プロセス考古学では考古資料の解釈の多様性を強調します。その多様性にもさまざまな違った側面が存在します。上記の先住民の存在を重視する立場に関連して，遺跡・遺物は，遺跡を形成し，遺物を製作使用した先住民の立場に立って解釈する必要性を訴えます。一般的には，ポスト・プロセス考古学派は考古資料や物質文化はテキスト（text），つまり文章のようなものだと主張するのです。詩や古典の解釈は読者によって多様ですから，同様にして物質文化もいろいろ解釈できるということです（Johnson, 2020；第 7 章）。

　たとえば日本の地図記号の卍は寺院の意味ですが，卍を左右ひっくり返して 45°傾けるとナチス・ドイツのシンボルマークになり，似通ったマークがまったく違った意味，象徴性をもつことになります。この現実をポスト・プロセス考古学派の研究者たちは強調するのです。この例は意味の違いがわかるのですが，解釈をするのは研究者の主観にも左右されますから，意味の違いは議論の対象になってきます。

　そういった解釈を左右する背景のことを，彼らは言語学でいう「脈絡（context）」と呼びます。発掘現場での context は出土状況という意味で，古墳時代の鏡を例にとると，それが被葬者の棺内に置かれていたか，棺の外に置かれていたかで，被葬者にとっての鏡の意味も変わってくることは理解できます。

　さらに，ポスト・プロセス考古学派が言及する context には，現代の考古学研究者が置かれている社会的・政治的あるいは学問的背景を指すこともあります。たとえばマルクス主義的イデオロギーが強い環境にあった日本の戦後の考古学界とマルクス主義的な研究が冷戦下でははばかられたアメリカ合衆国においては，階級社会論もおのずと異なってくるという現実を彼らは強調するのです（Johnson, 2020；第 7 章）。

とです（小野山，1985）。

　もちろん，考古学的に遺物とされる資料には，たとえば中国殷周時代の青銅器のように美術史の研究対象となるような「美しい」ものがあります。しかし，完成品にいたる製作過程で廃棄された不要品・残滓（ゴミ）の研究は，考古学の独壇場です（第2章）。青銅器製作の場合，鋳型は壊され，廃棄され，美術館で展示されることもありませんが，考古学者にとっては，製作技術を知るかけがえのない資料です。あるいは，鍛冶作業で生じる鉄滓も形を成していないので，美術館では展示されませんが，鉄器の加工がいつごろから行われるようになったかを知る重要な資料です。また，石槍や石の矢尻（石鏃）など道具としての石器を作る過程で，大量の石屑が地面に残されます。それら石屑も美術館で展示されることはありませんが，詳細に分析することにより石器の製作工程のどの段階がどこで行われたかがわかるので，非常に大切な研究資料です。

　また，文献史学の素材となる文字資料（史料）も，考古学的遺物である場合が少なくありません。冒頭で触れた木簡は発掘で検出されます。また奈良時代の瓦に文字が箆書きされていたり，漢字が押印されていることがあります。土器に墨書されていることもあります。これらは出土文字資料といわれ，遺物であると同時に大切な史料です。

　それから，人間の食べ残しも重要な遺物です。これは先史時代に限らず，「食べる」という日常的行為があまりに当然であって文字記録に残りにくいため，文字が普及した時代でも歴史学的に欠かせない考古資料です。たとえば貝塚の貝は，人間が何を食べたのか，直接的な証拠です。また貝塚というと縄文時代を思い浮かべるかもしれませんが，弥生時代，奈良時代の貝塚もあって，貝が日本人にとって重要な食料資源であったことがよくわかります。そのほか，

貯蔵穴に残るドングリやトチなど，食べる以前に保管しておいた食料が何らかの事情で残されたものもあります。

　もともと**動植物遺存体**の同定（種名，年齢などを判定すること）は，動物学・植物学の専門です。骨一片をみて，それがどの動物の，どの部分の骨で，その動物の年齢はどれくらいか，やはり専門の訓練を受けた動物学者でないと同定は困難です。植物についても同様です。とはいえ，同じ遺物でも出土状況によって解釈が変わってくることがありますから，考古学者が発掘現場で動植物を検出できるにこしたことはありません。そのように，考古学において動植物遺存体の同定，解釈を担う分野を動物考古学，古民族植物学といいます。こういった意味で，さまざまな分野と相互に連携・協力するがゆえに，考古学は総合科学と呼ばれるのです。

遺　構

遺構は，人間が地面に意図的あるいは無意識に改変を加えた跡です。具体的には，住居跡，水田跡，土器や瓦を焼成した窯跡（かまあと），道路跡，古墳（墳丘墓）（ふんきゅうぼ）などがあります。遺物と同様，人間活動・行為の所産ですが，地面の一部をなすもので，地面から切り取らない限り，移動することは不可能なものです（小野山，1985）。遺構の多くは地面に掘り込まれたものです。竪穴住居は，人間が住むために床部分を地面に掘り込んだ跡です。多くのお墓も地面に穴を掘って，遺骸を納めたものです。それに対して，古墳・墳丘墓は土を地面に盛ったもので，地表から突出した遺構の1つです。これらは人間が意図して地面に改変を加えた結果残された遺構です。それに対して，人間や馬の足跡，あるいは車の轍（わだち）は無意識に人間が残した遺構といえましょう。いずれにせよ，当時の人間の行動に迫る大切な証拠です。

遺　跡

遺物，遺構に対して，遺跡という言葉は日常の新聞記事やニュースで頻繁に使われま

す。旧石器時代の岩宿遺跡，弥生時代の吉野ヶ里遺跡は高校の日本史の教科書でも紹介されています。その言葉の厳密な意味は，「過去の人間の活動を反映した位置関係を保っている遺物や遺構の総体」です（横山，1985）。たとえば，古墳の発掘調査では，死者に副葬された銅鏡がお棺の中に置かれているのか，外に置かれているのかによって，同じ銅鏡でもその意味は変わってくるでしょう。検証はできませんが，棺内に置かれたものは死者が生前使用したもの，棺外に置かれたものは葬儀にあたって供えられたもの，といった区別を反映しているのかもしれません。

遺跡にはいろいろな種類のものがあります。水田や畠，土器を焼いた窯などは生産遺跡と分類できます。これらは経済史の根拠となる遺跡です。住居や倉庫が集まった集落遺跡は居住関係遺跡です。古墳は埋葬関係遺跡，道路の交差点での祭祀は宗教関係遺跡に分類できるでしょう。防空壕は戦争関係遺跡です（小野山，1985）。

考古学研究の限界　考古学は，このように「物質資料」に基づいて歴史を再構築する学問ですが，達成しやすい側面とそうでない側面とがあります。イギリスのC.ホークス（Hawkes，1954）は人間の活動領域を技術，経済構造，社会組織，精神生活の4つに区分しました。後述する資料的限界に深くかかわるのですが，考古学が最も得意とするのは，その4つの領域の中でも技術にかかわる領域，技術史（第2章）です。石器時代，青銅器時代，鉄器時代という時代区分は有名ですが（第3章），それは斧など道具の素材，つまり何を使って作るかに基づいています。次に考古学が貢献しているのは，経済史です。人間が何を食べてきたか，人間が何を交換・交易してきたかといった課題に考古学は応えてきました。モノの移動に関しては，ある遺跡から発見された資料がどこで製作されたか，突き止められる場合が少なくありません（第4

章）。逆に宗教など人間の精神生活は，考古学的に再構築しにくいのです。

この違いは，人間の行動や社会のどの側面が物質資料として残されるのか，残されないのかに起因します。残されない資料に基づいては，考古学は何も議論できません。人間の行動にはセックスなど，地面に痕跡が残らないことがあまりにも多いのです。テレビの娯楽番組の中で，タレントが発掘調査中の遺跡を訪れ，古墳時代の竪穴住居が狭いうえに1部屋しかないのに驚き，当時の夫婦はどこで愛し合ったのかを発掘担当者に質問し，その考古学者が回答に窮する場面がありました。人類が子孫を残すための行為を行った場所は，地面に跡が残りませんから，考古学的にはわかりません。

さらに，問題を困難にさせるのは，たとえその行動の時点で痕跡が地面に残っても，それが埋没し，今日の発掘調査のときまで，地下で腐らずに残ってくれる資料が限られているのです。木の道具など有機質の遺物や，人間の食べ残しである動植物遺存体は残りにくい資料の筆頭です。

直立歩行する人類が地球に出現したのを700万〜650万年前としたとき，石器が使われるようになった250万年前までは，人類は道具を使っていなかったのでしょうか（第7章）。チンパンジーが丈夫な草の茎をシロアリの巣穴に入れて，シロアリを食す行動が報告されていますから，約250万年前の石器出現以前にも人類が木の道具を使っていた可能性を否定できないのです（Bahn, 1996）。とくに，日本列島は有機質の遺物の残りが悪いため，木の道具など，今日私たちが考古学的に認識している以上に多くの種類と数が使われていたと推測可能です。

食べ物についてもしかりで，縄文遺跡から検出された食用植物は55種以上ありますが，当然食べていたであろうワラビ，タラの芽，

ゼンマイ，カタクリ，ウド，キノコ類は検出できていません（小林，1996）。さらに，遺跡や特定の遺物の空間的分布といっても，それは今日まで残された遺跡・遺物の分布であって，過去数百年あるいは数千年の間に自然災害や人間の開発行為によって失われた遺跡・遺物があったことも忘れてはなりません（第4章）。

このような困難がありますが，それを克服するための努力も考古学者は続けています。1つの方法は，民族学的に人間のどのような行動がどのような痕跡を地面に残すのか直接観察し，遺跡で同様の痕跡（遺物の分布状況と遺構との組合せ）を発見したときに，その痕跡を残すにいたった行動を逆に類推することです（Binford，1978）。ただ，人間のまったく違った行動や，人間とは関係ない自然的要因がまったく同じ痕跡を地面に残すことがわかっており，解釈は簡単ではありません（Binford，1981）。

ちなみに，民族学的調査は，人間がどのような物質文化を作り出し，使用し，また人間行動がどのような痕跡を地面に残すかを直接観察する機会を考古学者に与えてくれます（第2章）。このような研究を民族（土俗）考古学（ethnoarchaeology）と呼びます（阿子島，1983；渡辺，1993；安斎，1995）。民族学の研究成果は考古学者にさまざまな示唆を与えてくれます。ただ，時間と地域が大きく異なる近代の狩猟採集社会の観察成果を無批判に考古資料の解釈に応用するのも危険です。

3 考古学研究のプロセス

●本・博物館にいたるまで

考古学研究の諸段階

さて，残された物質資料から歴史を再構築するためには，さまざまな手続きと段階を

経なければなりません。本に書いてある，あるいは博物館で展示してある考古学の研究成果，再構築された歴史の一側面は，考古学研究全体のごく一部にすぎないのです。そして研究の最終段階を飾るものです。また，テレビや新聞などのマスコミでは，「発掘・発見」のニュースを報道します。これも考古学研究の1つのステップですが，ごく一部にすぎません。横山浩一（1985）は考古学研究の諸段階を次のように分けています。

第1段階：問題の設定

第2段階：資料の収集

第3段階：資料の予備的な加工——資料の分析と類型化，時間・空間そのほかの軸に沿う整序

第4段階：資料の解釈と体系的脈絡づけ

本や博物館で紹介される考古学の研究成果は，この第4段階の所産です。また，発掘・発見のニュースは第2段階の一部ととらえてよいでしょう。また，2つ以上のステップが並行して進む場合がありますし，研究の第3段階の途上で新しい学問的課題（問題）が芽生え，第1段階に逆戻りする場合もあります。第4段階の結果，新しい仮説が提示され，それに基づいて第3段階の予備的加工の方法を変えて，別の方向から新しい第4段階に進むこともありえます。こういった諸段階ではどのような方法論に依拠しながらその目的を達成するのか，本書の第I部で説明します。具体的には，第1，2段階を本節で，第3段階の「予備的加工」のうち，資料の類型化（機能論にかかわる）は本書第2章で，時間軸に沿った資料の整理序列（編年論）は第3章で，空間軸に基づく分析（分布論）は第4章で詳述します。そして，第3段階を第4段階に高めるための方法とその成果を第5章で解説します。

また本節では第1，2段階を「デスクから現場へ」「現場にて」

「作業室にて」「調査成果の公開」と仮に分けてみました。しかし，このステップも厳密に分かれているわけではなく，同時進行することはもちろん，地方自治体や，大学の中で，柔軟に分担されていることはいうまでもありません。

| データと根拠 |

横山（1985）は「資料を歴史の史料として」と微妙な言葉の使い分けをしています。そして，資料を史料として活用できるようにするのが上記第3段階の「予備的な加工」であるといっています。この脈絡において「史料」は単なる文献史料を意味していませんから，「資料」と「歴史の史料」とはどう違うか，まず説明しましょう。

じつは，イギリスの考古学者ダーク（Dark, 1995）も横山と似たような概念区分をしています。ダークは学部生向けの理論考古学の教科書『*Theoretical Archaeology*（理論考古学）』において，データ（data）と根拠（あるいは資料, evidence）の区別をしています。彼の主張はこうです。「土器が発見された」「墓がある」だけでは単にデータであって，まだ学術資料ではない。土器を図化，古墳の場合は測量図を公表して，学界においてほかの考古学者がそれを研究素材として使えるようになって初めて，学術資料といえる，というのです。これは横山のいう第2段階の作業を意味しているのかもしれません。そして第3段階として，その学術資料を分析し，分類し，時間的・空間的に序列化して，考古資料は「歴史の史料」となる，ということです。

| デスクから現場へ |

考古学研究の第1段階は「問題の設定」です。行政機関内でその地域にとって重要な遺跡の保存を計画する考古学者や大学や研究機関に籍を置く考古学者は発掘調査実施前に，どのような目的でどのような遺跡を調査するか明確なプラン・計画を策定します。一度発掘すると，遺物・遺

構相互の空間的位置関係が失われ，遺跡のその部分は永久に破壊されてしまいます。ですから無意味に地面に穴を開けるわけではありません。

　しかしながら，狭い日本では，毎日のように遺跡が開発のために破壊される現実があります。日本では，大半の遺跡は地元の教育委員会であらかじめ把握されています（第6章中「埋蔵文化財と埋蔵文化財保護行政」）。そして既知の遺跡所在地を開発する場合は，文化財保護法に基づいて，事前に発掘調査を行わねばなりません。このような調査を緊急調査，あるいは英語で rescue excavation（救済発掘）といいます。広い面積が緊急発掘の対象となる場合，予備調査といって工事の影響を受けそうな場所の一部をサンプル的に事前に発掘し，遺跡のどのあたりに遺構・遺物が集中しているのかなどを探ります。遺跡のどの部分を発掘調査するかは，開発業者・工事担当者の計画に左右されます。しかし，予備調査の結果に基づき，その遺跡のどの部分をどのように調査するかは，行政機関などの考古学者の学問的意識に強く規定されます。その意識いかんで，遺跡が開発区域から除外され，保存されるケースが多く存在します。さらに，破壊される遺跡の発掘調査（記録保存）においても，高い意識によって新たな学問的成果がもたらされる場合が多く，今や日本考古学の成果の多くは，こうした緊急調査の現場からもたらされているのです。

現場にて——
踏査—測量—発掘

　第2段階「資料の収集」の前半は現場（遺跡）で実践されます。この第2段階前半も多くのステップから成り立っています。大半の遺跡は，前述のとおり地元の教育委員会が把握していますが，自治体によっては文化財担当部局に考古学者を配置していないため，遺跡地図が不十分な場合もあります。そのような場合，考古学者が

意識的に遺跡を発見するために野外調査を実施することがあります。その作業を分布調査あるいは踏査（survey）といいます。古墳や砦などは地表から突出しているので発見しやすいのですが，日本の遺跡は大半が土中に埋没しているので，耕作などで地表に出てきた土器片などを探索するのです。逆に中近東やメソアメリカの砂漠地帯や中近東では，遺構・遺物が埋もれることなく，地表に何重にも堆積していくので，遺跡は地面より高く突出します。中近東ではこれをテルといいます。これらの地域では衛星写真の解析から遺跡分布を把握します。日本でも，地下の土質の差異が稀に航空写真にあらわれることがあり，遺跡の発見につながることがあります。また，建造物を建てる場合は地面を掘るので，未知の遺跡が見つかることもあります。

　遺跡の存在が確認できれば，次のステップは測量・発掘調査です。古墳など地面から突出した遺構・遺跡の場合は，発掘調査以前に，現状を把握するための測量が必須です。測量調査では，分布調査と同様，遺物の採集に努め，年代を知る手がかりを増やさねばなりません。そして，測量図あるいは予備調査の結果に基づいて，どこを発掘するのか決定します。そして発掘する箇所が地球上のどの位置にあるのか，経度・緯度はあらかじめ求めておきます。そして掘削作業が始まります。遺構・遺物の空間的位置関係に関する情報は，発掘と同時にすべて失われるため，空間的位置関係を図上で復元できるよう，発掘で検出される遺物，遺構はどこで発見されたか，すべて記録し，地図化します。

　発掘作業が終盤にさしかかり，その成果が少しわかってくると，日本では「現地説明会」を開催することが一般的です。遺構や特徴的な遺物の図や写真を印刷し，遺跡の性格を説明した文章を付して，資料として現地説明会の参加者に配布します。現地説明会の開催は

新聞などで事前に報道されるのが通例ですが，全国紙にはなかなか載らないので，地元の教育委員会や埋蔵文化財センターのホームページでチェックしておくのも1つの手段です。

　発掘では，往々にして大量の遺物が検出されます。とくに日本は狭かったためか，1カ所に人間が長期間居住していたようで，1カ所の遺跡で出土する遺物の量は，欧米の考古学者の想像を絶しています。関東の縄文時代遺跡や関西の弥生時代遺跡を1年くらいの期間発掘すると，土器だけで5tくらい出ることがあります。先に述べたように，土器が出ただけでは学術資料にならないので，それらを作業室（整理室）に持ち帰り，資料化する作業が待っています。これが研究の第2段階の後半戦です。

作業室にて——注記・接合—実測—報告書作成

室内ですべき作業も膨大です（写真1-1）。半年の発掘調査で出土した遺物の整理に2～3年はかかるといわれています。破片も含めて，個々の遺物には，いつどこで発見されたかといったデータを注記します。その後，破片資料は接合します。博物館・美術館で展示してあるように，土器が完形で出土することはきわめて稀で，普通は，ジグソーパズルのように土器の破片をつなぎ合わせているのです。土器の失われた部分は石膏で埋めていきます。そしてある程度形になった時点で，図化します。

　遺物の図化作業を実測といいます。現場での測量と同じで，遺物の各部分を正確に計測しながら，方眼紙の上で実物大に図化します。接合，実測のときに遺物を詳しく観察する機会を得るのです。この実測という作業は，日本の近代考古学黎明期にヨーロッパから導入されたのですが，現在では日本考古学の方法論を特徴づける作業となっています。現在のイギリスやアメリカ合衆国では考古学者が実測図をとる習慣があまりなく，イラストレータに図を描かせる場合

写真 1-1　遺物の整理（注記・接合・実測）の様子

膨大な遺物の整理

遺物にラベル記載の情報（出土位置）を注記する

遺物の接合

遺物の実測

が多いようです。イギリスやアメリカ合衆国でも考古学者は遺物を観察はしているのでしょうが，実測図を描かないぶん，細かい観察の機会を返上しているように思えてなりません。

　ただ，日本考古学では実測図を重視する分，図化できないような膨大な量の土器片の存在が報告書にいっさい言及されないことが往々にしてあります。じつは，報告書に言及されない遺物の量が，報告書に掲載された遺物よりも多い場合さえあります。アメリカ合衆国では，写真・イラストで掲載できないような土器片や石屑の重さもすべて計測して，報告書に表として掲載します。日本ではとにかく遺物の量が膨大なので，やむをえない側面はありますが，発見された遺物はすべて報告するのが報告書の本来の役割なので，せめて土師器と須恵器くらいは分類して，重量を計測するくらいは必要だと思います。

　図化が終われば，いよいよ報告書の作成です。図を4分の1や6分の1など適切な大きさに縮小し，1ページにレイアウトし，製図（墨入れ）するのも日本では考古学者の仕事です。製図もプロのイラストレータに任せたらよいと思われるかもしれません。でも，縮小された遺物実測図の細かいトレースは，やはりその遺物がどんなものか詳しく観察した人でないと難しいのです。この作業室での一連の作業が終わって，報告書が完成して，研究の第2段階の終了です。

| 調査成果の公開 |

　発掘調査報告書の刊行をもって，遺跡調査は完了したことになります（第6章「調査成果の公開」）。報告書では，検出した遺構・遺物を図と文章で説明します。ほかの遺跡ですでに発見された関連資料を図書室で渉猟し，その遺跡から出土した遺構・遺物の編年的・地域的位置づけを行うのが理想です。報告書が完成して，考古資料が歴史の「史料」となったことになります。これが研究の第3段階といえるでしょう。

ただ，埋蔵文化財担当者を取り巻く社会的環境は厳しく，自治体の埋蔵文化財担当者の中には，昼は発掘現場に立って，夜は以前発掘調査した遺跡の出土資料の図化や報告書の原稿執筆にあたるという激務をこなしている人も多くいます。したがって，発掘調査は行ったけれども報告書が刊行されない場合があることも厳しい現実です。発掘調査時に話題となったような遺跡については，資料整理が完了する以前に，主要な発見のみ図示し，解説した「概報」を刊行する場合があります。というのは，報告書などで公表されていない資料は，第4段階の研究で引用・言及しない原則があるからです。概報を出しておけば，そこで発表された資料は，ほかの考古学者たちが論文などで引用できます。

　報告書と並んで，研究の第4段階の基盤をなす刊行物が**資料集成**です。とくに日本考古学のように多様な資料が膨大な量に蓄積されている分野では欠かせませんが，逆に資料が膨大ゆえに，資料集成の編纂が困難であることも確かです。集成とは，弥生土器といった特定の資料を全国または特定の地域を対象に，統一された分類の枠組みに従って，できる限り縮尺を統一し，網羅的に集めた刊行物です。これは，濱田耕作が「聚成図（しゅうせいず）を有せざる考古学は，目録を有せざる大図書館に比すべきもの」と主張し，自身が1919年に『弥生式土器形式分類聚成図録』を刊行したことが日本考古学における始まりです。以来，『彌生式土器聚成図録』（森本・小林，1939），『弥生式土器集成』資料編（小林・杉原編，1956・1961），『弥生式土器集成』本編（小林・杉原編，1964・1968），『土師式土器集成　本編』1〜4（杉原・大塚編，1971〜1974）とその伝統は受け継がれてきました。近年は京都府や奈良県，兵庫県と地域を限定した弥生土器集成が刊行されています。編纂のためには，分類の枠組みを確立することが必須で，これは文字どおり第3段階の研究です。

報告書・資料集成のほかに，考古学の調査成果を公開し，社会に還元する方法が，博物館での展示です（第6章）。石器時代・青銅器時代・鉄器時代という区分を初めて提唱したのは，デンマーク王立博物館のC.トムセン（1788-1865）ですが（第3章），トムセンは博物館での資料をどのようにわかりやすく展示するかを考える中で，この枠組みを編み出したのです。博物館では，遺物が時間的・空間的脈絡の中で展示してあり，展示自体が研究成果の公開となっています。この場合，時間的脈絡とは一定の地域での遺物の時間的変遷がわかる展示のことで，空間的脈絡とは同じ時代のさまざまな資料をまとめて展示するということです。こういった展示のおかげで，個々の資料をその時代史・地域史全体の中に位置づけて理解することが可能になるのです。近年は遺構を切り取って展示することも可能になり，遺物の出土状況まで室内でわかるようになりました。また，模型製作技術の著しい進歩のおかげで，遺物の現物を確保できなくとも，レプリカ（復製品）を製作することにより，展示する遺物（現物）の前後の時代の資料や，同一時期のほかの遺物なども並べることが容易になりました。さらに，未報告の資料を意図的に展示し，図録を作成し，ほかの考古学者が「未公表」資料を引用・言及できるようにする役割も博物館が担う場合があります。

| 大学にて |

　最後に，大学で考古学の授業のレポートや卒論を書くための「方法」に触れておきます。といっても，その方法は人それぞれなので，必要最低限のことを記します。論文やレポートの準備のための調べものをする場合は，本の巻末にある引用・参考文献目録から素材となった論文を探索し，今度はその論文の引用・参考文献目録から，自分の関心のある資料が検出された遺跡の報告書を探索するというステップを踏むのが通常です。考古学研究においては，発掘調査報告書が基礎となる1次

文献（primary sources）です。とくに卒業論文を書くときは，遺物に直接触れて，自身の問題意識に基づき，報告書に記載されなかったような観察をも行い，それに基づいて論文を執筆するのが理想ですが，どの資料を分析対象とするのかを選定するのは報告書に基づきます。そういった報告書に基づいて書かれた論文が2次文献（secondary sources），そして本書のように一般向けに書かれた本は，報告書だけではなく，論文に書かれたことも数多く素材としていますから，3次文献（tertiary sources）です。1次から2次，2次から3次となるにつれ，考古資料から離れていくことになります。ですから論文を読むことはもちろん，できるだけ報告書に親しみ，博物館や埋蔵文化財センターで資料を実見する癖をつけたいものです。

第2章

モノをよむ

神於銅鐸・表 神於銅鐸・裏

　銅鐸の研究ではこの神於銅鐸はよく取り上げられてきました。原料の化学分析や鉛の同位対比の測定のための試料も採取されています。なお，本銅鐸は桜ヶ丘2号銅鐸と同じ鋳型で作られていますが，鮮明な面が両者の間で異なっています。

　考古学はモノの観察が何よりも基本となります。モノの時間軸，空間軸上の位置を決めていくうえでも，その観察は最も基礎的な作業として重視されてきました。本章では，これまでの学史を振り返りながら，観察から導き出された考古学の方法について紹介していきます。とりわけ，モノには，作られたときと使われたときの痕跡がよく残されることになります。このような点に着目することから，モノの技術論や機能論としてのアプローチが開けてきます。その際，実験考古学や民族誌の利用といったことが課題となりますので，本章で言及しておきたいと思います。

1 モノの観察と事実の発見

●考古学研究の基礎

遺物の集成と分類—— 考古学研究の始まり

人の手によって生み出されたさまざまなモノは，人の行為を直接明らかにする資料として，考古学研究の基礎に据えられています。とりわけ，モノの観察からそのモノの変化の方向を跡づけられるようになったことは，時間軸のうえに資料を配列することを可能にし，広義の歴史の資料として遺物を取り扱うことへ道を開きました。

　考古学という学問の成立以前では，遠い過去の遺物が発見されても，それが人工物であるかどうかさえ正しく判断されませんでした。たとえば，平安時代前期に出羽国西浜（現在の山形県遊佐町）の海岸で多量の石鏃が発見されたときに，鏃が天から降ったと考えられ，兵乱の凶兆を示す天変として理解されていました。また，縄文時代や弥生時代の磨製石斧は，「雷斧」と呼ばれ，嵐の後に発見されることが多いこともあって，雷神の持ち物と考えられていました。これと同様の状況はヨーロッパでもみられ，やはり石斧が「サンダーの斧」，石鏃が「ニンフの矢」などと呼ばれており，このような考えは石器天工説と呼ばれています。ちなみに，天工説は今日の学術用語にもそのなごりがあり，縄文時代の皮剝用の石器は，江戸時代の名称「天狗の飯匙」を踏襲して「石匙」と命名されています。

　江戸時代には薬草薬石を扱う本草学など，さまざまなモノに関する学問が発達しました。今日の博物学者に相当する研究者も多く輩出しています。その中でも，石の蒐集に夢中となった木内石亭（1725-1808）は，弄石社というサークルを作り，日本各地の研究者

と情報を交換しながら，多くの資料を集め，分類し，報告を行いました。その結果，石斧や石鏃が過去の人類が製作したモノであることを見抜き，石器天工説を克服しましたが，しかし，それを年代順に配列したり，時期区分にまとめることはできませんでした。

一方，木内らの成果に同時代に触れていた P. F. von シーボルトは，帰国後に著した『NIPPON』の中で，北欧の研究者の方法を取り入れて，日本の利器（りき）の発達を石器時代，青銅器時代，鉄器時代に区分して叙述することに成功しています。これは三時代区分法として知られる時代区分法にあたり，デンマークの C. トムセンが王立博物館の「異教時代」の展示を行う際に考案した方法です。当時，デンマーク国内で発見された出土資料が博物館に集められ，それらに対する緻密な観察から生み出された研究法でありました（第3章）。

それまでもギリシャやローマの彫像のように，スタイルの特徴から年代決定がされていたモノも存在していましたし，またコインの研究のように年代決定が容易に行えるモノの研究もすでにありました。しかし，北欧における先史時代の研究によって確立してきたモノの編年研究は，考古学の普遍的かつ基礎的な方法の成立を意味しています。日本の先史時代の遺物に三時代区分法を適応できたのが，19 世紀半ばという早い時期であったことは，この方法の普遍性を示す格好の事例といえましょう。

モノの観察から編年へ
──型式学の誕生

モノを観察することから，時間的な変化を明らかにすることが可能になってきました。その方法を自覚的に提示したのは，スウェーデンの O. モンテリウスです。自らヨーロッパ青銅器時代の編年研究に従事する一方で，その方法を『考古学研究法』（1903 年）として叙述し，「型式学」と彼が名づけた方法の流布を図りました。たとえば，銅斧を例にとると，石斧の模倣から始まり，しだいに銅

という材料や鋳造という製作技術を活かし，より威力が大きな斧になっていく型式変化が明らかにされています。また，青銅製バケツの変化では，把手（とって）の機能が失われる過程で，痕跡器官（ルジメント）として文様の一部のようになって残っていくことに注目し，変化の方向を知る手がかりとしています。このように，モンテリウスの方法は，モノそのものが変化の過程を物語ることに依拠しており，当時の鉄道客車が馬車から進化してきた過程を説明のために紹介されたように，地域や時代を越えて適応可能であることを示しています。そして，モノの変化は，急速な場合もあれば緩慢な場合もあるので，1つのモノにのみ依拠する編年は不確かになることから，さまざまな器物の変化を組み合わせて編年の枠組みを作ることを提唱した点が重要です。異なった器物の組合せは，彼がいう「閉じた発見物」（closed finds: 一括遺物）の観察から与えられ，その意味では，単なる順番の決定とは異なり，ある時期でのモノの構成を全体的にとらえることを重視しています。

　型式学的研究はモノそのものに対する観察が重要であることはもちろんですが，モンテリウスの一括遺物に代表されるように，遺物の出土状況に対する観察もまた重要な意味が与えられています。たとえば，縄文土器の編年の枠組みを作り上げた山内清男（やまのうちすがお）は，文様の原体の識別にいたる緻密な観察から型式を設定すると同時に，発掘調査において各型式が出土する層位の違いに着目して，編年の手がかりとしました（山内，1937）。また，弥生土器の編年体系を示した小林行雄は，その基礎となった奈良県唐古（からこ）遺跡の報告書において，同じ穴から出土する遺物群に注目するとともに，遺構の切り合い関係を根拠に先後関係を考察しました（小林，1943）。小林は，壺や高（たか）杯（つき）などの器形を「形式」ととらえ，それぞれの形式ごとに変遷の単位となる「型式」を設定しました。そして，同時に存在する型式の

組合せを「様式」と呼びましたが，それは個々の部材の型式が組み合わさって1つの建築様式が構成されるという建築史の見方にならった方法でした。山内や小林の方法は，土器編年の基本としてさまざまな時代に適応され，日本考古学における年代の物差しを整備する基礎となりました。

　編年研究における型式の役割や意義については，さらに第3章で詳述されます。また，型式がもっている空間上の意義については，第4章で触れられています。ここでは，考古学の歩みの中でも重要な部分を占めていた，モノの観察から編年へという流れを，型式学の誕生を中心にみておきました。

材質と原料の科学　考古学の遺物は，モノとしての側面，とりわけ材質や原料といったことを問題にすることができます。石器，青銅器，鉄器という区分はもちろん，科学的な材質，たとえば分子レベルあるいは元素レベルでの構造も考古資料の属性の一部ということになります。この遺物の材質についての検討もまた研究の歩みの中で深められてきました。

　日本においては，江戸時代における博物学的関心の高まりから，今日の考古学が対象とする資料も数多く紹介されるようになりましたが，その中には材質が石か土かという基本的な部分での誤認もしばしばあり，材質の認識自体が研究の蓄積を要求することがわかります。近代以降の研究の中では，自然科学分野の研究者が考古学の資料を分析することも行われ，青銅器のような合金の材質が早くから知られるようになりました。たとえば，京都大学蔵の大阪府神於銅鐸（本章扉写真）は，成分を明らかにするための試料をとるため，直径3cmほどの大きな孔が穿たれており，こうした研究への熱心さを示す資料となっています。

　この銅鐸に対する検討を例にとると，初期の成分比を知ることを

目的とした分析から始まり，1970年代からは原料の産出地を明らかにする研究へと移行しています。具体的には，銅とともに微量に含まれる鉛の同位対比を調べることにより，その産出地ごとのデータとつきあわせて産地を推定するという方法です。馬淵久夫らにより精力的に取り組まれた結果，朝鮮半島産から中国産へと原料が移行することが明らかになりました（馬淵・平尾，1982）。先に触れた神於銅鐸は，この研究においても試料を提供していますが，その採取は直径1mm程度のごく小さな孔で十分でした。

　正倉院に所蔵される三彩（さんさい）陶器に代表される奈良三彩もまた釉薬（ゆうやく）（うわぐすり）の成分を中心に早くから科学的な材質研究が取り組まれた分野です。その結果，鉛を熱して作る鉛丹（えんたん）の技術が釉薬の基礎となることがわかり，奈良時代のガラス玉の成分との共通性が明らかになっています。7世紀後葉の奈良県飛鳥池遺跡の工房跡からは，方鉛鉱をはじめとする釉薬やガラスの原料が出土し，それまでの成分分析を裏づける結果が得られています。

　産出地の分析でさらに普遍的なのが石器石材の分析です。ヨーロッパにおいても日本においても早くから取り組まれたのが黒曜石（こくようせき）の産地分析であり，アナトリアで産出する黒曜石で作られた石器の広がり方から，新石器時代の交易が復元されています。黒曜石のように火山の噴火に由来する石材は，それぞれの火山噴火の年代差から識別が可能であり，自然科学による年代測定と同じ方法を用いて，放射性元素を利用した産地同定が比較的容易になっています。

　日本列島における石器石材の検討では，弥生時代の磨製石器（ませい）の石材研究がより明瞭な事例としてあげられます。北部九州を例にとると，福岡県今山産の石材を用いた太型蛤刃石斧（ふとがたはまぐりばせきふ），立岩産（たていわ）の石材を用いた石庖丁が広い範囲に流通し，とりわけ今山遺跡では専業的に石器生産に従事していたことが推測されています（下條，1975）。弥

生時代の交易の実態を示すばかりでなく，社会的分業を物語る事実として注目でき，交換や交易の研究を通して社会の復元にいたる研究にとって，原料の産出地を明らかにすることがきわめて重要な意味をもつことがわかります。

モノの背後にある意識　遺物の検討からは，モノに込められた意識を明らかにすることもまた重要な課題となります。ただし，モノが作られ使われた時代の意識を，モノそのものの観察から明らかにするのはかなり困難であり，通常はある種の特別な行為の復元を通して，モノに対する意識を読み取ることができるにすぎません。その1つの事例として，**材質転換**があげられます。材質転換とは，異なる材質のモノによって置き換わることで，石斧から銅斧への移行といった実用上の変化が代表例となります。また，弥生時代の貝輪が古墳時代になって石によって模倣され，古墳の副葬品になる例も材質転換といえますが，この場合，実用とは離れて特別な呪力を腕輪に感じていたことが推測できます。

　石による形態の模倣としては，古墳時代中期を中心に流行する滑石製の模造具が典型的な事例となります。鏡形，剣形などのほか，斧や刀子(とうす)をはじめとする農工具が石で模倣され，古墳時代前期の副葬品と共通することが明らかで，いわゆる形代(かたしろ)としての機能を果たしていることが示されます。形代は実物を奉献する代わりに作られる代用品であり，後世では木や紙で作られることが一般的になります。また，中国の墓でよくみられるような，来世での使用を目的として墓に納められるさまざまな模造品，明器(めいき)もまた人々の死生観を物語る資料といえましょう。

　モノに対する意識という点で，モノの意図的な破壊も注意されるべき点です。土偶(どぐう)の脚を欠く例が多いことが早くから注目され，何らかの意識を反映する事実と考えられてきました。土偶の用途その

ものが不明確な中で，その用途の一端を示すのではないかと考えられたのです。弥生時代では，破壊された鏡，破鏡が特徴的な器物です。破砕された銅鐸が改めて青銅器の原料にするために壊されたと考えられるのに対し，破鏡は孔を開けたり，波面を磨くなどして，身に着けて使用していた痕跡がみとめられます。そして，3世紀を中心に日本列島の西半部で流行しており，鏡の流行と平行する風習としてみとめられています。この時期の鏡が姿見としての役割とは異なった意味をもっていたことが，このような破鏡の流行からもうかがえます。

　上述してきたような特殊な事例だけでなく，モノのさまざまな特徴には当然，それを用いた人々の意識が反映されていたとみなければなりません。形や大きさ，色といったまず目につく要素は，人の嗜好が反映されやすいからです。しかし，その意識を明らかにするためには，モノの製作法や使用法についての検討を十分に経たうえで，意味のある関係を抽出するという手順を踏まなければならないでしょう。

2　モノの作り方から考える

●技術論の考古学

　さまざまなモノに残された痕跡は，大きく分けると製作時の痕跡と使用時の痕跡に分けることができます。製作痕は，製作手順や製作技法といった技術に関する情報を提供し，使用痕は，使われ方や用途といった機能に関する情報を提供することになります。考古学的な観察の最初のステップとして，これら2つの情報，すなわち技術と機能の2つの情報を，モノの中から引き出すことが，まず必要になってきます。

　製作の痕跡をもとに製作技術を明らかにすることは，石器研究においてはまず基本になっているといえるでしょう。とくに打製石器では，打撃の手順が製品に残されることに加え，石器製作の場所では割られた石くずを接合することから，原石から石器になるまでの各工程を正確に復元でき，製作技術の復元が最も確実にできる分野になっています。その結果，日本列島においても，各地の石器の製作技術が体系づけられ，その変遷や地域的広がりが明らかにされています。

　磨製石器や玉なども製作技術が検討しやすい素材といえます。ただし，最終的に磨りあげるために，製品自身からは製作痕が観察できないことが多いのですが，製作地において製作途上品（未製品）が出土することから，それによって製作工程が復元できることがメリットがあります。とくに玉作りでは，石鋸，石錐，砥石など，製作時に用いられた工具が出土することも多くあり，それらの組合せと製作途上品の観察とを総合して，特定の技術を復元する試みがなされています（寺村，1980）。

　石器にせよ玉にせよ，素材となる石材・原石と製作技術とは密接な関係が見出されています。古墳時代の管玉を例にとると，出雲地域の碧玉を素材とする管玉は片面から穿孔を行うのに対し，北陸地方のグリーンタフを素材とする管玉では両面からの穿孔を基本としており，素材と技術の連関が明瞭にうかがわれます。このような相関関係は，列島各地の石器製作遺跡や玉作り遺跡での検討で確かめられてきており，原料の産出地と製作技術が不即不離の関係にあることがよくわかります。

　金属器の製作技術は，化学変化を伴うことから，石器と比べると不明瞭な点が多くなります。しかし，青銅器のような鋳造製品は，鋳型の痕跡が残る場合がしばしばあり，また，鋳造の際の湯口の位

写真 2-1　銅鐸の石製鋳型（大阪府東奈良遺跡出土）

置を推測したり，不良箇所を補う鋳掛けの痕跡が発見できるなど，製作時の状況をうかがうことのできる情報も多く残されています。とくに複雑な鋳造品である銅鐸（写真2-1）では，文様の精粗のほか，舞と呼ばれる鐸身の上面の平坦面の状態から，石製と土製の鋳型が存在することが明らかとなっており，前者から後者への移行と，銅鐸の大型化が対応することが判明しています。モノの変化の背景として，製作技術の変化がたいへん重要な位置を占めているといえるでしょう。

| 土器の製作技術 |

考古学の資料として最も普遍的に存在する土器についても，製作技術の検討は早くから行われてきました。ただし，土器の場合も 600℃ 以上の高温に粘土がさらされ，一定の化学変化を伴うことから，失われてしまう技

術上の特徴も多く存在します。とくに高温で焼成される須恵器（焼きものの分類では炻器）や陶器では，多くの鉱物が溶け，粘土の接合痕跡もほとんど残らなくなってしまいます。このような短所はあっても，粘土の準備から成形，調整といった土器製作，そして乾燥から焼成にいたる各過程での痕跡が追求されています。

　粘土に含まれる鉱物から，土器の生産地が推測されることは一般的に行われています。とくに意図的に加えられた砂粒や土器砕片（シャモット），貝殻片，スサなどの繊維は混和剤と呼ばれ，土器作りの技術の一部とみなされており，共通の混和剤の使用から，作り手の交流を考えることが可能になります。

　このほか，成形時の回転台の使用，文様を施す際の道具や施文方法など，微細な検討から明らかにできる技術項目は枚挙にいとまがありません。逆にいうと，調査報告などにおいて，このような技術上の観察項目については必ずチェックをしていくことが当然のこととされているのが現状です。

　製作技術のうち，見ただけではまねができない基礎的な技術は，モノの生産者の問題に直結させうる資料となります。たとえば，古墳に樹立された円筒埴輪を子細に検討すると，タガと呼ばれる突帯が外れた下に，ヘラで線が描かれていたり，転々と印が付けられていたりする場合があり，突帯設定のための目安であることが知られます。このような印は円筒埴輪が完成すると見えなくなってしまうので，この技法を知っている人の間でしか共有されていないことになり，技術の伝播を考える重要な根拠になります。

　同様の事例として，初期の須恵器の技術痕跡があげられます。初期の須恵器大甕では，底部の内面に絞り目状の痕跡がみとめられることから，成形の初めは底がない状態であり，形ができたのちに倒立させて，底部周辺の粘土を絞って丸底に仕上げたという工程が復

元できます。この痕跡はごく初期の須恵器にのみ観察でき，須恵器生産の中心地である陶邑窯においても，大庭寺遺跡をはじめとする少数の窯跡で出土した大甕にみられます。そして，この技法は朝鮮半島南部，加耶地域の4世紀から5世紀の大甕において普通にみられるので，須恵器生産の開始にあたり，朝鮮半島南部から，確実に人の移動が伴った技術の移転があったことを示す証拠になります（菱田，1996）。

生産組織の復元 製作時の痕跡が製作者の情報を伝えることは，上述してきたとおりですが，実際に作り手がどのような人かということを明確に示すことは，たやすいことではありません。原始社会において土器の作り手が女性であることが，民族学の成果から推測されていますが，実際のところ，土器そのものからは，製作者の性別が明らかになるような証拠が得られてはいません。女性の作例としてよく取り上げられる近畿地方の弥生時代中期の細頸壺についても，製作者の手の細さを示すことはいえても，女性に限られるかは疑問が残ります。より具体的に製作者に迫ることは今後の課題になっているといえるでしょう。

　一方，生産の場で出土する遺物から，生産時の組織，工房の実態に迫れることがあります。須恵器の窯ではしばしばヘラ記号と呼ばれる簡単な記号が焼成前にヘラで記された土器が出土します。福岡県小郡市の苅又窯跡群では，ヘラ記号と須恵器の製作技術の特徴から4つの製作単位と，複数の工人で構成される1つの製作グループが抽出されています。窯との関係では，1つの窯に少なくとも3人の工人が関与していることが明らかになっています（佐藤・中島，1995）。

　ヘラ記号やスタンプには，それぞれに目的があり，必ずしも工人ごとの識別ができるとは限りませんが，それらをもつ遺物の製作技

術とヘラ記号・スタンプとの対比を行うことがまず重要な手続きになると考えます。緻密な製作技術の観察は製作者個人にまでたどりつくことが可能であり，モノの生産の研究の枠組みを広げることにつながります。

　一方で，瓦は生産者の人数が限られ，土器よりも複雑な工程を経ることから，工人や工房組織の問題について扱いやすい特徴をもっています。とりわけ，平瓦は，桶巻き作りと1枚作りという大きな製作上の相違に始まり，成形が粘土板か粘土紐か，叩き板の種類，側面や端面の調整など，比較的多くの観察項目があり，それらの属性の組合せから工房組織の復元が試みられることがしばしばみられるようになってきました。

　ここでは，菱田が行った兵庫県繁昌廃寺の例を紹介しておきます（立花・菱田ほか，1987）。創建時に用いられた瓦は，A（凸面布目），B（格子叩き桶巻き作り），C（薄手の格子叩き・特殊叩き桶巻き作り），D（縄叩き桶巻き作り），E（縄叩き1枚作り），F（凸面指押さえ1枚作り）の6種類に大別でき，それぞれが技術上の特徴をもつことから，別の工房で生産されたものと推測できます。そして，出土傾向をみると，Aは金堂跡，Bは金堂跡と東西両塔で主流，Dは両塔のほか講堂跡でも多く出土し，Eは講堂跡でDとともに用いられているほか，北辺や南辺では圧倒的多数を占めています。このことから金堂，塔，講堂，北辺・南辺という寺院の造営順序が導かれ，それぞれの造営に応じて，瓦工房が入れ替わっていった経緯が読み取れます。一般に寺院の造営が長期にわたることから，造営中の瓦工房の交替があったと推測できます。このように，平瓦の技術的要素を組み合わせ，工房の違いを見抜いていくことから，寺院造営と生産工房との関係を明らかにすることが可能になってきます（図2-1）。

　古くから人物埴輪の造形の特徴から製作者を特定し，その一連の

図 2-1　繁昌廃寺の造営と瓦

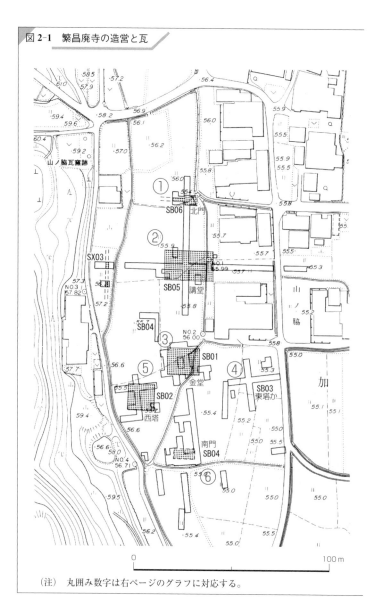

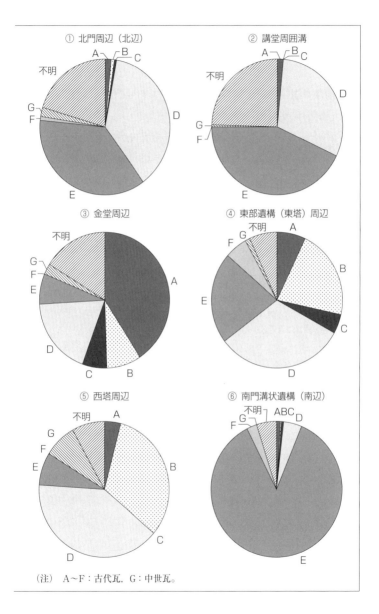

① 北門周辺（北辺）

② 講堂周囲溝

③ 金堂周辺

④ 東部遺構（東塔）周辺

⑤ 西塔周辺

⑥ 南門溝状遺構（南辺）

（注）　A〜F：古代瓦，G：中世瓦。

作品を抽出するという研究がなされてきました。美術史においては
このような作風の検討は早くから取り組まれた課題でした。考古学
が扱う資料においても，特定の生産者が作った特徴的な製品，たと
えば銅鐸や銅鏡，形象埴輪や装飾大刀については，このような生産
者の追跡検討が可能になっています。

実験考古学のすすめ	モノの作り方を明らかにするうえで，実際

に作ってみるという検討方法が，手っ取り
早いやり方としてしばしば採用されてきました。このような方法は，
実験考古学として考古学の一分野として確立しつつあります。石器
では，加撃による痕跡のでき方，剝離を行う工具と剝離痕の関係な
ど，実際に石器作りを再現する実験が，技術の理解のために不可欠
になっています。

　土器においても実験によって技法を確かめることが早くから行わ
れており，横山浩一によってなされた刷毛目や叩き目に関する一連
の実験（横山，1978）は，製作技術を理解するための基本的な作業
として今日でも高く評価されています。また，須恵器の壺や瓶とい
ったいわゆる袋物の製作に際し，いったん口を閉じて球状の状態を
作ることが製作痕から明らかとなり，これについても実験によって
その有効性が実証されています。実験によって再現できたからとい
って，過去に行われた技法の復元が正しいということにはなりませ
んが，実験時にできた痕跡と実際の資料に残された製作痕とを丹念
に比較することから，技法再現の精度を高めていくことが期待でき
ます。

　土器作りにおいては，成形の技術はとらえやすいですが，焼成の
技術が把握しにくい分野となります。窯を築いて作られる土器や陶
器については，窯内の温度だけでなく，雰囲気と呼ばれる窯内の空
気によって，製品が大きく異なってきます。すなわち，酸素の有無

による酸化焔か還元焔かという違いですが，窯内空気のコントロールがどのように行われたかが製品の発色にあらわれているといえます。このような点を明らかにするため，焼成実験がしばしば行われてきましたが，とりわけ越前窯では復元窯において，温度や雰囲気の条件を変えて実験が繰り返され，窯内の製品配置も焼成の重要な要因になることが明らかになっています。

本格的な窯を構築しない縄文土器や弥生土器については，海外の民族誌を参照して，さまざまな焼成実験が試みられ，かなり本物に近いできばえの復元品ができるようになりました。一方，弥生土器の外面にみられる黒斑がどうして付くのか，このような疑問を解くための実験も繰り返されています。小林正史らの実験により，弥生土器が単なる野焼きではなく簡素な窯のような覆い焼きで作られていたと推測できるようになりました（小林編，2006）。うまく再現品を作るという目的ではなく，実物の観察で得られた情報を1つひとつ確認するために，実験のプログラムを考えていくという姿勢が求められているように思います。

青銅器や銅鏡など鋳造製品についても，製作実験がしばしば行われています。そこでは，土製の鋳型を用いる復元が一般的であるのに対し，石製の鋳型は今日の技術にはないことから，実験例もほとんどないのが現状です。土器の場合と同じく，今日の技術から遠い分野では，再現実験も困難であるという状況が指摘できます。しかし，困難さを承知のうえで実際に実験を行うことは，モノの製作法について安易な推測を行うことを抑止する効果があり，より厳密な議論を促すうえで重要な意味をもっていると考えます。

3 モノの使われ方から考える

●機能論の考古学

使用痕の分析から

さまざまな器物に残された痕跡の中には，使用時の状況を示すモノも多くあります。このような痕跡を観察することから，モノの機能を明らかにすることが期待されます。とりわけ先史時代の石器は，機能を示す記録がほとんど残らないことから，形や大きさとともに使用痕の観察を手がかりにして用途が推測されています。石器の使用痕の分析はロシアのS. A. セミョーノフが先鞭を付けましたが，主として刃部の擦痕を顕微鏡で観察して，どのように刃を動かしたかという行為の復元から用途を推測する研究が行われています（セミョーノフ，1968）。

石庖丁のような磨製石器でも同様の使用痕分析が可能ですが，擦痕に関しては，使用時のものである場合のほか，刃の研ぎ直しといった行為による可能性もあり，判断が難しい場合があります。ただし，石庖丁に孔が開けられている例では，その孔が紐ずれによって摩滅していることがあり，使用時の状況を推測する手がかりになります。

石庖丁の孔にみられた紐ずれの痕跡と同様の摩滅痕は，銅鏡の鈕（つり手）にもしばしばみられ，それが実際に使われたものか副葬用に作られたものかを見分ける手がかりになっています。この銅鏡の使用については長らく議論がありました。それは，前期古墳から出土する中国漢代の内行花文鏡や方格規矩四神鏡において，鏡面が不鮮明な例が「手ずれ」によるとして伝世を示す事実と考えられたことに始まりました（小林，1955）。この解釈に対し，製作時の青銅の「湯びえ」によるとする反論が提示されて（原田，1960），論

争となりました。この議論は水かけ論になりましたが，少なくとも使用期間の長さを推測するには，紐を通すために鈕に開けられた孔の摩滅に着目するほうがよいということはいえます。

　土器においても使用の痕跡はしばしば観察できます。弥生土器の甕をはじめ，煮炊きに用いられた器種には，吹きこぼれたおこげの付着がみとめられることがしばしばあり，外面に付着する煤とともに「なべ」としての用途を示す重要な証拠となります。一方，煤が付着しおこげが付かない場合は，もっぱら湯を沸かす「やかん」の役割をもった器であることが推測できます。外面には煤のほかに，熱を受けて赤く変化した部分もしばしば観察できますが，弥生時代から古墳時代にかけて，甕の底が丸底になるのにしたがい，赤化の部分がしだいに底部に移るという変化が明らかになっています。このことは，甕を火にかけるやり方が変化する証拠として取り上げられてきました。

　特殊な用途に用いられた土器も，使用の痕跡から明らかになっています。奈良時代には陶硯と呼ばれる独特の形をした硯が焼物で作られていますが，同時に一般の須恵器の杯身や杯蓋が硯として使用されており，転用硯と呼ばれています。その硯面として利用された面は，墨の摩擦により器面が平滑となり，磨いたような表面になっています。これに墨痕も残されることがしばしばあり，転用硯の検出はそれほど難しくはありません。そして，この転用硯の出土が多い場合，遺跡の性格が役所跡のような文字記録を多く作る施設であると推測できるようになります。

弥生時代青銅器の変遷と機能の変化

　弥生時代の青銅器は，型式変化が追える典型的な例として知られています。銅剣は，細形から中細形，中広形，平形へというように，しだいに大型化し，刃が広くなっていきます。銅矛と銅戈も

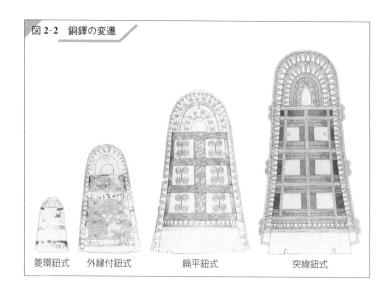

図2-2　銅鐸の変遷

菱環鈕式　　外縁付鈕式　　　扁平鈕式　　　　突線鈕式

同様に，細形，中細形，中広形，広形へと変化を遂げます。銅鐸は，基本的には小型で稚拙なものから大型で繊細なものまで変遷しますが，佐原眞は鈕の部分の変化に着目し，菱環鈕（りょうかん），外縁付鈕（がいえんつき），扁平鈕，突線鈕（とっせん）に分類し（図2-2），銅鐸をつり下げる機能が失われていく方向に変化することを明らかにしました（佐原，1960）。銅鐸は，中に舌と呼ばれる棒状のものを垂らして，打ち振ることによって音を出す道具です。それは，舌の出土のほか，鐸身の内側に突帯があり，それが舌に当たって磨り減っている状況が観察できることが確かめられます。鈕にみられたカネとしての機能の喪失は，この内面突帯の喪失とも対応しており，打ち振るカネから，据え置く祭器に変化したことがわかります。

　このような観点から青銅武器をみると，やはり同じように，武器としての機能がしだいに失われていく状況が観察できます。たとえば，銅剣や銅戈において，身部を木柄に取り付ける部分が退化して

いくことが観察でき，武器としての強度が著しく弱くなっていると
いえます。銅矛も刃部が薄くなるとともに，柄と装着するためのソ
ケットの内部に粘土が残されたままになっています。銅鐸の場合と
同様に，武器としての機能が失われ，祭器として発達していく状況
が，その変化から明らかになります。型式変化が機能喪失を物語る
例として，これら弥生時代の青銅器をとらえることができます。

遺構の機能　遺物ばかりでなく，人々の活動の痕跡であ
る遺構についても，さまざまな方法でその
機能が推測されています。ただし，多くの遺跡で発見される穴や溝
の1つひとつがどのような役割をもっていたかを知ることには困難
が伴います。しかし，顕著な遺物から用途がわかる例があります。

　近年の日本考古学の成果では，トイレの発見が1つのトピックと
して注目されています。トイレの発見は，土壌に寄生虫卵が多量に
含まれている土坑が明らかになったことが端緒となりました。そし
て，類例が増加するにしたがい，糞ベラとして用いられた籌木（ちゅうぎ）と呼
ばれる木片が伴う，あるいは瓜の種が多量に含まれるといった特徴
が知られるようになり，遺構の判別が容易になっています（大田区
立郷土博物館編，1997）。また，福岡市の鴻臚館（こうろかん），秋田市の秋田城跡
のような古代の外交使節を迎えた施設では，特別なトイレが設けら
れていたことも明らかになっています。海外からの賓客を迎えるた
めに，まずはトイレが整備されたというのは，現代にも通用する感
覚ではないでしょうか。

　遺構の中でも祭祀にかかわるものは，その機能の推測が難しい場
合が多くなります。たとえば，中世を中心に行われた経塚（きょうづか）は，文
献記録が残り，また経筒（きょうづつ）に記された願文などから，その役割がよ
くわかりますが，文字記録がなかったとしたら，どういった意味が
あったのかを知ることは困難であったことでしょう。実際，多量の

写真 2-2　浄水施設を模した埴輪とその出土状況（兵庫県行者塚古墳）

銅剣が埋められていた島根県荒神谷遺跡や，銅鐸が多量に埋納された同県加茂岩倉遺跡などでは，そこに埋めた意図を知ることはたいへん難しいといってよいでしょう。

　古墳時代の祭祀遺跡では，似た構造をとる遺構を比較検討することから，その機能の一部が推測できるようになってきました。最も良好な事例として奈良県南郷大東遺跡をあげることができますが，ここでは溝をせき止めた施設とそこから水を引く樋，その水を受ける水槽が連なって発見されており，砂粒などを沈殿させて浄水をとる施設と推測できるようになってきました。その浄水を何のために用いるのかといった点は疑問として残りますが，同種の施設は各地で発見されており，水を導き，浄水を得る施設が，古墳時代前期から中期において何らかの儀礼とかかわって重視されていたことがうかがえます。この施設が明らかになったことから，従来は用途が謎であった囲い形埴輪が，この浄水を得る施設を象ったものであるこ

とが明らかになりました。兵庫県行者塚古墳では、前方後円墳の後円部と造り出しの間に石敷きの谷を設けて、浄水施設を模した埴輪が置かれていました（写真2-2）。実際の祭祀と古墳での祭祀をつなぐ事実として注目されます。

民俗例・民族誌の利用

　さて、モノの用途を考えるうえで参照すべき情報を提供してくれるのが、民俗例や民族誌です。たとえば、1938年に奈良県唐古遺跡で初めて弥生時代の木製農具が多量に出土したとき、ほとんど迷うことなくそれらが農具であることを見抜けたのは、発掘当時使われていた鍬や鋤と変わらない形であったためといえますが、これは無意識ではあっても民俗例の利用ということができます。そして、この唐古遺跡の報告書では、竪穴住居の存在を推測したうえで、当時の奈良県内の農業用小屋から上部の構造が復元できるとして、写真を掲載しています。これは積極的な民俗例の利用といえましょう。

　1960年代以降は、日本列島における急速な社会の変化に伴い、過去の遺物の用途をうかがわせるような民俗例がしだいに失われた状況があります。したがって、同時代で民俗例を探すというよりも、民俗学の成果に学びつつ、過去の遺構や器物の機能を検討するという方法が模索されるようになっています。

　たとえば、各地の民俗調査が全国的な規模で行われていますが、それらの事例をもとに過去の生業や生産活動を解釈する検討もなされています。とくに諸職と呼ばれるさまざまな技術の調査記録は、生産関係に用いられた器物の用途を推測するうえで重要な役割を果たしています。

　考古資料として存在する出土漁具の用途を明らかにするためにも、伝統漁法として知られる民俗例の参照は不可欠です。たとえば、弥生時代以来知られる蛸壺（写真2-3）について、近代の蛸壺との類

写真 2-3　蛸壺（兵庫県玉津田中遺跡出土）

似から，マダコやイイダコの種類に応じて使い分けられていること
も明らかになっています。

　ほかの地域や文化の民族誌を，機能の解釈に用いることも頻繁に
行われています。それは，狩猟採集民や初期の農耕民の文化には共
通性が多くみとめられ，そのような共通性を重視することが文化人
類学の研究基盤になっているからです。また，物質文化は，国家や
民族の範囲を越えて共有されることも多くみとめられ，民族誌が解
釈に利用できる余地が大きいと考えられます。

　このような研究の一例として，弥生時代の投弾（とうだん）を取り上げること
ができます。これは粘土を固めて焼いた球状のもので，ラグビーボ
ールのような形状をとります。これだけの特徴ですと，用途を特定
することはたいへん難しいのですが，これとよく似た形状の土製品
や石製品が世界各地にあり，それを飛ばす道具であるスリングとと
もに用いられることが民族誌から判明しています（八幡編，1982）。
弓矢が発達する以前にあった，石や土球を遠くに飛ばして獲物を得

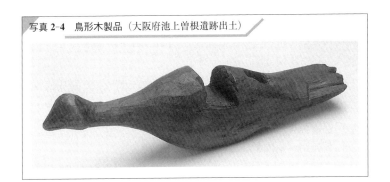

写真 2-4　鳥形木製品（大阪府池上曽根遺跡出土）

ようとする原始的な狩猟具といえます。ただし，日本列島では弓矢よりかなり遅れて存在したことになり，単に狩猟具としてとらえてよいかは疑問が残りますが，このような道具を利用する物質文化の到達を物語っていることは間違いありません。

　民族誌の利用はたいへん便利なように思われますが，しかし同じような器物でも，基盤となる文化の違いで異なった機能をもっているということも少なくありません。したがって，機能の復元のために慎重な検討が必要であることもまた事実です。

　弥生時代の用途不明品の1つに鳥形木製品（写真 2-4）があります。東海地方から近畿地方にかけて広く分布しており，集落遺跡で見つかることから，集落の内外を限る役割をもっていたと考える見方が有力です。これは朝鮮半島で集落の入り口に設けられるものとの類似が指摘されているからです。蘇塗（そと）は鳥竿とも呼ばれ，鳥形の飾りを付けるものもあり，アジア各地の諸民族でも同種のものが知られています。このような事例からは，入り口の守りという機能を与えられ，のちの鳥居につながる要素と考えることが妥当のようにも思われます（金関，1982）。しかし，鳥のシンボリズムはこの蘇塗に限らず，霊魂を運ぶ鳥としての役割もあり，古墳時代ではその役割を

担う埴輪や木製樹物が流行しています。民族誌を重視するか，古墳時代への接続を重視するかによって，機能の評価が大きく変わってしまうという構図になっています。

　一般に，モノの出土状況や，その使用痕の分析など，民族誌の利用より先に行うべき手続きが多くあるように考えられます。モノについての観察と民族誌への深い理解をあわせることにより，さらに機能の復元が容易になると考えます。

　ここまで，モノに残された痕跡から，作られ方と使われ方の双方についての検討手続きを概観してきました。モノに対する観察が精緻になることがその前提であることは，いずれの検討においても共通しています。そして，同様の観察は，民俗例・民族誌として与えられる比較的新しい時期の器物についても行う必要があります。対象とするモノと民俗例・民族誌が対比可能であるかどうか，それは観察からのみ答えを出せると考えるからです。同時に，精緻な観察眼をもつという考古学のメリットは，関係諸学に及ぼしてもなお，威力を発揮することが期待できるといえましょう。

第3章　時間をよむ

アメリカ合衆国ニューイングランドにおける墓標型式の変遷

　　上の図はアメリカのニューイングランドにおける墓標の上部にあらわされた装飾の変化（この図では左上の羽を伴った髑髏から反時計周りに天使の顔への変化）を示したものです。前章で示した型式分類を行ったうえで，形態の変化に注目して連続的に変化するように並べていきます。こうして並べた連続的配列を時間による変化としてとらえ，さらに，複数の型式を組み合わせて時間的な前後関係を明らかにしたものが編年です。編年は遺物の相対的な年代を示しますが，考古学ではこうした相対年代のほかに，暦のうえでの年代（暦年代・絶対年代）や理化学的な手法を用いて決定された年代などがあります。本章では，このような遺物から時間をよむ方法を紹介しながら，そうした複数の年代の違いと比較するうえでの注意点について考えていきます。

1 モノから時代をよむ

時代区分論

現代に生きる私たちは，さまざまなモノや道具を使用して生活しています。しかし，そうしたモノすべてが大昔からあったわけではありませんし，時代が進むにつれ使われなくなったモノもあります。このように，時代により私たちの使う道具は変化してきているという前提で過去の遺物を研究し，モノにみられる差異を分類することで，あるモノがほかのモノより相対的に古いまたは新しいということを導き出すという考え方は，人類の過去を復元する考古学にとって重要なことです。

　このように，人間の使った道具を用いて人類の発達過程を進化的に説明しようとする考え方は19世紀には成立していました。その1つに，デンマークのコペンハーゲンにある王立博物館のC. J. トムセンによる三時代法があります。これは，博物館に収蔵されている古物を材質によって分類し，石器→青銅器→鉄器の順で道具を使用したと考えたもので，これを1836年に出版した同博物館のガイドブック（1948年に英訳された『北方文化財ガイド〔*A Guide to Northern Antiquities*〕』）において発表したのです。この時代区分の有用性はすぐにほかの研究者らによって確認されました。その後，三時代法における石器時代はほかの2つの時代に比べてきわめて長い期間にわたるものと考えられるようになりました。

　この考え方に基づき，J. ラボックは石器時代を新石器時代（Neolithic Age）と旧石器時代（Paleolithic Age）に区分しました。こうした時代区分は本質的にはヨーロッパの地方的な区分でしたが，C. ダーウィンらによる生物進化論や，アメリカの人類学者L. H. モ

ーガンが唱えた文化進化論などに影響され，全世界的に適用できる普遍的な時代区分とみなされるようになりました。しかし，V. G. チャイルド（第4，5章で詳述）が「明らかに三時代はどこにおいても相似順序であるが，そのうちのどれか任意の一時代に属する種々さまざまな社会が，一直線的な社会進歩という——想像上の——過程の中で同階梯にあるとはいえない。いわんや，これらの社会がどこでも同時である，などとはいえない」（チャイルド，1981：原著は1956年）と批判したように，ヨーロッパ以外の地域における考古学が発達するにつれ，特定の時代の特徴とされた考古学的事象が，ヨーロッパで観察されたような形と同じようには展開していないことがわかりました。たとえば，日本を含む極東地域では，土器や磨製石斧といった新石器時代の特徴が存在していても，農耕が同時には開始されていないことがわかってきました。また，アメリカ大陸においては，青銅器時代が十分に発達したとはいえないこともわかってきました。

　こうして，現在では地域により異なった時代区分がなされるようになってきました。たとえば，アフリカでは，すべてを石器時代とし，前期石器時代，第1中間期，中期石器時代，第2中間期，後期石器時代の5期に区分しています。アメリカ大陸では，石期，古拙期，形成期，古典期，後古典期として区分しています。このように，現在の考古学上の時代区分は，明確な考古学上の事象に基づいて決定されるため，それが適用できる地域と時期が限定されてしまいます。しかし，先述のチャイルドがいうように，石器→青銅器→鉄器という順序の指摘は現在でも一定の意味をもっています。かつてのモーガンのような発展段階的時代区分とその全世界的適用はもはやほとんど用いられていませんが，考古学，民族学，人類学など諸分野の成果を総合し，人類の発達過程を総体として再構成していくこ

とは今なお重要であるといえます。

　さて，日本においても考古学的な知見に基づいて独自の時代区分がなされています。
旧石器時代（先土器時代），縄文時代，弥生時代，古墳時代からなる時代区分は，今日の考古学で最も一般的に用いられています。こうした日本における時代区分を考えていくときに注意しなければならないのは，考古学的な時代区分は文献史学における時代区分のように明確な境界があるのではないということです。日本の場合，先史時代から歴史時代にかけての連続性が明確であるため，教科書などでも旧石器時代，縄文時代，弥生時代，古墳時代，飛鳥時代，奈良時代，平安時代……というように，考古学的な時代区分と，絶対年代（6節参照）に基づく文献史学上の時代区分がしばしば連続して語られています。実際には古墳時代と飛鳥時代は重なるのですが，このように連続して語られているため，考古学上の時代区分を文献史学のそれのように絶対的なものととらえたり，逆に歴史考古学の対象を文献史学上の画期に無理やり合わせようとしたりする誤解が生じやすくなってしまいます。

　先に述べたように，考古学上の時代区分はあくまで，物質文化で看取された時代的特徴をもとに区分するものであって，文献史学のそれとは必ずしも符合しません。たとえば，近世（江戸時代）から近代（明治時代）への移行は大政奉還という政治上の出来事によって文献史学では明確に区分することができますが，物質文化の移り変わりではそれほど明確には移行しません。神奈川県三浦市松輪にあるヤキバの塚を発掘調査した近現代考古学の事例では，灯明皿・秉燭（ひょうそく）といった照明器具，鉄漿壺（かねつぼ）・鉄漿坏（かねつき）といったお歯黒に使う化粧道具など近世の生活用具が近代に入っても出土し，関東大震災の前後にまで継続していました。つまり，物質文化からみる限り，こ

の地域の生活様式は関東大震災のころまで近世の様相を色濃く残していることがわかりました。後述するセリエーション・グラフが示すように，物質文化はそれ以前のモノも伴って漸移的に移り変わるのであって，明確な画期や境界があるわけではありません。次節で述べるような編年体系を組むことによって，相対的な前後関係を明らかにし，そのうえでそれぞれのモノの組合せを明らかにすることから考古文化を明らかにして，その文化的特徴をもって時代区分をしていくことが必要となります。

2 編年体系の組み方

型式分類と時間差

考古学を初めて学ぶ人や専門外の人々にとって，考古学者が小さな土器のかけらを一瞥しただけで，それがいつごろのものかを言い当ててしまうのは不思議に思えるのではないでしょうか。そんなとき，考古学者は第2章で述べた型式分類に基づいて，手にしたかけらの文様や形から元の姿を類推して，すでに研究されている各遺物の前後関係から，そのモノのおおよその使用された時期を推定しているのです。

さて，前節で述べた三時代法も当初は石，青銅，鉄という材質によって分類できることを示したものでしたが，その後の発掘調査で各遺物が出土する地層を観察して前後関係が明らかとなるにつれて，順序が確かめられました。暦の存在しなかった時代と地域においては，こうした方法で考古学的に相対的な前後関係を明らかにする必要があります。このように，モノを時間経過の順に並べて時間軸を設定することを編年体系の確立と呼びます。

こうした編年体系の確立の際に重要な点は，それが2つの基本的

な仮説に基づいているという点です。1つめは，時間と場所が異なれば，遺物は異なったデザインとなるという仮説です。これは，個々の遺物が，それを生み出した社会の特徴を反映しているという仮説でもあり，モノから社会をよむという考古学的な解釈の重要な部分と重なっています。2つめの仮説は，モノの形はだんだんと移り変わっていくというものです。これは，モノが変化をするときには，すべてが一挙に変わってしまうのではなく，一部については新しく変わるが，変わらない部分もあるという「似たものは似たものを生む」という考え方であり，ダーウィンが唱えた進化論に由来します。この考え方は，早くも19世紀には登場しています。たとえば，スウェーデンの考古学者 O. モンテリウスは武器などの青銅器の形態に基づいて，ヨーロッパ青銅器時代の相対的な編年体系を打ち立てました。これは，その後にドイツの先史学者 P. H. A. ライネッケにより補正され，現在でも利用されています。

地域編年と共時化　これらの2つの考え方をもとに，モノの相対的な変化を順々に並べたものが型式連続です。本章の章扉図は1つの墓標型式の連続的な関係を示したものです。ただし，これだけでは型式連続のいずれの向きが正しいのかわかりません。そこで後述する層位学や理化学的年代決定法を用いて変化の向きを検証する必要があります。さらに，どうしてそのような変化が生じたのか解釈することにより型式連続から意味を読み取ることもできます。たとえば，本章の章扉の図の髑髏（どくろ）が天使に変わる様子は，髑髏つまり死に対する恐怖から，天使つまり天国への再生を表すものとして死生観と結びつけて理解されています。

このように，比較的狭い地域内において整序した編年を地域編年と呼びます。ただし，これだけでは狭い地域での情報によるだけで，当該時期についての年代観と結びつけて議論することはできません。

表 3-1　山内清男による編年表

縄紋土器型式の年代的組織（概製）
（山内清男）

	支島	陸奥	陸前	関東	信濃		畿内	吉備	四国	九州	
早期	住吉町 — ( ) —		槻木1	三ヶ・田戸下（曽畑?）／子母口 田ノ上						小蒋島 轟遠ケ谷	早
			槻木2	茅山	( )	粕畑		瀬 轆 袮 型 紋			
											期
前期	(石川野)	円筒土器下石式（四型式以上）	室濱／大木1／大木2/6	花菱下／間山／黒濱	( )／( )	鉾木	北白川L.／園府L.	磯ノ森		嘉?	前
			大木3/5／大木6	諸磯c/b／十三坊台	( )／(隔複)		大歳山	里木1.			期
中期	( )	円筒土器上a	大木7a	御領台	( )					出水・寄々 曾加・阿高?	中
	( )	円筒土器上b	大木7b	阿玉台／勝坂	( )			里木2.			
		( )	大木8a	加曾利E	( )						
		( )	大木9.10	加曾利E	( )						期
後期	(青柳町)	( )	( )	堀之内	( )	( )				御手洗	後
		( )	( )	加曾利B	( )	西尾	三輪	北白川2	黒突上層	津雲上層	
		( )	( )	加曾利B	( )						
		( )	( )	安行1.2	( )		西平				期
晩期	亀ヶ岡式	大洞B／大洞BC／大洞C1 Cs／大洞A	安行2.3／安行3	左ノ畑式／佐野	吉胡／吉胡／保	宮滝／日下・竹内／宮 虚?	津雲下層			御領／御領	晩
											期

( )相当ある型式があるが名の付いて居ないもの.

（ミネルヴァ 第一巻 第四号附表）

問題はこうした地域編年相互の関係性をどうとらえるかということ
です。このため，地域編年を一緒に出土した遺物によって結びつけ，
共時化させることが必要です。縄文土器の編年体系の確立を試みた
山内清男（1902-1970）は，表3-1 にあるように，関東から東北地

方にかけての編年を軸として，それをほかの地方へと展開していこうとしていました（山内，1967）。現在はこうした共時化ばかりでなく，広域に降り注いだ火山灰を利用して同一の時期かどうかを判別する方法も確立され，テフラクロノロジーと呼ばれています（後述の層位学的方法参照）。

3 モノの組合せの変化

セリエーション・グラフ　　さて，私たちの身の回りのモノは，前節で述べたようにモノ自体が時代によって変化するだけでなく，モノの組合せも時代によって変化します。図3-1はノルウェーにおける照明器具の変遷を図示したセリエーション・グラフです。このセリエーション・グラフとは，単位期間（図3-1の場合は10年）のうちで使用されたモノの存在比を百分率で表示した棒グラフを年代順に並べ，棒ごとの間をつないだもので，これによって，モノの変遷を視覚的にとらえることができます。

すなわち，モノの消長を模式化すると，そのモノが発明されるとだんだんと普及し，ピークを迎えると徐々に廃れ始め，やがて消え去ります。セリエーション・グラフでこうした消長をあらわすと戦艦に似た形になるため，戦艦形曲線（紡錘形曲線ともいう）と呼びます。この戦艦形の曲線がどのように重なり合うかで，モノの移り変わりをよみとるのです。この図3-1では，ろうそく，ランプから灯油ランプ，ガス灯，電球を経て蛍光灯へと変化し，それにより時期ごとに主体的に存在するモノも変化する様子がわかります（Moberg，1969）。ここで重要なのはそれぞれのモノが重なり合って存在していることです。電球が発明されたからといって，ガス灯が

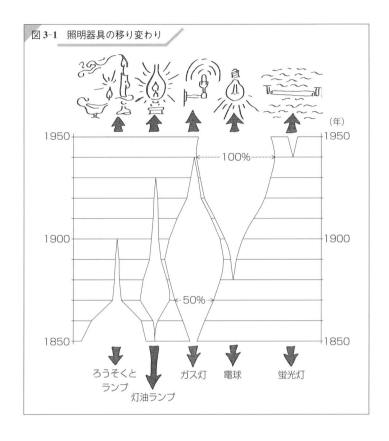

図 3-1　照明器具の移り変わり

(年)

1950 ··········· 100% ··········· 1950

1900　1900

50%

1850　1850

ろうそくと
ランプ　　　　　ガス灯　電球　　蛍光灯

灯油ランプ

一気に消えてなくなるわけではありません。つまり、そのときどきでモノの組合せ方も異なっているのです。この図にあるように、照明器具の変遷はノルウェーだけでなく、私たちの身の回りでも同様に当てはまっていて、ろうそくや灯明は照明器具としてはあまり使われなくなりましたが、寺社や仏壇・神棚など宗教的なシチュエーションでは現在も使われています。このように、モノは名残りをとどめながら推移していくのです。先述の時代区分でも述べましたが、

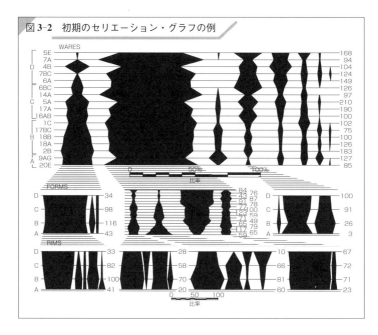

図3-2　初期のセリエーション・グラフの例

こうしたゆるやかな変化こそが物質文化の特徴といえます。

　さて，そもそもセリエーション・グラフは経時的変遷を視覚的に示すことだけを目的とする手法ではありません。1940年代に十分な編年体系が確立していなかったユカタン半島におけるマヤ文明の研究者が遺跡における土器の出現頻度に注目し，いわゆる「軍艦型のカーブ」を描いて土器が消長を繰り返すことを指摘しました。図3-2はG. W. ブレイナード（Brainerd, 1951）が示した頻度によるセリエーション・グラフで，セリエーションを図示したものとしては初期の研究です。土器の編年をもとに遺物の出現頻度を層位順に並べているだけなので，層位ごとの厚み，すなわちその地層が形成された時間が異なるため整った「軍艦型のカーブ」にはなっていません。その後，E. S. デスレフセンとJ. F. ディーツ（Dethlefsen and

Deetz, 1966）が紀年銘をもつ墓標を用いて 10 年ごとの年代順に配列し，現実の墓標形態の変遷過程が「軍艦型のカーブ」を描いていることを実際に示したことなどにより，セリエーション・グラフの有効性が確認されました。つまり，整ったセリエーション・グラフを描くためには，紀年銘をもつ資料などで 10 年ごとといった単位期間ごとに標準化して出現頻度をもとに描くことが必要です。また，図 3-2 のような地層に基づく出現頻度のセリエーション・グラフを描くには，地表面から 50 cm といった単位ごとに区切って，柱状に縦に並んだカットサンプルを機械的に採取し，そのカットサンプル内での出現頻度をみるといったような形で，出現頻度を計測する際の条件を統一し「標準化」する必要があります。そのほかにも，日本の中近世の墓から出土する六道銭が 6 枚セットで出土する事例が多いことから，6 枚まとまって出土したものを「完全セット」と呼んで「標準化」し，その 6 枚中の銭種構成を比較した鈴木公雄の研究もあります（鈴木，1988；朽木，2009）。こうした「標準化」を行わないと正しくセリエーション・グラフを描くことができません。

　さらに，図 3-3 に示したように，S. チャンピオン（Champion, 1980）がセリエーション・グラフを用いて遺跡間の土器の比率を比較し，遺跡の相対的先後関係を復元するモデルを示しています。並べ替え前は 1～10 の各遺跡の比率がバラバラで先後関係が推定できませんが，古い土器（Type 1）から新しい土器（Type 3）へと徐々に変化するように並べ替えることで，2・4・9・7……とそれぞれの遺跡の相対的な先後関係が推定できます。その際，遺跡ごとの土器の比率（出現頻度）のデータ（セリエーション・グラフの 1 つひとつの横棒を構成するストリップ）については，既知の編年の順序をもとに配列し直しています。したがって，このモデルではデータの標準化

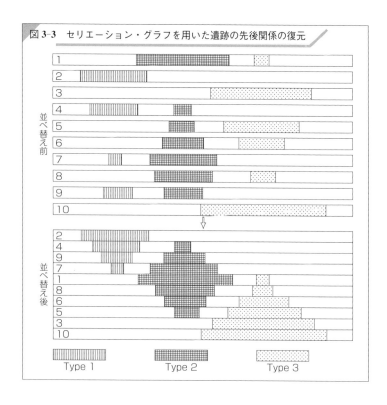

図3-3　セリエーション・グラフを用いた遺跡の先後関係の復元

並べ替え前

並べ替え後

Type 1　　　　　Type 2　　　　　Type 3

をするために比率を用い，遺跡間比較を可能にしています。

　つまり，セリエーション・グラフは，時空上で，ある一定のまとまりをもつモノの，当該時空上での消長をとらえるためのモデルであるといえます。こうしたいくつかの仮説によって，先に述べた型式連続の流れという相対的な先後関係だけで時空上のまとまりを把握することができます。

4 層位学的方法

地層累重の法則　編年の前後関係を明らかにするために，そのモノの出土した地層（土層）を観察する方法も有効です。土は，地盤沈下や浸食，断層などの影響を受けなければ，年月とともに上に向けて徐々に堆積していきます。そのため，上の土層にあるモノは下のモノより相対的に新しいといえます。これを地層累重の法則といい，これに従って時代的な前後関係を明らかにする方法を層位学といいます。したがって，発掘調査においても，土層の観察・確認が重要なポイントになります。発掘は層位掘りといって，1枚1枚の土層を上から剥がすようにして丁寧に掘っていき，ある時代の人々が生活していたと思われる地面の高さや，堆積した土層の変わり目などまで掘り下げたところで，確認面として滑らかに削り出して遺構の有無を検討します。

基本層序と土層観察　また，発掘調査区の一角の遺構の発見されない場所を深掘りし，自然堆積により形成された**基本層序**（土層の堆積順序）を明らかにします。こうしたことにより，すでに調査が行われた近隣の遺跡との比較が可能になり，土層のおよその形成年代の見通しが立てられるとともに，その遺跡独自の堆積環境を明らかにすることができます。

　こうした基本層序を把握したり，遺構の覆土を分層（細分化）したりする際には，土層を観察します。その際は，以下のことに注目します。①色調：『標準土色帖』などを参照し，そこに記載された「明褐色」などの農林慣用色名と色相・明度・彩度の色値を記録します。過度に乾燥している場合は，適度に湿らせて観察します。②

粗密度と構造：指で押したときの硬さや締まり，緩い力で砕いたときの形状を粒状や角塊状などと記録します。③土性：土を構成する要素である「粘土やシルト，砂」の組成とその割合を観察します。④含有物：土中に混入している含有物（火山灰やスコリア，軽石，焼土，炭化物，礫など）の有無や量を観察します。これら5つの項目を参考にして分層します。こうして細かく分層された層位をもとに，堆積状況を考察し，遺構の覆土を見極めます。

遺構の切り合い

土層の観察は基本層序の確認だけでなく，遺構の切り合い関係の確認でもきわめて重要です。切り合い関係とは，異なる時期に築かれた複数の遺構が重なり合っている場合に，その重複関係における時間的な前後関係を指します。つまり，遺構Aの一部を遺構Bが破壊して作られている場合では，遺構Bが遺構Aよりも年代的に新しいといえます。この際，遺構の覆土の観察により，どちらがどちらの覆土を破壊しているかについて土層観察により特定します。土坑や住居址を発掘する場合，いきなりすべての覆土を取り除くのではなく，半截して覆土の堆積状況を確認するのもこのためです。こうした作業により，とくに同一層や同一地表面における住居や土坑の新旧関係を知ることで，造営や廃棄の変遷過程を知ることができます。

テフラクロノロジー

また，日本列島には数多くの火山が分布し，さまざまな時代に噴火したことで残された火山灰や軽石など（テフラ）が土層中に残されています。火山灰は瞬時に広範囲に降下するため，その層の前後の遺物は，火山の噴出年代とほぼ同じ時代のものだと考えられます。また，同一のテフラが複数の遺跡でみられた場合，それらの遺跡の同時代性がわかります。このようにして，たとえば江戸時代の宝永火山灰，縄文早期と前期を分ける鬼界アカホヤ火山灰，旧石器時代の始良丹沢火山灰な

ど，噴出年代が判明していて，かつ，広域に降灰しているテフラは，土層観察の際に注目され，遺跡の年代を明らかにしたり，他遺跡との新旧関係を比較したりする際に用いられます。

5 理化学的年代決定法

放射性炭素法
(^{14}C 年代測定法)

上述したモノの変化に基づく相対的な年代や層位学による前後関係の推定だけでなく，理化学の発達により，さまざまな手法が考古学的な年代決定に利用されてきました。なかでも，放射性炭素を用いた理化学的年代決定法（放射性炭素法）は最も広範に使われ，世界の編年体系の比較・共時化に貢献しました。ここでいう放射性炭素とは，^{12}C，^{13}C，^{14}C の３つある炭素同位体のうち，ごくわずかしか存在しない ^{14}C に注目したものです。この ^{14}C は宇宙線が大気上空で窒素 ^{14}N と核反応を起こすことで生成される８つの中性子をもつ炭素で，弱い放射線を放射しながら規則的な速度で壊変し（元の窒素 ^{14}N に戻ること），5730 年という時間をかけてその数が半分になります（半減期）。1949 年，アメリカ・シカゴ大学の化学者 W. リビーはこのことに注目した年代測定法を発表しました。すなわち，大気中で生成された ^{14}C は二酸化炭素として植物に取り込まれ，その植物を食べることで動物の体内にも取り込まれます。しかし，その動植物が死ぬと ^{14}C の摂取は止まり，死後から一定の速度で壊変が始まります。測定試料の中にどれくらいの ^{14}C が残っているかを測定することで，その動植物が死んでからの年代を知ることができるという方法です。

その後，^{14}C が放射する放射線をガイガー・カウンターで計測す

る従来型の方法に加えて，ガス計数装置や，放射線でなく直接 ^{14}C を計測する加速器質量分析（AMS）法が開発され，ごく少量の試料であっても年代を測定することが可能になっています。AMS の適用例としては土器付着炭化物による年代測定があげられ，最近では縄文時代・弥生時代の実年代による高精度の編年研究に利用されてきています（今村・小林・坂本，2002）。

放射性炭素による年代の較正

先に述べたリビーは，大気中の ^{14}C の濃度は一定であると仮定して年代を計算していましたが，現在では地球磁場の影響で，濃度が変化してきたことがわかっています。そのため，後述する年輪年代法を利用して，放射性炭素による年代を較正する必要が出てきました。その結果，紀元前 1000 年ごろより以前では測定値が実際よりも新しくなることがわかりました。こうしたことから，現在では較正プログラムや較正曲線を用いて較正された年代を使用することが必要になっています。なかでも，最も代表的な較正曲線が北半球の大気を炭素源とする資料に基づく IntCal シリーズで，1998 年以降数年ごとに更新され，IntCal20 が最新です（図 **3-4**）。この IntCal20 には国立歴史民俗博物館の坂本稔らによる日本産樹木年輪データが採用されたことでも有名になりました。こうした較正プログラムや較正曲線を用いて較正された年代は較正（calibrate）されたことを示すために「cal」を頭につけて「cal BC」や「cal AD」のような形で記載され，元の ^{14}C 年代測定値は「BP」（基準年となる 1950 年から何年前かを表す意味で Before Present の略）であらわされます。

放射性炭素による年代決定の注意点

上述のように，放射性炭素を用いた年代測定は汎用性が高く，数多く用いられるようになってきましたが，それを用いる際には

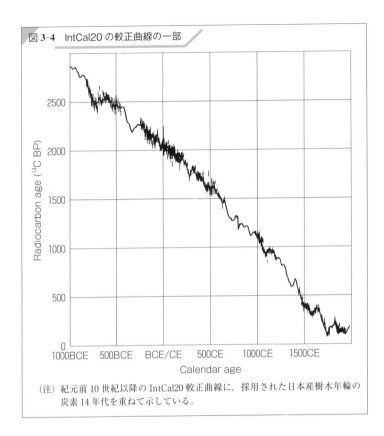

図 3-4　IntCal20 の較正曲線の一部

（注）紀元前 10 世紀以降の IntCal20 較正曲線に，採用された日本産樹木年輪の
　　　炭素 14 年代を重ねて示している。

いくつかの注意点があります。まず，海洋性生物は，陸に住む生物に比べて年代が古く測定されることが知られていて，海洋リザーブ効果と呼ばれています。そのため，それらの試料のデータを相互に比較する場合には注意が必要です。

　さらに，図 3-4 のように較正曲線が波状になっているため，1 つの放射性炭素の示す年代が複数の暦年代に較正される場合があることも注意が必要です。図 3-5 はインターネット上で公開されている

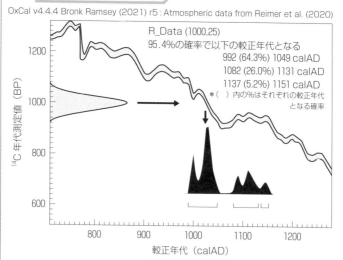

図 3-5　較正プログラムのサンプル

OxCal v4.4.4 Bronk Ramsey (2021) r5 : Atmospheric data from Reimer et al. (2020)

R_Data (1000,25)
95.4%の確率で以下の較正年代となる

992 (64.3%) 1049 calAD
1082 (26.0%) 1131 calAD
1137 (5.2%) 1151 calAD

*（　）内の%はそれぞれの較正年代
　　となる確率

（縦軸）¹⁴C 年代測定値（BP）
（横軸）較正年代（calAD）

(注) IntCal20 の較正曲線（Reimer et al. 2020）に基づき OxCal v4.4.4 較正プロ
　　グラム（Bronk Ramsey 2021）を用いて描出した。最新の較正曲線などは
　　以下により入手できる。
・Radicarbon 誌 IntCal20 特集号（https://www.cambridge.org/core/journals/
　radiocarbon/calibrations/intcal-20）
・暦年較正曲線 IntCal（http://intcal.org）
・暦年較正プログラム OxCal（https://c14.arch.ox.ac.uk/oxcak.html）
★この図のよみとり方の詳しい説明の資料は有斐閣 HP 本書誌情報ページ
　で提供します。右の QR コードよりご覧いただけます。

　暦年較正プログラム OxCal（https://c14.arch.ox.ac.uk/oxcal.html）を
使って，¹⁴C のサンプル値として仮に 1000BP±25 を入力した際に
算出された較正年代です。992-1049 cal AD（64.3%）をはじめとし
て 1082-1131 cal AD（26.0%），1137-1151 cal AD（5.2%）の 3 つの
可能性が示されました。この場合，図の左上から右下へ描かれる曲
線が参照した較正曲線（IntCal20）です。左側の縦軸（¹⁴C 年代測定
値）に示された 1000BP を中心とする前後 25 年幅の正規分布が入

力した仮の測定値で，図の下側の横軸（較正年代）上に対応する較正年代とその分布域（黒く塗りつぶされた分布）が示されています。

　先に述べたように，較正曲線と較正プログラムは随時更新されています。古い測定結果を後から再検討する場合には，較正前の^{14}C年代測定値が必要になります。また較正年代の値は，どの較正曲線や較正プログラムにより算出された値かわからないと正確に扱えません。論文等で較正年代を扱う際には，使用した較正曲線や較正プログラム，較正前の^{14}Cの測定値などを記録し，後で検証できるようにする必要があります。

　また，試料の採取にあたっても，注意が必要です。炭素を用いる分析法であるので，紙や接着剤などの有機物との接触や，現代の植物の根などの混入により汚染されてしまうと，測定結果に大きく影響します。採取された試料は，アルミホイルやビニール袋などの汚染されていない容器に密封し，不適切な取り扱いによる汚染が起きないようにしなければなりません。

　このように，放射性炭素による年代測定には，正確な測定や考察を妨げるさまざまな要因があります。そのため，たった1つの試料の年代測定の結果だけで，直ちに年代を決めてしまうのは危険であって，複数の試料の結果を比較して結論を出すべきです。また，複数の試料を分析に出した場合，自分の目論見どおりの結果を出した試料だけを恣意的に採択するのもよくありません。仮に期待と異なった結果が測定された場合は，それが汚染など正当に排除される理由がある場合を除き，結果を尊重しなければなりません。そのため，調査対象の遺跡の中で，基本層序に合わせてそれぞれの土層から採取した複数の試料を測定し，それが層位学上の新旧関係と合致するかを検証するのもよい方法です。

放射性炭素法以外にも放射壊変の原理に基

カリウム＝アルゴン法

づいた年代測定法があり，そのうちのいく
つかは考古学においても使用されています。その1つであるカリウ
ム＝アルゴン法は，火山岩の中で放射性同位体である ^{40}K が ^{40}Ar に
ゆっくりと壊変することに基づいています。類似する方法にレーザ
ー融合アルゴン＝アルゴン法があり，アルゴン同位体をレーザー融
合によって放出させ，その ^{40}Ar の比率により年代を測定するもの
です。^{40}K の半減期は約 1.3 億年であるため，放射性炭素法の測定
可能範囲外の期間についても有効である反面，カリウムの壊変が始
まるのは火山活動による岩石の形成によるため，火山岩に埋まった
遺跡の年代しか測定できないという欠点があります。この方法は東
アフリカの初期人類の年代測定に利用され，遺物の包含層を挟む固
い火山灰の堆積層（タフ）が測定され，長期に及ぶ編年体系が確立
することにつながりました。

フィッション＝トラック法は，ウラン同位

フィッション＝トラッ
ク法

体である ^{238}U が自然に壊変して安定鉛同
位体になる際に，ときおり核分裂する（自
発核分裂という）ことに基づいています。この自発核分裂の際に分
裂した粒子が傷を残しますが，これをフィッション＝トラック（核
分裂飛跡）と呼び，これを計測することで，考古遺物として製作さ
れる際にフィッション＝トラックが消えてリセットされてからの年
代を測ることができます。この測定法は鉱物やガラスなどに適用す
ることができ，先述のカリウム＝アルゴン法が適用できない場合に
有効です。数万年から数十万年前という年代を対象とするため，主
に地質学の分野で用いられています。考古学では，石器や遺跡から
出土する岩石の年代や，産地同定に使われますが，人工ガラスなど
にも適用することができます。

これまでに述べた年代測定法は，放射壊変

の原理に基づき，試料自体が放射した放射線を計測して年代を測定する方法でしたが，熱ルミネッセンス法は試料自体が被曝した放射線の総量を計測して，年代を割り出す方法です。熱ルミネッセンスとは試料を急速に加熱することで得られる発光で，土器が焼成されたときなど最後に熱を受けて以降に受けた放射線の被曝量に応じて，古くなるほどこの多くの熱ルミネッセンスの発光が記録されます。この方法は，土器や被熱した石器などの無機物に適用できるため，考古学的な利用価値は高いといえますが，一般に放射性炭素法よりも精度が低く，信頼性に欠けるとされています。また，熱ではなく，光に晒された鉱物の年代測定には光励起ルミネッセンス法という年代測定法もあります。

年輪年代法

多くの樹木は毎年新しい年輪を形成していきますが，こうした年輪の幅はその年の気象条件により毎年の成長速度に差が生じるため，同じ幅にはなりません。また，同一地域内の同一種の樹木は，一般的に同一の年輪のパターンを示すと考えられます。このことを利用して，新たに伐採された樹木の年輪のパターンを現在の起点として年輪幅のダイアグラムを作成し，そこにみられるパターンと過去に伐採された木材のパターンとを照合して，重なる部分を徐々に過去に向かってつなぎ合わせていくことで長期間にわたって連続したパターンを作成することができます。図 3-6 は図の上部に示された建物，人工物や木材からサンプリングされた年輪のパターンをつなぎ合わせて，現代から先史まで長期にわたる暦年標準パターンを作成する仕組みを表現したものです。この年輪年代法は現在から過去へと 1 年 1 年さかのぼっていくことができるため，直接的に絶対的な暦年代を得ることができるという利点があります。つまり，その試料（木材）が伐採

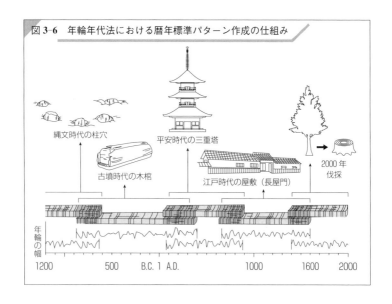

図 3-6　年輪年代法における暦年標準パターン作成の仕組み

縄文時代の柱穴　　　平安時代の三重塔

古墳時代の木棺　　　江戸時代の屋敷（長屋門）

2000 年
伐採

年輪
の幅

1200　　　　500　　B.C. 1 A.D.　　　　1000　　　1600　　2000

された年（暦年代・絶対年代）を特定できるのです。そのため，年輪
年代法は，先述したように放射性炭素法とクロスチェックされ，信
頼しうる放射性炭素法の較正年代を作成することに大いに役立ちま
した。ただし，この年輪年代法は，季節性のない熱帯地方で生える
植物など年輪を形成しない樹木には適用できないという限界があり
ます。また，多くの木材を重ね合わせる必要があるため，過去にお
いてもその樹木が木材として利用されていなければなりません。

　さらに，長期に及ぶ年輪が得られるような種類の樹木に限られま
す。年輪年代法の適用例としては，国宝室生寺五重塔が 1998 年 9
月の台風による倒木被害で半解体修理になった際に，西側軒支輪化
粧裏板の年代測定が行われ，この塔の実質的な建立年代を 794 年ご
ろと推定したものなどがあげられます（光谷，2001）。

　こうした年輪年代法と類似したものに湖底堆積物の年縞がありま

す。スカンジナヴィア氷河端部の湖には氷河の後退に伴う堆積物が年ごとに層をなし，気候変動に伴って縞状になっていることをゲラード・ドゥ・ギーアが発見しました。こうした年縞は年輪と同じく長いパターンを作成することができます。これにより，最終氷期の終わりの年代を知ることができました。また，福井県の水月湖の湖底からは，毎年形成された薄い堆積層が採取され，4万5000年に及ぶことがわかりました。このデータは放射性炭素法の較正（IntCal13 や 20）に用いられ，木材でさかのぼることのできる限界を超えることができました。

そのほかの理化学的年代決定法

上述の年代測定法は考古学で比較的よく用いられる方法ですが，それ以外にもさまざまな理化学的な年代測定法があります。

たとえば，ウラン系列法は，ウラン同位体の放射壊変をもとにした年代測定法で，火山岩が少なくカリウム＝アルゴン法が適用できない地域において用いられます。

電子スピン共鳴（ESR）法は，熱ルミネッセンス法同様に自然放射線の被曝量から年代測定する方法で，歯のエナメル質を対象とした年代測定に用いられます。

黒曜石水和層法は，新たに割れてできた黒曜石の表面が水分を吸収することで形成される水和層の厚さを計測することで，その黒曜石が割れたときからどのくらいの時間が経過したかを計測する方法です。黒曜石を用いた石器の年代測定に有効な方法ですが，その試料が置かれた環境条件により水和層の発達に差が生じるため，ほかの年代測定法を併用して比較検討する必要があります。

アミノ酸ラセミ化法は，人や動物の骨の年代を測定する方法です。骨の保存状態により測定値が大きく変化するため，ほかの年代測定法との併用が望まれます。

陽イオン比法は，光沢面をもつ岩壁画や線刻画の年代を測定する方法ですが，信頼性をめぐって議論が分かれており，これもほかの年代測定法との併用が望まれます。

古地磁気法は，時代によって地球磁場の位置が変わることに基づいています。窯や炉など高温で焼成された粘土製の遺構では，中に含まれている鉄の粒子に加熱時の地球磁場の方位と強度が保持されている（熱残留磁気という）ため，それと地球磁場の位置の変遷とを照合して年代測定するものです。ただし，原位置から動かされてしまうと方位比較ができなくなってしまうなど限定的な側面もあります。

6 年代の対比

相対年代・暦年代・理化学的年代

この章ではさまざまな方法で，モノから年代を探る方法について述べてきましたが，型式連続をもとにする編年体系は，あくまで相対的な先後関係を述べたもので，そこに示された年代は相対年代といいます。これに対して，暦のうえでの絶対的な位置関係を示すことができる年代を絶対年代または暦年代と呼びます。従来の考古学においては，相対年代によって示された編年体系をいかに暦年代に近づけるかという点に苦心してきたといえます。とくに，遠隔地間の相対年代を対比させて世界的な編年体系を組み立てようという試みもなされてきました。こうしたことを実現するためには，3つの方法があります。

1つめは，先に述べた地域編年の共時化を行って，暦のある地域の年代と暦のない地域の年代の交差年代を求め，暦年代の適応範囲

を広げていくというやり方です。このやり方を最も効果的に示したのがチャイルドで，その成果は『ヨーロッパ文明の曙』（Childe, 1957）に記されています。暦が存在し，年代観のはっきりしているオリエント起源の遺物や文化現象に類似するものをヨーロッパ先史文化の中に求めて，東西の文化交流を明らかにしようとしたものでした。

　2つめの方法は，相対的な編年体系をもつ遺物に共伴する木材などに対して年輪年代法を適用して直接暦年代を導き出すという方法です。この方法は，年輪年代法の方法論的限界の制約を受けるため，熱帯地方の編年には適用できないなど全世界規模の編年体系の共時化には適しません。

　3つめの方法は，放射性炭素法など理化学的年代測定法を用いて相対年代を対比する方法です。ただし，放射性炭素法をはじめとする理化学的年代法は測定結果を統計学的に導き出したものです。したがって，測定精度がどんなに向上しても，統計学的手法による限り誤差はなくならないため，厳密な意味では暦年代とは同一にはなりえません。理化学的年代測定の結果をもとに，相対年代の共時化を図るのは大まかな目安になりますが，絶対的なものとして保証されているわけではないことを覚えておかねばなりません。

　また，較正曲線にゆがみがある場合などでは，しばしば，理化学的年代の信頼性や年代間の整合性についての議論が編年体系などといった相対的な枠組みが不正確なものを排除する際の指針となっていることにも留意すべきです。これらのことから，異なった原理や考え方に基づくこれら3つの年代をうまく使い分けていくことが今日の考古学にとって必要だといえます。

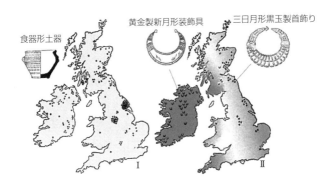

食器形土器

黄金製新月形装飾具

三日月形黒玉製首飾り

I　　　　Ⅱ

　J. G. D. クラークの研究によると，ブリテン群島の青銅器時代前期における食器形土器の分布内（Ⅰ）において，「三日月形黒玉製首飾り」のない地域を「黄金製新月形装飾具」が埋めている（Ⅱ）(Clark, 1932)。これを V. G. チャイルドは，同じ機能であるが異なる型式の間における「相互補完的」（complementary）分布の一例として示しました（チャイルド, 1981）が，本章ではこのような関係を，分布においては「隣接的」であり，機能においては「代替的」であると評価しました。

　「空間をよむ」とは分布論に相当します。分布を論じるとはどのようなことでしょうか。考古学では個々の資料を個体としてだけではなくて，その個体が属する類型として取り扱います。それが型式です。よって，型式には複数の個体が含まれるので，当然それは空間的な広がりをもちます。分布は考古学研究の最も基本的な概念である型式と密接に結びついています。

　本章では，まず分布論とは何かを学史的にとらえ直し，次に具体的に研究方法としての手順を説明します。そしてその有効性について実例をもって試してみます。最後に，考古学的な分布現象と地域との関係について，「超越的地域論」といった筆者の考え方を紹介します。

1 分布論は研究法か

5W1H と犯罪捜査 考古学を含めて歴史研究で明らかにしなけ
ればならないことは何か。新聞記事と同様
に５つのＷと１つのＨだ，ということをときどき耳にします。い
つ（When）・どこで（Where）・誰が（Who）・何を（What）・なぜ
（Why），そしてどのように（How），です。これらの問いのかたちを
考古学の研究法になぞらえてみるならば，「いつ」は編年論（ある
いは年代論）に，「どこで」は分布論に対比されるでしょう。「何を」
は難しいところですが「どのように」とあわせて，「これはどのよ
うに使ったのか」と問い直してみるならば，機能論に相当するかも
しれません。「なぜ」で出来事の要因をたずねているとすると，社
会論などが適当かもしれませんが，これは研究法というよりも生業
論などと同様に個別の研究テーマであるといったほうがいいでしょ
う。では，歴史を語る際の主語となる「誰が」を論じる研究法は何
なのでしょうか。

　イギリスで活躍した著名な先史考古学者，ゴードン・チャイルド
（1892-1957）が著した『過去を継ぎ合わす（*Piecing together the past*）』
（1956 年）は，日本では 1964 年に近藤義郎（1925-2009）によって
『考古学の方法』という書名で翻訳されました（チャイルド，1981）。
その中の第７章は「分布区分の設定」と訳されていますが，原典で
は WHO DID IT ?（それをしたのは誰だ）です。なぜこのようにな
るのでしょうか。これについての考察は後に回すとして，このよう
な状況では「どこで」が分布論というのもあやしくなってきます。

　以上のように理詰めで考えていくと，5W1H のたとえにそもそも

無理があるのかもしれません。一方で，考古学の発掘調査が犯罪捜査になぞらえられることがありますが，5W1H とはまさにそのような場面で発せられる問いであって，むしろ形成論（遺跡の成り立ちの過程を論ずる）といったジャンルを立てるべきだと筆者は考えています。

実例を論じること

分布論は編年論や型式論とともに考古資料の分析・操作の基礎をなしている，などとその重要性が指摘されることがよくあります。しかし，日本で刊行された考古学の概説書やテキストブックで分布論が研究法として正面切って論じられているのは意外と少ないようです（小野，1978；佐原，1985；田中，1987）。なぜでしょう。ある考古資料が「分布」といった空間的な広がりを示すことの重要性は改めていうまでもありませんが，それぞれの発見地点を地図上に打つ（プロットする）作業を，取り立てて研究法などと唱える必要はない，と考えられているのかもしれません。「実例を詳しく論じることに考古学の分布論としての目的がある」などと唱えられるのにも一理あります。しかし，これでは分布論は研究法ではなくて，分布という現象を伴う考古学的な事例についての個別具体的な研究実践ということになります。分布論とはそのようなものなのでしょうか。

空間関係の一般理論は必要か

「分布論は体系化されていない」，これもときどき耳にする手厳しい批判です。そこでいきおい考古学における空間関係の一般理論を求めるような発言がなされます。遺構内のミクロな分布から始まって広域な分布現象までを，あるいは微視的な位置関係から始まって巨視的な位置関係までを，分布論として統一的に議論することが求められています。しかし，はたしてそのような研究法の構想は妥当でしょうか。微視的な位置関係までを含めて，空間関係の一般

理論などと気負うから，分布論はいつになっても体系化されること
がなかったのではないかと，筆者は推察しています。遺物や遺構を
対象にするにせよ，遺跡にせよ，あるいは文様や製作技術のクセな
どの要素を対象にするにせよ，遺跡間での広がりを問題とするもの
としての分布論を構想すべきです。遺跡内や遺構内での分布は，前
述の形成論の中で取り扱うべき問題なのでしょう。

空白はこわいという警句　　ある考古資料の分布図を作成した際に，そ
こにあらわれた空白のこわさについての注
意が喚起されています。いわく，私たちが知り得た考古資料の分布
は現状にすぎない。自然の作用や，当時あるいは後世の人々の活動
によって，問題とする考古資料の本来あった場所が失われたりする
ので「正しい実態」を知ることは至難のわざである，いや不可能に
近い，と。このように述べられる場合の「正しい実態」とは，当時
においてあったはずの分布状態ということなのでしょう。あるいは，
その欠落を補わなければ，正しい解釈はなしえない，分布論として
正しい答えは得られないのだ，ということのようです。

研究法としての分布論　　このような警句は，分布論すなわち考古資
料における分布現象の解釈，その実践に先
行してすましておかねばならない前提的な作業について述べられた
「金言」として，多くの考古学者の肝に銘じられています。確かに
そのとおりです。が，分布図を作成した際に，あるいはその結果と
してあらわれてきた，そのような空白のある状態，それが「正しい
分布ではない」のではなくて，それこそが今日の私たちが知り得た
あるがままの分布（現状の分布）です。その空白は当時の状況の反
映で，あの空白は後世の撹乱によるもの，などといったことをあら
かじめ知ることはできません。空白や偏向なども含めてそのような
分布状態がなぜ生じたのかを，全体として順序立てて分析・解釈す

る方法こそが提示されるべきなのです。それが研究法としての分布論のあるべき姿なのではないでしょうか。

2 分布論の成り立ち

●コロロジカルな分布論

考古学的分類の3座標

　ある人が散歩をしていて道端に何か落ちている物を見つけた，とします。「何だ，コレ？」「いつのものかな？」「誰が落としたんだ？」。その物に何やら興味を抱いたならば，そこで発せられる問いは，誰でも似たり寄ったりでしょう。そこで「散歩」を「発掘」に，「道端」を「遺跡」に，「落ちている物」を「遺物や遺構などの考古資料」に置き換えてみると，考古学研究における最も基本的な問いのかたちができあがります。「ある人」の正体は「考古学者」ということになります。

　「何だ，コレ？」は機能論へ，「いつのものかな？」は編年論へと発展する素朴な問いのかたちですが，「ここ」で見つけたのですから「どこにあったんだ？」という問いは，そこでは発せられないでしょう。分布論が登場する余地はありません。その代わりにつぶやかれたのが「誰が落としたんだ？」です。チャイルドの WHO DID IT？ が，近藤訳では「分布区分の設定」となっていることを先に紹介しましたが，「誰」と「どこ」とは近しい関係にあるようです。当のチャイルドはそれらの問いを考古学的分類の3つの座標として functional・chronological・chorological と言いあらわしました。

コロロジカル
(chorological)

　近藤訳では functional が「機能的」，chronological が「編年的」，chorological が「分布的」となっています。ここでとくに注意すべき点はチャイルド自身の chorological の使い方です。こ

の chorological という「妙に耳慣れない」用語（チャイルドがそういっってます）には脚注が付いていて、『石器時代の世界史』(1931) を著したオーストリアの考古学者オズワルド・メンギン (1888-1973) から借用したことが記されています。また「かつてこの用語が英語で使われたことを知らないが，これ以上適当な言葉も今は思い当たらない」（チャイルド，1981：25）とも付け加えられています。

　チャイルドも『過去を継ぎ合わす』のほかの箇所では，現象としての分布を言いあらわすのにごく一般的な用語である distribution・distributional を使っています。問題の焦点は，考古学的分類の基礎の1つとして分布論を論じる際に，distributional ではなくて，なぜコロロジカルを用いたのかです。

> 分布学と文化圏と考古文化

メンギン（メンギーン，1943：12）は著書『石器時代の世界史』で考古学と民族誌学とにおける基本的な研究方法に関して，年代（「段階論」あるいは「編年学」）・形式（「形式論」あるいは「類型学」）・空間的分布（「集団論」あるいは「分布学 Chorologie」）といった3つの観点が重要であることを述べています。チャイルドが借用したのはこの分布学です。メンギンはこの分布学を文化圏説であると紹介しています。

　文化圏説とは，もともとドイツの民族学者レオ・フロベニウス (1873-1938) によって唱えられた学説です。文化は個々の要素の寄せ集めではなく，それらが有機的に結びついた複合的なもの（文化複合）であると考えられます。それは一定の地域に特徴的で，主としてその地域に分布が限られるものであって，それが文化圏と呼ばれます。文化（すなわち考古文化）についてのチャイルドの有名な定義，「頻繁にみられる考古学的型式の一定の組合せは，専門用語で"文化"とよばれる」（チャイルド，1981：25-26）は，メンギンを介

して文化圏説と関連があったようです。

組合せと発見物　チャイルドは述べています，「共存諸型式の常時的な組合せは，考古学者が限定した意味で使う『文化』，つまり分布論的分類の単位である」（チャイルド，1981：140，一部改訳，傍点添付）と。チャイルドは考古学における分布の問題を地図学的方法（cartographic methods：地図作成法）として魅力的に論じています。その内容は次節での説明と重複するので，ここでは学史的な観点から引用文中にしばしば見受けられる分布論的（chorological）の意味をもう少し探求してみましょう。

　チャイルドのいうところの分布論的分類の単位である文化とは，いったい何なのか。先の引用文中のキーワードは共存と組合せです。共存は associate の，組合せは assemblage の，それぞれ訳語です。共存とは「一群の型式が同時使用を示す状況の下にまとまって発見」（チャイルド，1981：49）された状態です。ですから，チャイルドの述べる「共存諸型式の常時的な組合せ」は，オスカル・モンテリウス（1843-1921）がいうところの「まったく同時に埋められたものと見なければならない様な状態に於いて発見された一括の品物」（モンテリウス，1932：5）である発見物（Fund〔フンド〕）にきわめて近い内容です。〈共存諸型式の常時的な組合せ ≒ 発見物〉（assemblage ≒ Fund）と表現できます（現在この発見物は，普通一括遺物〔closed finds〕と呼ばれています）。では，先に紹介したように〈共存諸型式の常時的な組合せ ＝ 文化〉ですから，〈発見物（フンド）≒ 文化〉となるのでしょうか。発見物があくまでも個別具体的な遺物群（「一括の品物」Gegenstand，〔英〕object）であるのに対して，文化（もちろん考古文化の意味です）はややニュアンスが異なります。では，なぜこのようなねじれ（あるいは飛躍といえるかもしれません）が生じてしまうのでしょうか。

理由は2つ考えられます。1つは，厳密には組合せは，イコール文化ではないからです。チャイルドは別のところで，「ある文化に所属する型式のすべてが，その文化を構成するいかなる組合せにもみられるとはかぎらない」（チャイルド，1981：51）ことを述べています。発見物で得られた共存すなわち〈共時性〉を根拠として，複数の異なる組合せを1つにまとめることができます。それがチャイルドの定義する文化です。

型式──モンテリウスとチャイルド

　もう1つの理由は，型式の定義にかかわります。19世紀末葉から20世紀初頭においてモンテリウスが確立した年代学（編年論）では，発見物（フンド）とともに重要な用語・概念として型式（Typus〔チプス〕）が使用されます。彼は型式を，他と区別される「本質的なもの」と述べています。これに対してチャイルドは，型式こそが考古資料の特質であると見抜いて，自身の方法論における中核的な用語・概念とします。たとえば「世代から世代へと社会の習慣はゆたかになり，社会的に容認された標準型式 standard type を何千例となく生み出してきた。考古学でいう型式とはまさにそうしたものである。個々人の試行錯誤という私的経験の産物が，社会の他の成員に伝えられ採用されくりかえされてきたがゆえに，私たちはいま，考古学的現象を型式として分類することができるのだ」（チャイルド，1981：18），などです。型式をこのように再定義したことによって，発見物の意味も必然的に変質します。それが「組合せ」です。

時期と文化

　モンテリウスは発見物の〈共時性〉をもって，「型式の組列」Typen-Serie 間の「平行性」の正しさを判定しました。それは同時に，〈共時性〉が確認された複数の型式は，結果としてある特定の時間枠の中にあること

も確認されますが，それが「時期」（Periode〔ペリオーデ〕）です。このような時期を確定する際に前提とされた空間的な広がりが，イタリアやスカンジナビアといった既存の国や地域（モンテリウスは Land と表現しています）です。よって，既存の地理的な空間が前提（筆者はそれを地域区分の先験性，先験的地域区分と呼んでいます）とされているモンテリウスの年代学においては，そこから分布論が展開する可能性は少なかったといえますし，実際には生まれてきませんでした。

　モンテリウスのこの時期（ペリオーデ）に対比されるものが，チャイルドの文化です。文化は，定義上は組合せを追求することによってその空間的な広がりを求めることができます。文化が「編年的分類単位というよりも分布論的分類の単位」（チャイルド，1981：140）であるとはこのことを意味しています。これがチャイルドの分布論です。

チャイルドの分布論 ある文化とそれに所属するある型式とが，その空間的かつ時間的な広がりにおいてほぼ同一である場合，そのような型式が「示準化石としての型式」（特定型式〔specialized types〕あるいは特徴型式〔diagnostic types〕）の価値をもつことになります。チャイルドは示準化石（type fossil あるいは index fossil）としての型式を，「それ自身さほど重要ではないけれども，数層からなる遺跡の場合その一層だけにかぎってみられ，また，一定の拡がりをもつ地域でのみ発見されるものである」（チャイルド，1981：51，傍点添付）と紹介していますが，まさにインデックスの役割を担うものです。文化を少数の示準化石としての型式だけで特徴づけることはできませんが，「一文化を認知しそれを他と区別できる唯一の指標」（チャイルド，1981：53），それが示準化石としての型式なのです。

以上のように整理することによって，チャイルドの分布論が目指していたものが文化の分布論的分類（chorological distinctions）すなわち文化の空間的広がりの識別であったことがはっきりしてきます。「考古文化の分布（distribution）は，その文化を作り上げた人たちの住地を示すことになる」，だからこそ文化はいっさいの型式の組合せの全構成体によって規定されるべきものなのです。ただし，そのような組合せのすべてがそろった遺跡の存在を期待することはできませんし，ましてやそのような複数の遺跡の空間的な広がりを地図上でおさえることは無理です。しかし，「たいへん便利なことにこの分布は，文化を区別するのに用いられる特徴型式の分布（distribution）から明らかにできる」（チャイルド，1981：143，原文補足）のです。よって，特徴型式の分布型はでたらめにばらまかれた状態を呈するのではなくて，「一カ所以上のはっきりとした中心をあらわす明らかな集合型」を示すことが指摘されています。逆な言い方ですが「分布区分の設定」とは，チャイルドにとってはまさに Who did it？ になるのです。

チャイルド・パラドックス

　ただし，問題は残ります。型式（標準型式）のあるものが，ある文化にとって示準化石としての型式（特徴型式）であるとする判断はいかにして可能なのか，という点です。「ある型式が本当にある文化の特徴型式である」ということは，ある文化の内容（共存諸型式の常時的な組合せ）とその時間的・空間的な広がりを把握することができた後に，確実性をもっていえることです。はじめからある特徴型式をもって，それによって特定の文化を識別できるという表現は，思考の順番が逆転しています。たとえば特徴型式 α が文化（すなわち考古文化）β を示す場合を考えてみましょう。ある地域の未知の遺跡 x を発掘して特徴型式 α が発見されました。そこで発

掘者は遺跡 x は文化 β の遺跡であると判断できるでしょうか。攪乱などを受けていない埋蔵状態が確認できたなら，文化 β と同じ時間帯の遺跡であると判断することはできますが，発掘された特徴型式 α のみをもって遺跡 x が文化 β の遺跡であるとはいえません。遺跡 x の所在地が文化 β 圏内である場合でも，遺跡 x は異なる文化 θ を残した人たちが文化 β 圏内に集団移住してきて，そこにたまたま持ち込まれたもの（特徴型式 α）だったかもしれません。あるいは遺跡 x が文化 β 圏外に位置している場合は，遺跡 x は文化 β に属する人たちがコロニー的に集団移住してきたところかもしれませんし，単に文化 β 圏外の他の文化 θ に属する遺跡 x に特徴型式 α が持ち込まれただけのものかもしれません（チャイルドは特徴型式 α が「遺物」relic であるか大地に造り付けられた「遺構」monument であるかが，文化の空間的な広がりを判断する際に重要である点を指摘していますが，ここでの議論とは関係ありません）。本来，古生物学における示準化石が指示しているのは時代（時間性）のみであり，むしろその分布は空間的に限定されないものほどよいのです。特徴型式はある文化の指標となりえても，またその文化と同じ時間帯に属することの指標となりえても，その出土地点がその文化の空間的な広がりを示すとは限りません【➡第 12 章の図 12-4 の 5・6 を例にして考察を深めましょう】。ある未知の遺跡が特定の文化に属するものであることを確かめるためには，生活様式を反映している共存する諸型式の組合せを確認する慎重さが必要です。この点に注意しないと，特徴型式に〈特徴型式の分布＝特定の人々およびその住地〉といった特権的な役割を与える結果になりかねません。ここで目指すべき分布論の構築では，とくにこの点に注意することにしましょう。

3 分布論の方法

　以上の学史的な整理を踏まえると，考古学の分布論には2つの顔があることがわかります。1つはチャイルドのコロロジカルな分布論，すなわち考古文化を作り上げた人たちの住地の空間的広がりを明らかにするための分布論です。もう1つは，型式といった類型概念で把握される複数の遺物や，同じく複数の遺構など，それぞれの空間的な広がりを地図学的方法によって検討し，そのような分布現象を引き起こした要因を探るものです。ここではそれを地図学的分布論と呼び，その具体的な手続きを整理します。

> 基本的手順その1──
> 範疇を仮定する

すでに確認したように分布論として扱うべき空間的規模は，原則として遺跡間の広がりであるという前提で考察を進めます。

　まず，第1の手順は検討対象（もちろん考古資料のいずれかですが）を決めることです。正確にいうならば，対象に含みうるものをどこまでにするのか（範疇：カテゴリー）を仮定することです（*Column* ❷）。考古学者が手にする考古資料はいずれも部分品であったり破損品であったりすることが普通です。ですから，どこまでの範囲をもって対象としての1つのまとまりであるかを決定するのは，それほど簡単なことではありません。以下に述べるような分析の過程が進行していった結果，当初仮定した対象の内容（範疇）にズレが生じた際には，第1の手順に立ち返り検討対象としたものの内容的な広がりがそれでいいのかを再考します【➡第8章 *Column* ❿の事例で新たに抽出された範疇は何でしょうか】。「仮定する」といったのはこのことを意味します。また，検討対象は何らかの類型的な概念のはず

Column ❷　範疇を探せ！──土版，石版，タブレット

　本州北東域では縄文晩期に土版（①）と岩版（②）という遺物が出現する。両者は土製か石製かの違いだけであり，同一の形式として「土版・岩版」（③）と並列表記するべきであるという見解もある。一方，特定の機能を想定した形式ではなく，1つの範疇（カテゴリー）としてタブレット（④）と表記して，形態的特徴に着目して「内湾四辺形または方形で，懸垂孔あり」のものをタブレットA（⑤），「隅丸長方形または楕円形で，懸垂孔なし」をタブレットB（⑥）とする新たな見解もある。その場合，タブレットAは土製のみ，タブレットBには土製（❼）と石製（❽）とがあることになる（小杉, 1986）。

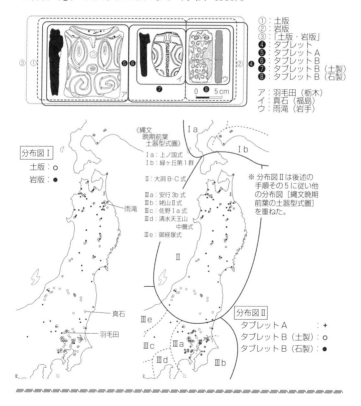

①：土版
②：岩版
③：「土版・岩版」
④：タブレット
⑤：タブレットA
⑥：タブレットB
⑦：タブレットB（土製）
⑧：タブレットB（石製）

ア：羽毛田（栃木）
イ：真石（福島）
ウ：雨滝（岩手）

《縄文晩期前葉土器型式圏》

Ⅰa：上ノ国式
Ⅰb：緑ヶ丘第1群

Ⅱ：大洞B-C式

Ⅲa：安行3b式
Ⅲb：姥山Ⅱ式
Ⅲc：佐野Ⅰa式
Ⅲd：清水天王山中層式
Ⅲe：御経塚式

分布図Ⅰ
土版：○
岩版：●

雨滝
真石
羽毛田

※分布図Ⅱは後述の手順その5に従い他の分布図［縄文晩期前葉の土器型式圏］を重ねた。

分布図Ⅱ
タブレットA　　　　：＋
タブレットB（土製）：○
タブレットB（石製）：●

です。だからこそそれに複数の個体が含まれることになり，必然的に空間的な広がりが分析の対象となってきます。検討対象は型式の場合もあるし，それを構成する個々の要素などの場合もあります。

基本的手順その2――
データ・ベース

第2の手順は分析対象の集成と地名表の作成，すなわちデータ・ベースの構築です。

検討対象の出土位置をはじめとして，出土遺跡の種別（墳墓，埋納遺構，集落など），出土状態・状況を記録します。第1の手順で検討対象の範疇をどのように決めるのかによって差が出ますが，場合によっては1つの検討対象の範疇の中に異なる材質（金属，石材，粘土など）でできているものが含まれることがあります。その際は材質が何であるかを書き記す欄も重要になります。発見年月日，発見者，保管場所なども大切な情報で，検討対象たりうるかの判定はもちろん，真贋の鑑定にも役立つことがあります。

基本的手順その3――
地図上に落とす

第3の手順は出土位置を地図上に落とす作業です。単純作業のようですが，検討対象の性質あるいは何を読み取ろうとするのかの違いによって，基本地図の縮尺の割合が変わってきます。読み取りに最も効果的な縮尺率を導き出すためには，試行錯誤的な実践の繰り返しが必要になってきます。

最近では，地理情報システム（Geographical information system：略称GIS）を用いて，遺跡の位置情報を体系的に整理し，さらに計量地理学的な分析も試みられています。遺跡の位置情報は，XY座標の数値データで入力され，地理座標（経緯度座標）で表現されます。またその際に，世界測地系か日本測地系かを統一しておくことも必要です。

ここまでで一応，コロロジカルな分布論，
または地図学的分布論，それぞれの基礎と
なる分布図ができあがったことになります。
第４の手順はこの１枚の分布図の検討です。２つの重要な点があり
ます。１つは分布の型と分布のまとまりの判定です。稠密か希薄か，
虫食い状の空白の有無，集中か分散か。集中の場合では，中心はい
くつか，集中の外縁は漸次的に分散するのか一線が引けるようなも
のか，などなどです。ただし，分布図１枚の検討の段階では，検討
対象の性質にもよりますが，特定の分布型と特定の背景とを結びつ
けて解釈するのは避けたほうがいいでしょう。虫食い状の空白など
が，しばしば後世の攪乱（人や自然の営みによる）で生じる場合も多
く，そのような欠落部をあらかじめ補っておかないと分布図の正し
い解釈はできないと考えられています。しかし，そのような検討は，
分布論の前提的な作業ではなくて，すでに研究法としての分布論の
重要な分析過程の１つなのです。ただし，この段階で本来的な空白
か後世の欠落かの結論を下すのはまだ早いのです。

　もう１つは，手順その１とも密接にかかわり，遺物を取り扱う場
合に必要になってくる判定ですが，地図上にあらわれた分布が検討
対象の製作地の広がりを示しているのか，使用地の広がりないしは
流通範囲を示しているのかの評価です。

　第５の手順は，ほかの分布図との比較です。
　比較する分布図は，第１に問題とする検
討対象と類似した内容（機能や形態など）を
もった資料の分布図になります（第１基準）。
　第２に，それとは内容的に①あまり関係のない，あるいは②何ら
の関係もないと思われるような考古資料の分布図と比較することも
重要です（第２基準）。

第3に，①地形図とか降雨量を示した分布図などの自然現象との比較，②開墾や圃場整備，用水路の掘削など，後世の人類活動を示したいわゆる歴史地図あるいは行政的な地図との比較なども忘れることはできません（第3基準）。なお，第1基準・第2基準によって比較する考古資料は，原則として検討対象と同時期に属するもので，かつ，同縮尺の分布図を用意するほうが効果的でしょう。

　複数の分布図を比較検討した際にあらわれてくる特徴的な分布の重なり状態として，一方が他方を完全に取り込んだ包摂分布状態，完全なあるいはそれに近い状態で重なり合う重複分布状態，部分的な重複分布状態，近接あるいは接しながらも顕著に重なり合わない隣接分布状態，それぞれの分布が空白地帯を挟んでかなり離れている分離分布状態などが観察されるはずです【➡第8章 *Column* ❿の事例の分布状態は何でしょうか】。強弱の差はありながらも，機能や性格において共通性を想定できる第1基準や第2基準①による対象どうしの比較の場合では，分布の重なりの程度に応じて，「代替」や「補完」といった評価が必要になってきます。第2基準②による比較において，顕著な重複分布状態や隣接分布状態が認められるのであれば，検討している両対象に対して当初は想定していなかった機能や性格における関連性を改めて考えてみる必要性が出てきます。

　ただし，このとき代替的と補完的の用語の使い方に注意しなければなりません。比較対照する2つの検討対象AとBとの分布が隣接しながらも重ならない場合（隣接分布状態），それはAとBとが平面空間的に補い合っているので補完的関係にあるとか，Aの代わりにBが，Bの代わりにAが分布しているので代替的関係にあるとか表現したいところですが，その言い方は避けたほうがいいでしょう（本章扉図）。代替的，補完的はあくまでも機能などの評価にかかわる表現にとどめ，分布状態に関する評価としては隣接的や重

複的を使用すべきです。

　なお，チャイルドは異なる考古資料の分布どうしがかなりの程度で重複している場合，そこに共存関係と同じ評価をすることができると力説しています。これは地図学的方法の効用の１つですが，必ずしもそこに代替的や補完的な関係を見出しているわけではなく，検討している考古文化の内容を豊かにするための操作であるとしている点に注意しなければなりません。

　人工品と当時における自然現象を示した分布図（前出の第３基準の一部）との間に認められる相関は，因果関係や後者が前者の必要条件を満たすような関係であることが多いでしょう。

　また，特定の検討課題となりますが，遺構の場合は当然のこととして，問題とする検討対象が遺物で，その分布が製作地の広がりを示している場合（「基本的手順その４」参照），その前後の時期の分布図との比較が重要な意味をもってきます（第４基準）。この場合，分布の時間的な変動は製作地の広がりの拡大・縮小を示すことになります。そこで求められる評価は，それが顕著な人的な移動（移住など）の結果なのか，あるいは移住などではなく，変化のあった地域の在住の人たちが新たに隣接地の製作・表現方法を取り入れた結果なのか，の判定です（第12章3参照）。

　いずれにせよ多くの場合はこの段階で，何らかの解釈案（仮説）が出てくるはずです。その真偽や妥当性の程度を分布論とは異なる検証方法によって確かめることで，研究は進展するのです。

**基本的手順その６——
表示方法の工夫**

　第６の手順は，実際には第５の手順と並行して行われるものですが，地図上に示された分布状態の表示方法の工夫です。これは第５の手順での比較や読み取りを効果的に実施するためにも必要ですし，また読み取りや解釈の結果を十分な説得力をもって伝えるた

めにも大切な作業です。

4　分布論の実践

●環状盛土遺構の分布論

　ここでケース・スタディとして，とくに第5の手順に関して，環
状 盛土遺構（第8章4節）について地図学的分布論の検討を試みて
みましょう。

> 基本的手順その1〜4

　手順その1・2：検討対象，範疇を決め，
集成と地名表を作成します（環状盛土遺構
については第8章4〔194頁〕をお読みください）。現在では北海道から
九州まで環状盛土遺構に類する遺構の発見が報告されていますが，
地域的なまとまりや時期，形成・形態の特徴などを考慮すると，現
状では関東地方を1つのまとまりとして取り扱うのが妥当でしょう。

　手順その3：次に，環状盛土遺構（図4-1-②）を地図上にプロッ
トします（図4-1-①●印：分布a）。

　手順その4：分布傾向を読み取ります。関東地方南東部寄り（埼
玉県東部〜千葉県西部）に分布が集中していることが読み取れます。

> 基本的手順その5〜6

　手順その5（1）・6：そして，ほかの分布
図との比較を行います。ここでは，第2基
準①である「内容的にあまり関係ないと思われる考古資料の分布
図」を取り扱ってみましょう。まずは，長野県北村遺跡に代表され
るような，住居跡や墓（配石墓）を核としてその周囲への配石行為
を断続的に行うことによって形成された大規模な帯 状 配石遺構を伴
い，かつ全域が礫石で覆われたような遺跡です（図4-1-④）。集落
と同じ場所に形成された巨大遺構である点では，環状盛土遺構と類
似しています。環状盛土遺構と同じ地図上にプロットしてみます

（図4-1-③■印：分布b）。関東南西部から甲信地方（神奈川県〜山梨県〜長野県東部）にかけての分布を確認できます。これらの遺構（遺跡）が顕著にあらわれるのは縄文後期前半ですが，晩期まで類例がみられ，環状盛土遺構の盛行する時期と重なってきます。ここで両者の分布が隣接分布状態にあることがわかります。

　手順その5（2）・6：さて次に，もう1つのほかの分布図を重ねてみましょう。第2基準②とした「内容的に何らの関係もないと思われる考古資料の分布図」，すなわち石棺墓（図4-1-⑥）を伴う縄文晩期の遺跡（加藤，2006）をプロットしたものです（図4-1-⑤＋印：分布c）。分布cはその広がりのうちに分布bを含み（包摂分布状態），かつ分布aとは隣接分布状態にあります。

　手順その5（3）・6：さらにもう1つの分布図，第3基準①を重ね合わせてみましょう。「自然現象，自然環境に関する分布図」です。ここでは，関東地方の地形図を用います（口絵4）。分布aのほとんどが地形図に示された低地・台地の分布と重なり，分布b・cが山地・丘陵の分布と重なってきます。地形図の山地および山地に近接した丘陵としてあらわれた石材環境が，分布bとcとを成立させる必要条件であったことがはっきりとしてきます。

　手順その5（4）：いよいよ仮説提示です。大規模な帯状配石遺構を伴い，かつ全域を礫石で覆う集落遺跡は，これまでの研究で「間接経験的で観念的な祖先観」を象徴する大規模記念物として造形された遺跡である可能性が指摘されています（小杉，1995）。そこで，先の分布状態で確認された隣接分布状態を機能・性格における代替的な関係であると読み替えてみると，関東地方南東部寄り（埼玉県東部〜千葉県西部）では環状盛土遺構をもって「間接経験的で観念的な祖先観」を象徴する大規模記念物としていた，という仮説を提示することができます（以上の分析結果，その解釈，評価については第8

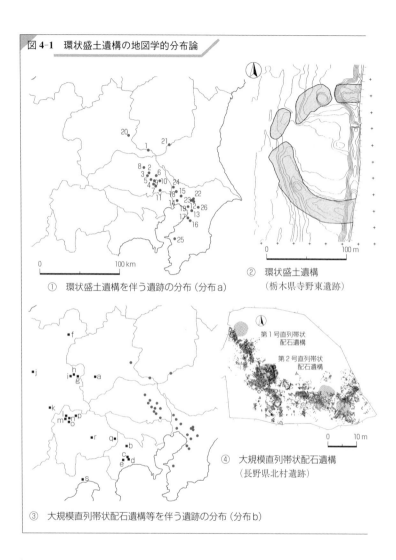

図4-1 環状盛土遺構の地図学的分布論

① 環状盛土遺構を伴う遺跡の分布（分布 a）

② 環状盛土遺構
（栃木県寺野東遺跡）

③ 大規模直列帯状配石遺構等を伴う遺跡の分布（分布 b）

④ 大規模直列帯状配石遺構
（長野県北村遺跡）

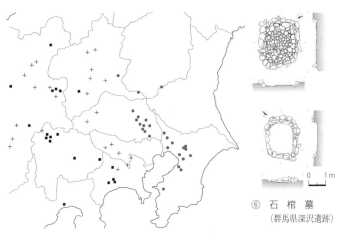

⑥　石　棺　墓
（群馬県深沢遺跡）

⑤　石棺墓等を伴う縄文後晩期の遺跡の分布（分布 c）

●印：環状盛土遺構を伴う遺跡

1. 後藤　2. 後谷　3. 高井東　4. 前窪　5. 十四番耕地　6. 雅楽谷　7. 馬場小室山
8. 赤城　9. 小深作　10. 黒谷田端前　11. 石神　12. 吉見台　13. 加曽利南　14. 曽谷
15. 中沢　16. 西広　17. 祇園原　18. 貝の花　19. 園生　20. 千網　21. 寺野東
22. 曲輪ノ内　23. 井野長割　24. 三輪野山　25. 三直　26. 草刈堀込

■印：大規模直列帯状配石遺構等を伴う遺跡

a. 行田梅木平　b. 馬場 No.6　c. 下北原　d. 三ノ宮・下谷戸　e. 曽屋吹上
f. 伊勢宮　g. 茂沢南石堂　h. 三田原　i. 岩下　j. 北村　k. 勝山　l. 姥神　m. 金生
n. 青木　o. 川又　p. 大柴　q. 塩瀬下原　r. 尾咲原　s. 破魔射場

＋印：石棺墓等を伴う縄文後晩期の遺跡

　ある範疇に属する複数の対象のそれぞれの位置を地図上に落としたものが基本となる点分布図（ドットマップ）です。ここでは実験として，1辺240 km四方の地域内に対象40点を任意に落とします（a）。次に，検討を行う地域全域を任意のサイズで升目（ここでは縦横10分割，1辺24 km）に分割します（b）。各升目内に対象が何点あるかを数え，数（度数）に応じて網掛け（色付け）などして，視覚的に見やすくします（c）。これが最も単純な密度分布図です。これを柱状の棒グラフにしたものが（d）です。次に，データ（対象）採集時に生じる種々の偏向（偶然性）を取り除き，より実際に近い状態を表現するために先の密度分布図をさらに加工します。各升目において周囲を取り囲む8つの升目の度数の和と中心の升目の度数を4倍した数とを足した値を12で割り，中心の升目の新たな値とします（12分法）。例として，c5の場合は，$(1+0+0+0+1+1+1+2+3 \times 4) \div 12 = 1.50$となります（e）。これを等値線（f）や柱状の棒グラフ（g）で表現します。12分法の代わりに「カーネル関数」を用いた統計的手法で加工するのが「カーネル密度推定法」です。先の升目の中心点（＋）から任意の半径（検索半径）の円を描き，その中に含まれる対象を中心点に近いものほど大きな値を与え，それらを合算した値をその升目の度数とします。例として検索半径36 kmで，円周上の対象は度数0，中心点に近づくほど重みを増し，中心点上の対象は度数36とします（h）。升目b4の値は$28.8+14.5+8.0+1.9+1.0 = 54.1$となります（i）。このようにして求めた各升目の値を柱状の棒グラフ（j）で示します。これをカーネル関数で等値線の表現にしたものが密度分布図です（口絵3参照）。ここでは対象と中心点との距離だけをもって重みづけをしましたが，対象が遺跡であるならば，そこで発見された住居址数や出土土器の総量などをもって対象（点）に適当な重みづけをすることも可能です。

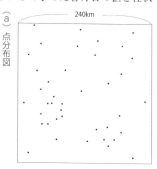

（a）点分布図

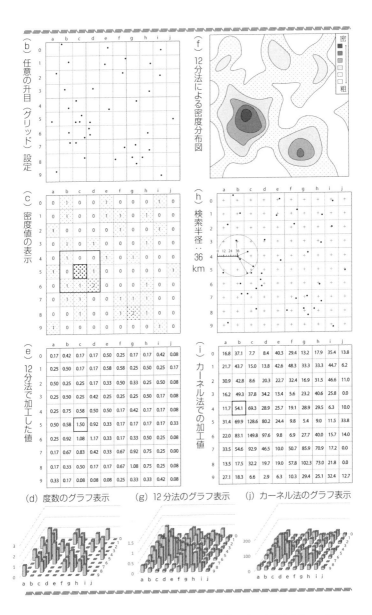

(b) 任意の升目（グリッド）設定

(c) 密度値の表示

(e) 12分法で加工した値

(f) 12分法による密度分布図

(h) 検索半径…36km

(i) カーネル法での加工値

(d) 度数のグラフ表示　　(g) 12分のグラフ表示　　(j) カーネル法のグラフ表示

章で取り扱います）。

5 超越的地域論

超越的地域の発見
本章の最後に，考古学的な分布現象と地域との関係についての筆者の考え方を紹介します。まず，北海道を例にして，旧石器文化から縄文文化の大別各時期を通しての遺跡の分布状態を観察してみましょう。2つの顕著な現象を見出すことができます。1つは，特定の地域で遺跡の集中が繰り返し生じる現象です。2つは，そのような特定の地域と遺跡の集中との対応関係は必ずしも固定的なものではなくて，遺跡の集中がほかの地域へと移ることがあるという現象です。

通時的に存在するといった前者の特徴をもって，そのような集中が繰り返し生じる範囲を超越的地域と呼ぶことにします。ただし，後者の現象が示しているように，超越的地域は絶対的な存在ではなくて，ある時期にそこでの遺跡の集中がみられなくなり，別の場所に遺跡の集中が生じる，すなわちそこが新たな超越的地域になることもある，ということです。この点から，超越的地域が環境決定論的に自然地形などによって一方的に規定された範囲ではないと理解できます。

カーネル密度推定法と超越的地域
遺跡の集中と地域との関係を，カーネル密度推定法（*Column* ❸ ❹）を用いることで明瞭に表示することができます。検索半径を大きくすると，一定の密度分布としてあらわされる範囲は，山脈や平野などの異なる自然地形を一緒に含むような円形ないしは楕円形を呈する大きなものになります。検索半径300 kmで，旧石器文化

Column ❹　GBY 遺跡とカーネル密度推定法 ≡≡≡≡≡≡≡≡≡≡≡≡≡≡

第Ⅱ-6層レベル1の被熱微小剝片のカーネル密度分布（①）と各種遺物の
分布（②）との重なり

① 被熱したフリントの微小剝片のカーネル
　密度分布（色調の濃淡で粗密状態を表示）

粗 ━━━━━━━━━━ 密

② 上記密度分布に重ねた各種出土遺物の分布
■石器・木材・骨
▨巨大な石核
□その他

0　　1 m

炉の残像（phantom hearths）：
第Ⅱ-6層レベル1の密度分布（①）を3D 表示した図

　約70〜80万年前にさかのぼるアシュール文化（前期旧石器文化）に
属するゲシャー・ベノット・ヤーコブ遺跡（GBY 遺跡；イスラエル）
では，各層から出土した大量の被熱したフリントの微小剝片をカーネル
密度推定法で分析して，複数の炉が存在したこと（炉の残像：phantom
hearths）をつきとめました（第Ⅱ-6層レベル1の事例）。炉の周辺に
は各種の石器類や動物・魚の骨片や植物の種子などが，それぞれにまと
められるようにして分布しており（②），それらの位置関係の検討の結
果，ホモ・エレクトゥス（原人）の段階から生活空間の使い分けがなさ
れていたことがわかりました。これはカーネル密度推定法を遺跡内の出
土遺物に用いた研究事例です。本文中で遺跡の分布にとどまらずに「遺
構内のミクロな分布」や「微視的な位置関係」までも取り扱う「空間関
係の一般理論」として，分布論を構想する必要性はないと述べました
（81頁）。しかしここで紹介した GBY 遺跡の事例のように，遺跡出土の
大量な遺物群を評価するうえでカーネル密度推定法はきわめて効果的に
使用できました。ただし，それは本章で紹介する「分布論」とは異なり，
まさに空間関係の一般理論としての統計的な方法の応用として，遺跡の
形成過程や「場」の機能を分析・理解するのに有効なテクニックである
と評価できます。

≡≡≡≡≡≡≡≡≡≡≡≡≡≡≡≡≡≡≡≡≡≡≡≡≡≡≡≡≡≡≡≡≡≡≡

の北海道は 1 つの地域となってしまいます。

　カーネル密度推定法では分析を実施する範囲をあらかじめ設定することによって，検索半径を極大化するとある段階で必然的にその範囲が 1 つのまとまりとして把握されることになりますが，それは見かけ上のものにすぎません。第 7 章で論じるように，旧石器文化の段階の北海道島は，サハリン島とともにユーラシア大陸と地続きでした（古サハリン‐北海道半島）。また，続縄文文化の後半期には東北北部と，さらに時期によってはサハリン島南部・千島列島南部〜中部も，同一の考古文化としての様相を呈していました。北海道島が超越的地域であるか否かを判定するためには，それよりも広い範囲，少なくとも本州島の東北地方からサハリン島・千島列島までを含めた地域を対象として設定することが必要です。しかしここでは，資料的な制約のために，北海道島のみを対象とせざるをえません。

　検索半径を小さくしていくと，ある段階からは個々の遺跡の分布状態と同じになってしまいます（例：旧石器文化全体では検索半径 5 km）。密度分布の広がりが 1 つになるような検索半径が大きな値から，徐々に検索半径を小さくしていき，検索半径 50 km くらいから円あるいは楕円形を呈していた密度分布の大きな広がりはアメーバ状へと変化し，さらにいくつかの島状の密度分布へと分裂します（口絵 3-③）。

　そこで検索半径約 50 km であらわれてくる一定の密度分布の範囲を超越的地域とするならば，北海道には縄文文化の大別各時期，すなわち早期から晩期にかけて 6 つの超越的地域（Ⅰ〜Ⅵ）が存在することになります（口絵 3-④〜⑥）。また，縄文文化を通して確認できるそれらの超越的地域は旧石器文化から継続するものではなく，その移行の段階で超越的地域の大きな変動があったようです（口絵

3-③と④を比較)。

土器型式圏と超越的地域 では，このような超越的地域の正体は何でしょうか。遺跡の集中が継続するので，そこに「系統的に連なった人間集団」を認めることができるのでしょうか。

日本考古学，とくにその縄文文化研究においては，土器型式圏の背後に「特定の人間集団」の存在を想定することがよくあります（「土器型式実体論」）。一方，土器型式圏の地理的な広がりは時間の経過とともに変動することも知られています。土器型式実体論者の多くは，それを人間集団の拡大や縮小と解釈することになります。これに対して超越的地域は固定的であるために，ある時期には1つの土器型式圏にすっぽりと包摂されたり，また別の時期にはその同じ超越的地域が異なる2つの土器型式圏に分割されたりすることもあります。

こうなると土器型式圏と超越的地域とのどちらが特定の人間集団に対応しているのか，となりますが，答えはどちらもそうではない，です。縄文文化において実在的な特定の人間集団は，おそらくもっと小さな単位（小地域集団）であったと思われます。一方，旧石器文化のある時期（古日本島後期旧石器文化II期：第7章4および図7-1参照）以降においては，超越的地域は地域社会を強く反映するようになったと考えられます。この場合の地域社会とは，複数の小地域集団が比較的近接して居住することによって，その間に生じた「交通関係」（物資や財貨，情報，人的な交換によって形成される個人間あるいは集団間の関係）および「交通空間」（その広がり）のことです。

WHO DID IT？ と超越的地域 地理的な広がりを伴った考古文化を研究対象とすることによって，考古文化を主語としてその広狭の変動が記述されます。それ

によって，その考古文化の擬人化が必然的に生じやすくなります。縄文文化研究における土器型式実体論などは，このような研究史上の趨勢の中で，土器型式（圏）に集団的な実体性を跡づけしたものにすぎないでしょう。

　特定の考古資料を型式学的に分析する，あるいは研究法としての分布論で分析する。筆者はこの段階の研究を**基礎的物象論**といっています。次のステップとして，その分析過程で使用した個々の考古資料を，それらを出土したそれぞれの遺跡に，基礎的物象論の成果として戻して，なぜ「その考古資料」が「そこ」で生じたのか，あるいは存在したのか，を探求する。これが**実践的関係論**です。その際に実施することになる地域的な検討の範囲として，超越的地域が有効であると考えています。

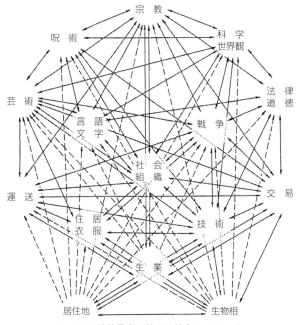

宗 教
呪 術
科 学
世界観
芸 術
法 律
道 徳
言 語
文 字
戦 争
社 会
組 織
運 送
交 易
住 居
衣 服
技 術
生 業
居住地
生物相

システム論的思考に基づく社会のイメージ

　この図は，イギリスのケンブリッジ大学考古学科の主任教授として学界に大きな役割を長年担ってきた G. クラークが 1939 年に『考古学と社会』という名著で発表した，社会の概念図です。ここから明白なように，社会とはさまざまな側面から成り立っており，それら諸側面が相互に関連し合っているという現実です。本章では，このような複雑な様相に少しでも迫るために，考古学研究者がこれまで議論してきたさまざまな問題の一部を紹介します。

1 「社会」と考古学的方法

『広辞苑』（第6版）によると，「社会」とは次のように定義されています。「人間が集まって共同生活を営む際に，人々の関係の総体が一つの輪郭をもって現れる場合の，その集団。諸集団の総和から成る包括的複合体をもいう。自然的に発生したものと，利害・目的などに基づいて人為的に作られたものとがある。家族・村落・ギルド・教会・会社・政党・階級・国家などが主要な形態」。

考古学的方法で家族，村落，階級，国家など社会をよむには，非常な困難を伴います。というのは，本書第2〜第4章で説明された技術・年代・空間は考古資料から直接的によみとることが可能な場合が多いのですが，考古資料から「社会」を直接よみとることは不可能だからです。住居跡や古墳を発掘しても「家族」や「階級」を発見することはできません。考古学者は，考古資料の差異や組合せに基づいて，考古資料が形成された当時の社会を仮説的に再構築・解釈しているのです。この章では，遺物，人骨，埋葬遺跡，集落遺跡の順に具体例を紹介しながら，考古資料から当時の社会を再構築するさまざまな方法を説明していきます。

2 遺物の分布から社会をよむ

チャイルドによる考古学的「文化」

遺物の分布から社会をよみとこうとした初期の研究者は，ゴードン・チャイルドです。第4章2ですでに詳しく説明されているの

でここでは繰り返しませんが，チャイルドは people，つまり人々の集まりを考古学的に把握しようとしました。チャイルドは，考古学的「文化」の分布はその文化を作り上げた人たちの住地であるとしました。でも，その「人たち」は人種でもなく，また政治上の国の国民でもなく，その両極の間にある，あいまいな people という概念でしかあらわせないといいました。たとえば，古代ギリシャ文化は，アテネやスパルタといった都市国家の集合体ですから，古代ギリシャ文化の担い手はギリシャ人という people と把握できます。

そして，その前提となる文化とは，「共存諸型式の常時的組合せ」と定義しました。日本考古学で例をあげてみると，銅鐸（どうたく）は弥生土器としか発見されず，古墳から出土する例はありません。逆に三角縁神獣鏡（さんかくぶち しんじゅうきょう）は古墳からしか発見されず，弥生時代の墳丘墓（ふんきゅうぼ）から出土する例はありません。つまり，特定の遺物は，つねに別のどの遺物・遺跡と一緒に発見されるか，パターンがあることに気づきます。それが，人々が作り上げた文化だというのです。

加えて，「文化」は「編年論的分類単位」というより「分布論的分類単位」としました。たとえば，「弥生文化」といったとき，たしかにそれは縄文時代と古墳時代の間の編年的単位であることも事実ですが，北海道と琉球列島には弥生文化は存在しませんから，それは本州，四国，九州に限った分布的単位であるといえます。

チャイルドの方法論の検証

この違ったモノのパターン化した組合せは，人々が意識的あるいは無意識に形成した集団の反映でしょうか。ギリシャ文化，マヤ文化などは，おそらくチャイルドの文化の概念で説明できると思いますが，必ずしもそうでない場合もあるようです。この困難な課題に取り組んだのが，イギリス人考古学者イアン・ホダー（Hodder, 1982）です。彼は東アフリカ，ケニアのバリンゴ地方に居住する3

　ゴードン・チャイルド（1892-1957）は，考古資料から先史時代の社会をよみとるためのさまざまな方法論や理論的枠組み構築に貢献した，20世紀前半の考古学者です。1927年にエディンバラ大学のヨーロッパ考古学担当の教授に就任，1946年から10年間はロンドン大学に1937年に新設された考古学研究所の所長として尽力しました。1927年から30年間に夥しい数の本や論文を発表し，考古学の幅広い分野に大きな影響を及ぼしました。本書でも，彼が提示した「文化」の概念を紹介していますが，そのほか，ヨーロッパにおいて巨石文明がいかにして起こったか（Childe, 1957），新石器時代はいかにして始まったか（新石器革命，Childe, 1936, 1942），国家（都市社会）とはどのような社会で，いかにして形成されたか（Childe, 1950）など，当時の考古学界をリードする仮説，モデルを提示しました。これらの仮説の中には，棄却されたものも少なくないのですが，チャイルドの仮説を検証する目的で，調査研究が1950年代以来進展してきたことは紛れもない現実です。

　チャイルド自身の著作は以下の7冊，さらに伝記1冊が邦訳，刊行されています。

　★ 邦訳書（刊行順）

禰津正志抄訳　1944『アジアの古代文明』（原題 *New Light on the Most Ancient East,* 1934）伊藤書店

ねづまさし訳　1951（1957に改訂版の訳）『文明の起源』上・下（原題 *Man Makes Himself,* 1936, 1951に改訂版）岩波新書

ねづまさし訳　1954『歴史学入門』（原題 *History,* 1947）新評論社

今来陸郎・武藤潔訳　1958『歴史のあけぼの』（原題 *What Happened in History,* 1954）岩波書店

近藤義郎訳　1964（1981に改訳）『考古学の方法』（原題 *Piecing Together the Past,* 1956）河出書房新社

近藤義郎・木村祀子訳　1969『考古学とは何か』（原題 *A Short Introduction to Archaeology,* 1956）岩波新書

近藤義郎・下垣仁志共訳　近刊『ヨーロッパ文明の黎明』（原題 *The Dawn of European Civilization,* 6th ed., 1957）京都大学学術出版会

　★ 伝記・業績評価と分析（刊行順）

Trigger, B. G. 1980 *Gordon Childe: Revolutions in Archaeology.* Columbia University Press.

McNairn, B. 1980 *The Method and Theory of V. Gordon Childe.* Edinburgh University Press, Edinburgh.

近藤義郎・山口晋子訳 1987 『考古学の変革者——ゴードン・チャイルドの生涯』岩波書店（原著 Green, Sally 1981 *Prehistorian: A Biography of V. Gordon Childe.* Moonraker Publications, Wiltshire.）

Tringham, R. 1983 V. Gordon Childe 25 Years and After: His Relevance for the Archaeology of the Eighties. *Journal of Field Archaeology,* Vol. 10, No. 1, pp. 85-100.

Harris, D. R. ed. 1994 *The Archaeology of V. Gordon Childe.* The University of Chicago Press, Chicago.

　また，1979年に邦訳刊行されたレンフルーの『文明の曙』（大貫良夫訳，岩波現代選書，原著 Renfrew, C. 1973 *Before Civilization.* Jonathan Cape, London）は，チャイルドの *The Dawn of European Civilization*『ヨーロッパ文明の黎明』（1957）の枠組みを修正し，著者のまったく新しい枠組みを提示するために執筆された本です。チャイルドは，5回の改訂を重ねたこの本の中で，メソポタミアやエジプトの巨石文明がまずヨーロッパ南東部に伝播し，それがアルプス山脈を越えヨーロッパ中部に，そして最終的にブリテン島も含めたヨーロッパ北西部に伝わったと主張したのです。この仮説は，ヨーロッパ各地の巨石建造物の類似性に基づくものでした。ただ，この仮説が成立するためには，ヨーロッパ地域内での文化は，つねに南東部のものが北西部のものよりも古くなければいけません。しかしながら，1960年代以降の放射性炭素年代測定法の普及により，ブリテン島のストーンヘンジなど巨石文化が紀元前2000年ごろ，メソポタミアやエジプトの巨石文明と同じくらい古いことがわかり，チャイルドの枠組みが一部覆ることになりました。これをレンフルーは「放射性炭素革命」と名づけ，そしてヨーロッパ北西部の巨石文化は自生と反論したのです。

　余談ながら，レンフルーや文化の概念の検証を試みたホダーも含め，イギリス人考古学者最大の野望は「現代のチャイルド」になること，という印象を受けます。チャイルドの枠組みの検証は，現代の考古学研究者全員にとって，大きな目標として残っているのです。それだけチャイルドが偉大な研究者であったということです。

つの部族がどのような形態の，どのような道具・武器を使っているのか，民族学的な現地調査を実施しました。その結果，部族の違いが，使用している道具・武器の形態の差異に反映されないことがわかったのです。つまり，このケースでは，武器・武具のパターン化した組合せの違いは部族の違いを意味しない，ということです。それでも注意すべきは，チャイルドの方法論が全面的に否定されたわけではなく，必ずしも通用するわけではないということを示しているのです。

遺物の動きから社会構造に迫る

遺物の組合せや分布を追究していると，遠隔地から運ばれた遺物に気づくことがあります。そういった遠隔地から搬入された土器などが，弥生時代の場合，拠点的な大環濠集落で見つかることが多いのです。これは，遠隔地から搬入されたもの，あるいは遠隔地へと搬出されるものも，拠点集落に一度集められ，ここを経由して周辺の小集落へもたらされたと考えられます。流通システムが階層化したこのシステムを再分配といいます。このシステムは縄文時代にはすでに芽生えていたと考えられますが，弥生時代の近畿，吉備，北部九州地方で発達します（第9章）。

　再分配に対する概念が互酬制です。モノを出す側と受け取る側が対等に交換するシステムです。これは狩猟採集民の平等社会からあるシステムで，もちろん再分配のシステムが確立した後も，日常の物々交換は互酬制により行われていたと考えられます。もちろん，この対等な立場での二者間の交換の繰り返しで，物資が長距離移動することは十分考えられます。また，再分配のシステムが未成熟であった縄文時代でも特定の石材が長距離搬出されたケースもあります。ですから，再分配の可能性を議論するためには，物資の移動の距離のほか，拠点集落かどうかなど，遺跡の性格も考え合わせない

といけません。

　社会が国家段階に達すると，「貢納」といって，モノを税として中央に納めるようになります。奈良県橿原市藤原京と奈良市平城京では，そのような税に付けられた荷札が木簡（もっかん）として発見されており，各地から何が納められたか考古学的にわかっています（第10章参照）。また，交易（商業的流通）は考古学的に把握が困難ですが，奈良時代の関東における須恵器（すえき）の流通は交易の可能性が考えられますし（第10章参照），中世になると文献で知られる以上に中国陶磁器が地方にまで流通していたことが考古学的にわかってきています（第11章）。

3　人骨の分析から社会をよむ

人骨と社会　　　ある程度の数の人骨を分析すると，特定の一群の人骨が，たとえばとくに身長が高いなど，ほかと目立って異なる形質を示すことがあります。これを社会動態や社会組織の反映ととらえる研究があります。日本では，1953年に開始された佐賀県三津永田（みつながた）遺跡と山口県土井ケ浜遺跡の発掘調査の結果，200体を超える弥生時代人骨が検出され，それらの身長が，それ以前に日本で発掘された縄文・古墳時代人骨より明らかに身長が高いことが判明しました（第9章）。縄文人に比べて背が高いだけだと環境の変化で説明できますが，古墳時代人よりも上背があるため，また朝鮮半島南部の人々の平均身長に近いため，弥生時代前期に多くの人々が朝鮮半島から渡来し，混血したという仮説を金関丈夫（かなせきたけお）（1959）が唱えました。混血を重ねる過程で，古墳時代へ向けて，また背が低くなったというのです。ただ，福岡県糸島

市新町遺跡では渡来系の墓といわれる支石墓では典型的な縄文人の形質をもつ人骨が発見（中橋, 1987）されており，解釈は簡単ではありません。現在では，弥生文化の開始にあたって縄文人の主体性を重視しつつも，水稲耕作の技術などを伴い，ある程度の人々が朝鮮半島から渡来したと考えられています。

人骨の分析は社会階層の大きな違いに迫るのにも有効な場合があります。ハヴィランド（Haviland, 1967）はマヤの大遺跡ティカル（Tikal, グアテマラ）で，ピラミッドなど厚葬墓から発見された人骨と，そうでない墓から発掘された人骨の身長を計測し，紀元1世紀以降，ピラミッドなど厚葬墓に埋葬された人々（おそらく貴族層）は，そうでない人々より体格がよく，平均身長も7cm高いことを突き止めました。やはり，貴族層は栄養価の高い食事を代々してきており，そういった特権が世襲され，形質の違いが起こるほど変化が蓄積された結果と推測できます。また，この身長差を他地域からの集団の移住の結果という解釈に対し，土器の分析に基づき，そのような移住・交流はこの時期にはなかった，と自説を擁護しています。同様に，マヤの大遺跡であるコパン（Copan）でも，中心部で埋葬された人骨と周辺の小遺跡で埋葬された人骨とでは，背や体格に統計学的に有意な差が出ているそうです（Storey, 1999）。ただ，同じマヤ文明でも，同様にピラミッドを伴う大遺跡アルタル・デ・サクリフィシオス（Altar de Sacrificios）では，厚葬墓で発掘された人骨のうち背の高い人物は2体のみで，群として手厚く葬られた人々とそうでない人々との身長差はあらわれなかった，つまり「階層差」は形質の差としてあらわれなかった，と分析にあたったソール（Saul, 1972）は報告しています。

こういった研究成果を日本でも応用できれば，巨大前方後円墳に埋葬された人々とそうでない人との形質の違いから，階級や階層の

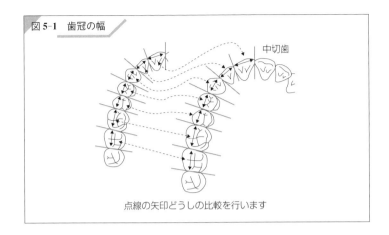

図 5-1　歯冠の幅

中切歯

点線の矢印どうしの比較を行います

差に迫ることができるでしょう。ただ，日本は人骨など有機物が土中で残りにくく，実践しにくい現状があります。たしかに，人骨の出土はないわけではないのですが，とくに近畿以東では数が少なく，当時の社会の一側面を再構築できるほどのデータが得られません。前述のアルタル・デ・サクリフィシオスの例のように，背の高い人が単なる例外なのか，その階層を代表するのか（一般的なデータなのか）は，ある程度の数量のデータがないと解釈が困難です。

歯形と血縁関係　日本では近年，人骨のとくに顎骨の分析から，文字のない時代での血縁関係を探ることが可能となりました。土肥直美・田中良之・船越公威（1986）は，歯列の片側の中切歯から第 2 大臼歯までのそれぞれの歯冠の幅（図5-1）を多変量解析すると，血縁関係にある人どうしでは近似した値になることに注目し，1 つの集団墓に埋葬された人々や，同一古墳に埋葬された複数の人々の血縁関係を明らかにすることに成功しました。

　縄文時代以来，複数の墓が 1 カ所に集まって墓地が形成されるこ

とが往々にしてあります。その1つの集団墓地で埋葬された人々の関係を，埋葬頭位（北枕か東枕かなど）や棺の型式の差異から，出自（生まれ）など集団の違いに迫ろうと考古学者はこれまで議論してきました。田中らの歯冠の幅を解析する方法のおかげで，出自といった血縁の違いについては，直接的な証拠を得ることができるようになりました。たとえば，福岡県の弥生時代の甕棺墓地（第9章）では，ほぼ直線状に2列に並んで，甕棺が配置される例が知られています。この2列は出自の差異の反映であるとの仮説を春成秀爾（1984）がかつて唱えたことがあります。同じ出自の人々は1列に埋葬され，違う出自の人々はもう片方の列に埋葬されるということです。もし，この仮説が正しければ，近親者は片方の列に集中して埋葬されるはずです。ところが，田中（田中・土肥, 1988）の方法で調べると，近親者がどちらの列にも埋葬されていることが判明し，この「出自の差」仮説は棄却されることになりました。2列であることに何らかの別の意味があったか，今後考えていかねばなりません。

　弥生時代に続く古墳時代の古墳（第9章参照）を調査すると，1古墳から複数の埋葬施設が検出されることや，あるいは1つの埋葬施設に2体以上埋葬されていることがあります。田中（1995）は1古墳から複数出土する人骨の血縁関係も調査しました。その結果，次のようなことがわかってきました。

基本モデルI　　弥生時代末～5世紀末（古墳時代中期末）では，男女のきょうだい（姉と弟，兄と妹）を1つの墓に葬る。つまり，嫁入り，婿入りした配偶者は排除される。おそらく，出身家族・親族の墓に埋葬されたのであろう。

基本モデルII　　5世紀後半（古墳時代中期後半）～6世紀後半（古墳時代後期後半）には，成人男性とその男女の子供が1つの墓に葬られる。

さらに，基本モデルⅢ（6世紀中葉〔古墳時代後期中葉〕～後半以降は，上記のパターンに成人女性が加わった合葬例が出現する。つまり，父母とその子）も提示していますが，考古学的に実例はほとんどありません。

　田中（1995）が打ち立てた研究成果は，古墳時代社会とその時間的変化を理解するうえで，大きな前進です。まず，弥生時代末～5世紀末はきょうだい関係が社会構造の基本であったことをうかがわれます。男女の合葬（がっそう）というと夫婦と考えがちですが，そうではなかったのです。むしろ『魏志』（ぎし）「倭人伝」（わじんでん）に記される，男弟によって助けられる卑弥呼のイメージを彷彿とさせます。そして，男系，女系どちらが優位でもないことは明らかですから，双系制，つまり家督は両親のどちらかから継承されることになります。

　また，田中良之の研究素材は岡山県以西の古墳が中心ですが，その後清家 章（せいけあきら）（2002）が近畿地方のデータを分析し，田中の結論を追認，さらに一歩前進させるような結果を得ています。具体的には，同一の古墳内ばかりでなく，近接する古墳間でも，血族縁者が埋葬されることがわかったのです。

　さらに清家（2018）は，性別の判明している人骨と副葬品との相関関係を調べました。男性にはどのような品々が特徴的に副葬されるか，女性にはどのような品々が特徴的に副葬されるかを調べたのです。清家の研究により，人骨が残るケースが少ない古墳の研究において，人骨が発見されなくとも，副葬品の組合せに基づいて，被葬者の性別を推定することが可能になりました。

　清家（2018）の研究の結果，古墳時代前期は，前方後円墳・大型古墳の半数が女性豪族・有力者のために築造されたらしいことがわかってきました。そして，古墳時代中期になると，女性のために築造された古墳が前期より大幅に減少するというのです。古墳時代中

期は，鉄製の甲冑（かっちゅう）の副葬例が激増する時期で，軍事的緊張が女性首長の減少につながったとまで，憶測しています。

　金関や田中，清家，アメリカ人のハヴィランド，ソールが実践したような人骨の形質の分析は，もともと形質人類学（自然人類学）に属する研究です。同時に，分析の結果判明する形質の違いの意味が，ある時代の社会における階層の差なのか，あるいは時間的差異なのか解釈するのは考古学研究者です。ですから，形質人類学との共同研究が必須であることはいうまでもありません。

4　埋葬遺跡から社会をよむ

埋葬の差異と社会階層　　じつは，社会の階層化に迫るのに日本の考古学者が一番依存しているのが，**埋葬遺跡**の分析です。前節でも，分析の対象となった人骨は埋葬遺跡から出土したものが圧倒的多数です。ただ，人骨が残っていなくとも，埋葬遺跡・遺構それ自体の分析は欠かせません。とくに弥生・古墳文化の研究において，その傾向は顕著です。たとえば，巨大な前方後円墳に葬られた人は当時の首長・エリートだったと解釈します。巨大な古墳は，多数の人間の労働力を結集し，数年かかって築造されたことは疑うべくもありません。多くの人々を個人の墓築造のため働かせることができるのは，社会の階層化が進んだためといえるでしょう。

　また，墓の大小は，投下された労働力の大小ですから，どれだけの労働力を指揮できるのかは被葬者の生前の社会的地位とかかわっていたと解釈することも可能です。あるいは，遠隔地から入手したものが多数副葬品として納められておれば，被葬者は，そういった

入手困難な品物を入手できるだけの特別な地位についていたことも想像できるでしょう。副葬品の豊かさは，被葬者の生前の豊かさを示している可能性はあるのです。

　さらに，子供が特別に埋葬されるケースも，社会の階層化を考えるうえで重要です。社会階層といっても，いろいろな場合があります。たとえば，ニューギニア高地人のリーダー（村長的な存在）は，村人にいろいろ奉仕して，初めてリーダーとしての地位が保証されます。もし奉仕を怠れば，リーダーはリーダーの地位にとどまることが許されなくなります。このようなリーダーを Big Man といいます。それに対して，ハワイの先住民の 16 世紀ごろの社会では，首長やエリートたちの地位が世襲されていました。したがって，首長の子はその社会に十分奉仕活動をしなくても，首長になる道は開かれていたのです。このような首長を chief として，Big Man とは区別します。文字や記録のない社会で，もし子供が特別な地位の大人と類似する方法で埋葬されておれば，その子供は生まれたときからその特別な地位につくことが社会的に約束されていた，つまり地位が世襲されていた可能性を示唆するといえます。

　たとえば，福岡市金隈遺跡では，ゴホウラ製の貝輪が副葬された弥生時代中期の小児甕棺が発見されています。ゴホウラ製の貝輪を多数右腕に装着した大人の遺骸も発見されています。ゴホウラ製の貝輪を多数装着すると，農作業などには従事しにくかったでしょうから，このような大人は社会の中で特別な地位にあったと推測されます。そして，ゴホウラ製の貝輪 1 点が副葬された子供は，将来そのような特別な（農作業に従事する必要のない）地位につくことが生まれたときから決まっていたのではないでしょうか（高倉，1981）。つまり，弥生時代中期の北部九州では，社会的地位が世襲されていた可能性があるのです（第 9 章）。

ただ，生前にどのような社会的地位につい
ていた人がどのように埋葬されるのか，民
族学的研究成果によると，社会的地位が高
い人ほど大きなお墓に埋葬されたり，あるいは特別の副葬品が納め
られたりとは必ずしもいえないようなのです。たとえば，イギリス
の現代社会で低い地位に置かれているジプシーの人々は，墓地で一
番大きな墓石を使いますから，墓石の大きさに基づいて埋葬された
人々の生前の社会的地位を類推することは困難です（Parker Pear-
son, 1982）。また西アフリカ，ガーナのある地域では，村人はすべ
て村長か富裕な商人と同じ格好で埋葬されます（Goody, 1962）から，
これも考古学的解釈を難しくさせる事例です。

こういった，やや悲観的な見方の根拠となっているのが，ブリテ
ン島新石器時代の墳墓遺跡と思われます。たとえばウィルトシャー
州ウエストケネット墳墓では5室に分かれた石室の中に，各々50
体以上の，さまざまな年齢の男女の遺骸が埋葬されており
（Whittle, 1985），埋葬の差異がわからないのです。したがって，埋
葬に基づいて過去の社会に迫ることがほとんど不可能なのです。

それに対してドイツでは，バーデン・ヴュルテンブルグ州ホッホ
ドルフ墳丘墓とその付近のプファフェンヴァルド小墳丘墓群では，
墳丘規模と副葬品の多寡に明確な相関関係がありました。前者は直
径60 m，高さ6 mの巨大墳丘墓で，その中心に，丸太造り4.6 m×
4.7 mの墓室が設置され，遺骸は青銅製のソファに横たえられ，4
輪荷車やギリシャからもたらされた400ℓの青銅製の釜などが副葬
されていました。それに対して後者は直径十数 mの小墳丘墓が複
数案前後して築かれ，副葬品も貧弱であり，地域の最高首長と普通
のエリートの差異と考えられています（佐々木，2020）。

ただ，首長・貴族・庶民といった社会階層の違いは埋葬の差異と

してあらわれやすいが, 出自や職業といった, 同一階層内での社会的地位の違いは, 埋葬の差異として考古学的に認識困難である, とアメリカ人考古学者オシェイ (O'Shea, 1984) は説きます。この議論は, アメリカ合衆国ネブラスカ州の先住民族の, 入植当時の白人の記録によりながら, どのような地位の人がどのように埋葬されたかを民族学的に分析した結果に基づいています。

それでも, 古墳時代研究においては, たとえば長野市大室古墳群の5世紀第3四半期の168号墳の墳裾からは馬形土製品が, 6世紀末の186号墳には馬の頭部を供えたと思われる痕跡が発見されました。時代は下がりますが, 平安時代中期に編纂された法典『延喜式』にリストしてある全国39カ所の官牧 (国有牧場) の1つとして大室牧が記載されており, 大室古墳群の被葬者には馬飼集団が含まれていた可能性が推定できます。以上のように, 墓のさまざまな側面を詳細に分析し, 属性間の相関関係を見出すことは, やはり当時の社会をよみとく大きな手がかりといえるでしょう。

埋葬施設と出自　職業の違いや生まれ (出自) の違いなど, 社会の同一階層の中での社会的身分の違いに関して, 古墳時代研究において説得力ある仮説がこれまで提示されてきました。古墳時代前期 (3世紀半ば〜4世紀末) は, のちに畿内と呼ばれるようになる現在の奈良県北部, 大阪府, 京都府南部が古墳文化の中心地でした。この地域では, 遺骸は北枕で埋葬されるのが常で, 埋葬方法に関しては一種のルールがおそらく存在していたと考えられています。その「畿内」地方の, 現在の大阪府茨木市にある前期古墳, 将軍山古墳では遺骸が東西方向に埋葬されていました。都出比呂志 (1986) はこういった埋葬頭位も被葬者の出自を示すと考えています。将軍山古墳の場合, 石室の石材が「畿内」地方では稀な結晶片岩が使われており, その結晶片岩は和歌山県紀ノ

川と徳島県吉野川流域で見つかる岩石です。また，徳島県・香川県といった四国東部では，古墳時代前期は東西頭位が卓越するのです。ですから，将軍山古墳の被葬者は「畿内」で埋葬されましたが，四国東部に縁のあった人物と想定することが可能です（第9章）。この仮説は埋葬頭位，石室石材，地域性の3つの属性の相関関係に基づいており，蓋然性はたいへん高いと筆者は評価しています。

墳丘と階層
——弥生時代の例

この節の冒頭で触れたように，弥生・古墳時代研究では埋葬遺跡研究が当時の社会階層を知るために大きな役割を果たしています。たとえば，弥生時代中期（紀元前3〜1世紀ころ）の大阪府東大阪市瓜生堂遺跡では，単純な土坑墓多数と50基ほどの墳丘墓とが検出され，両者は溝で画されていました。墳丘墓の規模はほとんどが 10 m×8 m，高さ 1 m ほどですが，この遺跡で検出された最大の 2 号墳丘墓は 15 m×10 m，高さ 1.2 m を誇ります。この 2 号墓では6基の木棺，4基の土器棺，6基の土坑墓がありました。墳丘墓に埋葬された人々は，墳丘を伴わない単純な土坑墓に埋葬された人々より，より高い社会的地位にあった可能性があります。また，墳丘墓には子供も埋葬されており，そういった「高い」社会的地位が世襲されていた可能性さえ指摘できるかもしれません。とはいえ，そして墳丘墓群と土坑墓群は溝で区画されていたとはいえ，両者の間に，のちの古墳時代のような，社会的地位の明瞭な格差を弥生時代の近畿地方に認めるわけにはいきません。というのは，墳丘墓といえども副葬品がほとんどないか，あってもきわめて貧弱だからです。

弥生社会における階層差は，北部九州でも存在したようです。たとえば，弥生時代中期（紀元前1世紀）福岡県春日市須玖岡本遺跡D地点では墳丘に守られたであろう甕棺墓が検出され，そこから前

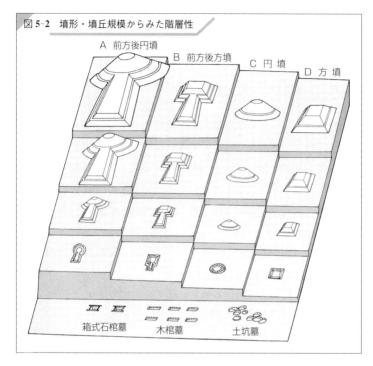

図5-2　墳形・墳丘規模からみた階層性

A 前方後円墳　B 前方後方墳　C 円墳　D 方墳

箱式石棺墓　木棺墓　土坑墓

漢鏡 21 面，前漢のガラス製璧 2 片，銅矛などが副葬されていたことがわかりました。当時の福岡平野の首長墓と目されています。福岡平野の西方の糸島（現在の前原市）にある三雲南小路遺跡では 2 基の大型甕棺が発掘され，1 号甕棺からは前漢鏡 35 面，前漢のガラス製璧 8 片，金銅製棺飾金具，銅矛，銅剣，銅戈などが副葬されていました。2 号甕棺には前漢鏡 22 面以上が副葬されていたことがわかっています。さらに，現在は失われていますが，この 2 基の大型甕棺は直径 30 m 程度の墳丘に覆われていた可能性が指摘されています。これら 2 基も糸島地方の首長墓と考えられています。ただ，北部九州の場合も，首長墓もサイズが大きいとはいえ，大多数

の人々は甕棺に埋葬されており，そこに「首長」と「一般庶民」との階層差に，隔絶性を認めるのは難しいようです。

墳丘と階層
——古墳時代の例

しかしながら，3世紀半ば，古墳時代に突入すると奈良盆地と吉備では，巨大な前方後円墳が出現します。この古墳時代初期最大の前方後円墳である奈良県桜井市箸墓古墳は全長278m，後円部直径135m，後円部高さ35mを測り，弥生時代最大の首長墓と評価されている岡山県倉敷市楯築墳丘墓の全長92mを大きく上回り，隔絶した規模を誇ります。箸墓は宮内庁管理下の陵墓参考地として研究者の立ち入りが厳禁されており，埋葬施設や副葬品はいっさい不明です。

こういった規模の古墳があるということは，おそらく当時の首長層（エリート層）の中でも格差があったと都出（1989a）は考えています。古墳には前方後円墳以外に，前方後方墳，円墳，方墳，墳丘を伴わない地下式横穴と崖に穿たれた横穴墓が知られています。これら墳形と墳丘規模の組合せの違いは，埋葬されたエリート層の中での，生前の社会的地位の差を示したものだと主張するのです。

実際，奈良県桜井市の全長207mの桜井茶臼山古墳（3世紀後半）では104面（盗掘されていたので，それ以上の可能性）の青銅鏡が，天理市の全長132mの黒塚古墳（未盗掘）では34面の青銅鏡が，御所市の一辺20mの方墳，鴨都波1号墳（未盗掘）では4面の青銅鏡が副葬されていました。ですから，古墳時代に中央の王権が所在したであろう地域では，墳丘の差異と副葬品の多寡に明確な相関関係がみられますので，墳丘規模の違いや墳形の差異には，古墳時代に意味があったと十分想定してよいでしょう。

ただ，都出が想定する「ルール」のようなものが，東日本には伝わっていなかったのではないでしょうか。山形県川西町にある古墳

時代中・後期（5〜6世紀）の6支群，総数202基の小型前方後円墳，円墳，方墳から構成される下小松古墳群では，小森山支群 K-7 号墳という全長 26.5 m，後円部径 18 m，クビレ部幅 5.5 m，前方部幅 6.5 m を測る後期の小型前方後円墳の裾を一部壊して，K-10 号墳という 14.7×13.4 m（東西×南北）の円墳が築造されています。もし，前方後円墳に埋葬された人の地位が円墳に埋葬された人の地位より高ければ，このようなことは起こらなかったでしょう。

墓制の変異と国家形成
──古墳時代の研究事例

アメリカ合衆国における国家形成過程の研究をリードしてきたライト（Wright, 1977）は，国家前段階の社会と国家の違いとして，国家前段階では首長・エリート層の役割が機能分化しておらず，首長個人が司祭・軍事司令官・経済担当大臣といったさまざまな仕事を一手にこなしているが，国家段階になると，最高首長は国の政治支配・経済（モノの生産・流通）・祭祀・軍事などさまざまな役割をそれぞれ専門の官僚に任せ，最高首長はそれらを統括するようになる，というのです。ライトがこのようなモデルを提示できたのは，彼の専門はもともとメソポタミアで，粘土板に残された楔形文字の文書からウル（Ur）の時代における職業分化などが文献史学的にすでに把握されていたこと，またアメリカ合衆国の大学の人類学科で教育を受けているため，15世紀ハワイの民族誌などを抵抗なく参考にできたことによります。

ライトのモデルも，もともとメソポタミアやメソアメリカにおける国家形成過程を説明するために発表されたので，それを日本の古墳時代社会を考えるのに導入するのは批判があるかもしれません。しかし，わかりやすいので，古墳時代前期と中期の近畿地方の首長のあり方の違いを説明するため，あえて取り上げます。

古墳時代前期の前方後円墳，滋賀県東近江市雪野山古墳は未盗掘

の状態で発見されたため，すべての副葬品が揃って発見されました。そこでは三角縁神獣鏡 3 面を含む 5 面の銅鏡や腕輪型石製品，管玉 1 個が発見されました。鏡は日本の神社のご神体として祀られていますし，玉も三種の神器の 1 つですから，これらの遺物は，埋葬された首長の司祭的性格を示唆します。同時に雪野山古墳では銅鏃・鉄鏃が合計 139 点，冑 1 鉢，木製短甲（鎧のこと），靫（矢を入れて背負うための筒）2 点が発見され，これらは武人的性格を強く示唆します。つまり，この段階の首長は，当時の社会で司祭的な役割と武人的な役割を同時に担っていた可能性があります。

　これに対して，古墳時代中期になると巨大前方後円墳の周りに陪冢と呼ばれる小円墳・小方墳が築かれるようになります。中期の近畿地方の巨大前方後円墳の多くは天皇陵に指定され，発掘はできないため，被葬者に迫る手がかりはほとんど得られていないのですが，発掘された陪冢は少なくありません。その中で，大阪府堺市百舌鳥古墳群中の上石津ミサンザイ古墳（伝履中天皇陵）の陪冢である七観古墳（径 50 m の円墳）の埋葬施設の 1 基から鉄製冑が 7 鉢，腹部を守る鉄製短甲が 4 領，胸部を守る頸甲が 2 つ，肩を守る肩甲が 2 つも発見され，墳長 150 m 級の百舌鳥大塚山古墳より，量，質ともに優れた甲冑を保有していました。七観古墳の被葬者は上石津ミサンザイ古墳に埋葬された大首長に仕えた武人としての役割を担っていたことを強く示唆します。それに対して大阪府堺市御廟山古墳（墳長 186 m）の陪冢であるカトンボ山古墳からは滑石製刀子（刀子形石製模造品）360 本，滑石製勾玉 725 個，鏡 2 面が発見され，被葬者の司祭的性格を強く示唆します（藤田，2002）。これらの成果を考え合わせると，巨大前方後円墳に埋葬された最高首長のもとで，違った役割の専門の官僚が仕事をしていたことを彷彿とさせるのです。これは 5 世紀の近畿地方が国家段階へ大きく一歩を踏み

出した社会の一側面と評価してもよいのではないでしょうか。

5　集落から社会をよむ

集落構造と国家形成
──海外の研究事例

当時の社会をよむには，**集落遺跡**にも注目することがあります。集落間関係を把握するには，地理学の応用も有効です。メソポタミア文明が栄えた現在のイラクとその周辺は砂漠で，集落遺跡はテルとして地表に「積み上がり」ます。つまり，集落遺跡が日本の古墳のように，地面から突出して存在するのです。そのテルの大きさは，その集落の大きさをある程度反映していますし，テルで採集する土器から，その集落の時期も判断できます。それらに基づいて，ある地域の特定の時期の集落の規模と立地，そしてその時間的変遷が，発掘をしなくてもおおよそ把握できるのです。

　ここではアメリカ合衆国シカゴ大学のオリエント研究所長を長く務め，国立スミソニアン研究所長官まで務めたアダムス（Adams, 1981）の研究を例にとってみましょう。アダムスは，遺跡の面積を横軸に，同じ面積の遺跡の数を縦軸にとり，棒グラフを作成しました。イラクのウルク遺跡を中心とした地域で，ウルク期（3700〜3100 B.C.）の前・中期には突出して巨大な遺跡は1カ所（ウルク遺跡そのもの）だったのが，ウルク期後期には，ウルク遺跡の面積がさらに巨大化する（60 ha だったのが 80 ha 以上に）と同時に，面積 25 ha で，ほかの遺跡よりやや突出した規模の，第2ランクの遺跡が出現します。ウルク遺跡を国の首都としたとき，第2ランクの遺跡は「県庁所在地」といったところでしょうか。これは，社会の階層化がより進んだと私たち考古学者は解釈するのです。日本におい

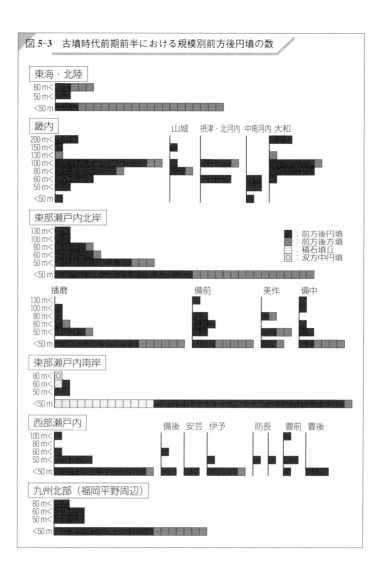

図 5-3　古墳時代前期前半における規模別前方後円墳の数

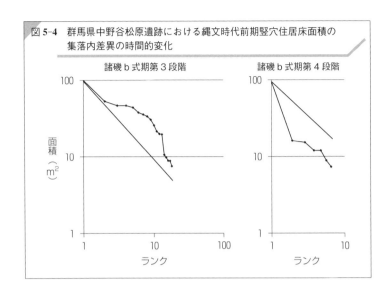

図5-4　群馬県中野谷松原遺跡における縄文時代前期竪穴住居床面積の
　　　　集落内差異の時間的変化

諸磯b式期第3段階

面積（m²）

諸磯b式期第4段階

ランク

ランク

ては，集落遺跡は通常地下に埋没しており，遺跡の面積がわかる事
例が多くないため，アダムスと同じ方法を，前方後円墳など古墳の
規模に基づいて階層性を議論する（図5-3）のに使っています（たと
えば大久保，2004など）。

　また，アダムスは遺跡の大きさを対数関数グラフの縦軸にとり，
最大の遺跡を1として，遺跡の大きさ順の番号を横軸にとって，折
れ線グラフを作成しました。日本では一地域内での集落遺跡すべて
を全掘することは稀なので，一集落内での竪穴住居址の面積をアダ
ムスの方法に則って分析した，塚原正典（2012）の研究成果を紹介
しましょう（図5-4）。このグラフでは，対象（この場合は住居面積）
が右下がりの直線状に分布する場合は，統合化する力と多様化する
力のバランスが取れているとされています。この右下がりの直線を
対数正規分布と呼びます（Savage, 1997; Zipf, 1949）。図5-4右のよう
に，分布線が対数正規分布直線の下側に位置し，形状が凹型を示す

場合，上位ランクを中心として，社会経済を統合する力が強いシステムだと考えられています（Johnson, 1980; Savage 1997）。

逆に図 5-4 左のように，対数正規分布直線の上側に凸型の分布線を示す場合は，社会経済を統合する力が比較的弱く，全体として平等性の強いシステムだと考えられています。塚原は縄文時代前期集落内の竪穴住居床面積の差異とその差異の時間的変化をアダムスが集落分析に用いた方法で分析しました。その結果，群馬県安中市中野谷松原遺跡では，縄文時代前期有尾式期から諸磯 b 式期第 3 段階までは，対数正規分布直線の上側に凸型の分布曲線を示す（図 5-4 左）のですが，諸磯 b 式期第 4 段階では対数正規分布直線の下側に凹型の分布線を示す（図 5-4 右）ため，社会経済的な構造が変化したと塚原は解釈しています。これは近現代のデータを対象とした研究成果を考古学に応用したものです。ある地域の集落や住居といった分析対象どうしがどのような経済・社会・政治的関係をもっていたかはすでにわかっているので，そういった「中央の力が強い」あるいは「より平等的」関係といった主観的表現を一目瞭然のグラフにしたのは大きな成果です。

ただ，この研究方法を，産業革命以前はもちろんのこと，文字のない時代の社会をよむためにそのまま使うことには，議論の余地があるかもしれません。

集落と集落群は何を意味するか

それでも，日本では 1 年に 1 万件以上行われる発掘調査のおかげで，集落遺跡から社会をよみとることも困難ではなくなってきました。まず，弥生時代では 4〜5 棟の住居が 1 棟の倉庫を共有する例が多いのです。これを近藤義郎（1959 で示唆，1983 で定義）は単位集団と名づけました。水田の維持にも，単位集団が共同であたり，収穫した稲も共同で管理したと考えたのです。それでは，水田の開

発といった大規模な工事には，どのように対応したのでしょうか。これは，複数の単位集団が集まって，「農業共同体」（近藤，1962で示唆）あるいは「氏族共同体」（近藤，1983）を形成していた，との仮説を立てたのです。この仮説は，1960年代以降の開発に先立ち，大規模な遺跡を全面発掘調査するようになったおかげで，追認されることとなりました。たとえば，横浜市港北区大塚遺跡は，弥生時代中期のこの地域の中心的環濠集落として有名です。同時にその周囲には，ほぼ同じ時期，一時的に居住した小規模な集落跡が数多く確認されました。こういった，拠点集落とそれを衛星のように取り囲む短期居住形小規模集落の一群が，複数の単位集団が有機的に結合した「農業共同体」の姿であると認識されるようになりました。

このような集落のまとまりの意味を民族学的な方法で検討したのが，アメリカ合衆国イェール，ハーヴァード大学で長く教壇に立っていた中国人考古学者張光直（Chang Kwang-chih, 1958）です。彼は民族学的にどのような集団がどのように集住しているのかを調べました。その結果，集落のまとまりは「文化」や「部族」ではなく，単に「社会集団（social group）」としかいえない，と慎重な立場を表明しました。

集落から迫る階層性

前述の横浜市大塚遺跡の環濠内は，同じ規模の住居ばかりで，少なくとも環濠内の住民の間では社会の階層差はうかがえません。大塚遺跡に対応する集団墓地である歳勝土（さいかちど）遺跡の方形周溝墓（ほうけいしゅうこうぼ）も均質です。それに対して，日本最大の弥生時代環濠集落として有名な佐賀県吉野ヶ里（よしのがり）遺跡は，集落のほぼ全域を取り囲む周濠の内側にさらに周濠で囲まれたところが発見されました。そこの住居跡はほかのところの住居跡よりやや大きいので，有力者が内堀で囲まれたところに居住していた可能性も指摘されています。さらに，大型高床式倉庫が内堀付近にある

ため，集落の共有財産である倉庫（蓄えられたのはお米だろうと思われます）に，有力者が影響を及ぼしたかったのではないか，と武末純一（1991）は推測しています。吉野ヶ里遺跡集落内の階層分化は，墳丘墓に埋葬される人々とそうでない人々という埋葬の格差からも追認できそうです。

　古墳時代になると，環濠集落は営まれなくなり，古墳に埋葬される有力者は，「豪族居館」と考古学者が呼ぶ，一般集落とは離れた場所に，堀で囲まれた方形区画に居住するようになったようです。よく調査された豪族居館の例として古墳時代中期末の群馬県高崎市（旧群馬町）三ツ寺Ⅰ遺跡（第9章）をあげることができます。石で護岸された最大幅12mの濠で囲まれた一辺86mの方形区画の中で，祭祀に使われたであろう木製品や金属器の製作途上で廃棄された金属片など，竪穴住居ばかりから構成される一般集落では見つからないような遺物が数多く発見されました。これは，古墳時代の首長が，司祭など一般庶民とは区別された社会的役割を担っていたことの反映だと考えられます。

　以上，土器などの遺物，人骨，埋葬遺跡，集落遺跡の分析から，当時の社会に迫るさまざまな方法を具体例に基づき紹介してきました。日本は考古資料がきわめて豊富で多様であるため，当時の社会に関して，さまざまなモデルを提示できますし，日本人研究者はそのように努力してきました。最後に，第1章でも述べましたが大切なので再論しますと，得られた結論はすべて仮説であるという現実です。そして，同じ資料群を分析して，違った結論が導き出せるのです。さまざまなモデル・仮説を発表して，より具体的かつ豊かな歴史像を描き出せるよう，不断の努力を続けたいものです。

第 6 章

考古学と現代社会

遺跡を学ぶ市民たち（神奈川県大塚遺跡）

　全世界で日々行われる発掘調査。そこから新しい歴史的事実が次々と発見されています。考古学者たちは，そうしたデータを緻密に研究し，人類の歩みを解明していきます。しかし，その代償として多くの遺跡が破壊され，膨大な遺物が収蔵庫に山積みとなって顧みられない状況も生じています。

　考古学の成果や資料は，決して学者だけのものではなく，死蔵されてよいものではありません。社会的資産として現代社会に還流させ，人類の将来に役立つ学問として機能させることが必要です。考古学とは，それに見合う素晴らしい効用が期待できる学問なのです。

　本章では，これまでの日本考古学の発達過程，現状と課題を展望しつつ，この学問がいかに人々の心に作用し，人類未来の指針となっていけるかを考えていこうと思います。

1 考古学とアイデンティティ

国民的財産を扱う考古学

　考古学の研究において最も重要で基礎的な素材は，過去の人々が大地に刻んだ遺跡であり，そこから出土した遺物です。医師が患者の臨床事例を重視するように，考古学者もまた臨床に相当する遺跡の発掘調査を行い，得られた所見に基づいて研究を進めます。

　現在，日本では年間 8000 件もの発掘調査が実施されています（図 6-1）。しかし，そのうち学術目的のものは 300 件弱（3%）にすぎず，じつに 9 割以上が道路建設や宅地開発などに伴う緊急調査で占められます（文化庁文化財第二課，2022）。すなわち，大半の遺跡は，調査によって図面・写真などの記録類と出土品が残されたのち，破壊されているのです。このことから，発掘調査とは，遺跡の情報を犠牲にして行われる実験にたとえられます。

　緊急発掘は，1970 年代の高度経済成長期から激増し，1996 年には年間 1 万件にも達しました。その後，経済バブルが崩壊して調査の経費こそ半減したものの，今日でもなお大規模な調査が続いています。この間に明らかとなった膨大なデータによって，日本の考古学研究は飛躍的な進歩を遂げ，人類史の解明に大きく寄与しました。しかし，その代償として，貴重な遺跡が永遠にかつ大量に失われたことを忘れてはならないでしょう。

　また，文化財保護法第 4 条第 2 項に，文化財は「貴重な国民的財産」であるとうたわれているように，発掘で得られた考古学的成果は本来市民のものであるはずです。ところが，その成果の社会還元は，必ずしも十分とはいえない状況にあります。考古学者自身が，

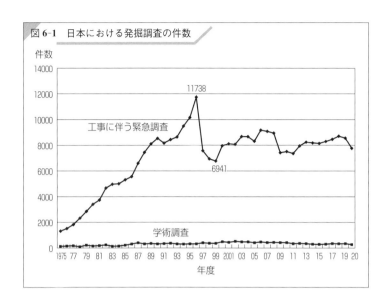

図6-1　日本における発掘調査の件数

件数

11738

工事に伴う緊急調査

6941

学術調査

1975 77　79　81　83　85　87　89　91　93　95　97　99　2001　03　05　07　09　11　13　15　17　19　20
年度

考古学の効用および社会的使命について深く考察し，かつ実行することに鈍感であるという半世紀前の指摘（江上，1976）に改めて耳を傾けなくてはなりません。

　考古学者による社会貢献の第一歩として必要なのは，遺跡調査の成果を広く市民に還元するための説明責任です。そのうえに立って豊かな歴史像を描き出し，人類の未来のための指針として，あるいは警鐘として，現代社会に還流させていく努力が不可欠なのです。

捏造事件の反省と科学的精神

　ところが，そうした使命を担う日本考古学界を揺るがす大事件が発生しました。2000年11月に発覚した前期旧石器捏造問題です（図6-2）。東北地方の研究団体に所属した藤村新一が，本来は遺物が含まれない層位に石器を埋め込み，自ら掘り出す行動を自作自演し，日本での存在が疑われていた前期旧石器文化を捏造したのです。

図6-2　前期旧石器捏造を報じる新聞記事

この事実が白日のもとに晒されるまで，同研究団体の発表に学界・マスコミ・世論が翻弄され，ついには教科書にまで誤った時代観が書き込まれました。まさに人類史の改ざんといえる全国民・全世界を欺いた事件でした。そして，長らくその見解を許してきた日本考古学界の見識が疑われ，信用の定点とされてきた「研究者の科学的良心」が，じつに不確かなものであったことが確認されたのです（日本考古学協会，2003）。こうした研究者による違反行為は，名誉欲などの野心のみならず，利益獲得行動と結びつくケースも考えられます。

ところで，かつての日本では，公益性が高い考古学的調査は，利潤追求団体である民間企業の特性と整合しにくいという観点から，まずは公的機関が実施し，やむをえない場合は公の監督のもとに民間調査会社が実施するという原則が存在していました（1998 年 9 月 29 日付文化庁通知）。しかし，2000 年ごろから規制緩和や権限委譲の推進によって原則維持は困難となったため，民間調査機関の導入が捉進され，今では考古学的成果の一部を担っている状況にあります。

　こうした中，国民的財産の守り人である考古学者の水準を担保していくため，調査員の資格認定制度，調査基準の明示，遺跡保存ルールの確立など，さまざまなガイドラインが議論されるべき時期にきています。さらには，研究内容を審査する学術的レフェリー制の充実なども必要であり，二重三重に学問の質を保持する仕組みが求められるのです。

　こうした明文事項に加え，遺跡にとって生命を断つに等しい行為，すなわち発掘調査を行う者は，いかなる調査機関に身を置くにしても，考古学者としての矜持，職業倫理観を強くもつことが求められます。また，国民的財産の命脈を第三者に委ねる国民自身も，二度と捏造事件のような過ちが起きないよう，しっかりと監督しなくてはならないでしょう。

歴史資産の再認識　　ところで，私たちが人類の歴史的な歩みを知ろうとするとき，その対象となる空間範囲は，日本史→東アジア史→東洋史→世界史の順に広がっていきます。中学・高校教科書で取り上げられる歴史学習において，一部のトピックを除けば，日本史という枠組みが最小の単位であるといってよいでしょう。

　しかし実際のところ，一般の人々が最も親しみを覚えるのは，都道府県や市町村のようなもっと小さな領域の歴史，すなわち地域史

のジャンルではないでしょうか。織田信長や徳川家康のような日本史の英雄だけでなく，地域限定の無名の偉人が郷土の誇りを支えている場合もあるのです。

2000年代初頭には，財政健全化と行政のスリム化を目指して，全国の市町村合併が推し進められました。そこには多くの問題点が内包されますが，私たちにとっては興味深い現象もみられました。合併協議を進める多くの自治体で，地域歴史遺産の価値の問い直しやその活用が図られる事例がよく見受けられたのです。すなわち住民たちは，合併で他者との対比を迫られた結果，自己・郷土というものを改めて強く見つめ直すこととなったのです。

このように，人々のアイデンティティ（identity：自己確信・共同体帰属意識）とは，自らが生まれ育った歴史的風土を基層としていることが明らかです。市町村合併は，それまで地域史に無関心であった人々が，自らの歴史的位置について考えを及ぼすための大きな機会をもたらしたと考えられます。

ところで地域の歴史遺産といえば，普通は寺社建築や仏像・絵画，民俗行事・伝統技術といった有形・無形の文化財が思い浮かびます。しかし近年では，古墳・集落跡などの遺跡やそこからの出土品も，地域シンボルとして注目される場合が増えてきました。とりわけ，土中に埋もれた遺跡は，日本列島各地・世界各地に最も広く普遍的に存在する歴史資料にほかなりません。したがって，それらの調査研究から地域史を再構築していく考古学とは，その土地に生きる人々に指針と夢を与え，地域共同体を活性化させる潜在力をもった学問として，大いに期待されるのです。

民族・国家・宗教と考古学

考古学的素材が，新たな地域文化創造のツールとして活用されている良質な事例は後に紹介します。しかし考古学的解釈が，時

として人々の感情をあらぬ方向に駆り立ててしまう危険性をはらんでいることも，私たちは知っておかなくてはなりません。

　市町村合併で近しい他者との対比が意識された，そのはるか延長線上には，もっと強固なアイデンティティによって規定された，民族・国家・宗教という3つの枠組みが存在します。現在，これらが世界各地で殺戮を伴う紛争の火種となっているように，その解決・融和こそが世界平和への道筋であるといってよいでしょう。しかし，不幸なことに，これらの対立を正当化するために考古学が利用され，自由な発言を制限されることがあるのです。

　たとえば，太平洋戦争終戦前の日本では，皇国史観（こうこくしかん）（天皇中心の歴史観）のもとで『日本書紀』や『古事記』の記述を覆すような学説の発表が敬遠されていた時期があります。国策に沿った学会統合が行われたり，科学的な研究や出版活動に制限が加えられたことはその一例です。

　戦前のドイツでは，グスタフ・コッシナ（1858-1931）による特定の考古遺物と古代ゲルマン民族の分布を結びつけた考古学的解釈が，のちにナチス・ドイツの侵略行為を正当化する政治的根拠として利用された事例がつとに有名です（小野，1978）。これは，考古学が民族問題や国家主義と最もいまわしく結びついた例ですが，そうした問題は少数にとどまりません。過激で原理的な宗教集団が，異なる宗教思想に基づいて建設された歴史的建造物を，政治行動として破壊する例も報告されています。近年では，2001年にアフガニスタンのバーミヤンにある世界最大の石仏群（5～6世紀に築造と推定）が，タリバン（イスラム過激派）によって爆破されたのは，記憶に新しいところです（写真6-1）。

　民族関係では少数民族（minority：マイノリティ）に対する配慮も問題となります。たとえばオーストラリアでは，植民地化を進めた

写真 6-1　タリバンによって爆破され
　　　　　たバーミヤン遺跡の大仏

白人たちが，人類学的観点から発掘調査を盛んに実施しました。しかしそれは，先住民にとっては，彼らの聖地や祖先墓の一方的な蹂躙にほかならず，発掘人骨を収めた博物館からの返還運動にまで発展しています（レンフルー，C.・バーン，P.，2007，原著 2004）。このことは，調査者である考古学者と現地の人々との相互理解および説明責任の必要性を強く物語ります。

　　日本では，こうした点に関する社会的な問題意識が等閑視されがちです。しかし，アイヌや琉球諸島の人々などにかかわる民族問題は確実に存在します。戦前から戦後にかけて，人類学者や考古学者が北海道や沖縄の墓地から多数の人骨を発掘収集しましたが，それを保管する大学に対して返還を求める訴訟が現在も続いています。アイヌ人骨の返還問題に関連して，2020 年には北海道白老町に国立の民族共生象徴空間「ウポポイ」（NATIONAL AINU MUSEUM and PARK）が設立されました。ウポポイは博物館・公園・慰霊施設から構成されますが，慰霊施設には遺族に直接返還できない遺骨や副葬品が保管されています（写真6-2）。また，歴史的に差別されてきた地域や人々，男女の社会的な性のあり方（gender＝ジェンダー）と性差別にかかわる事柄も避けて通れない課題です。それらに関する研究には，正当な目

写真 6-2　ウポポイ(民族共生象徴空間)の構成要素の１つである慰霊施設

的意識に基づく科学的説明と繊細な対応が求められます。加えて，考古学の立場からそれらの問題に，真正面から取り組む努力が必要とされます。

2　遺跡を守り伝える

●文化財保護と考古学

近世から近代における遺跡保護活動

考古学において，最も基礎的で重要な資料は遺跡です。したがって遺跡を保護することは，この学問の存立基盤を支えるために不可欠な行動だと言い換えられます。そこで，ここでは簡単に日本における文化財保護活動の流れを振り返ってみましょう。

　江戸時代には，自然界に存在する事物を収集・分類する本草学の隆盛とともに，遺跡・遺物に対する初源的な関心が芽生え，町人層の経済的成長とも結びついて古器・古物の収集趣味が生まれました。国学の発達によって，古典の研究も進みました。古代石碑（栃木県那須国造碑）の記事を発掘で証明するべく，水戸藩主徳川光圀

（黄門）が主導して栃木県上侍塚古墳・下侍塚古墳を発掘し，のちに保存・整備を図ったのは有名な話です。また，尊皇思想の高まりとともに，荒れ果てた大古墳を陵墓として治定し，整備・修造する事業も行われました。儒学者蒲生君平の調査を踏まえ宇都宮藩等が行ったこの事業は，現在宮内庁が管理する天皇陵および陵墓参考地として継承されています。ちなみに前方後円墳も蒲生君平の造語であったことはよく知られています。

　明治時代に入ると，東京帝国大学で教鞭をとったエドワード・S・モース（1838-1925）による東京都大森貝塚の発掘（1877年）を起点として，科学的な人類学・考古学研究が日本でも産声を上げました。そして，モースに続く明治・大正時代の歴史学者・人類学者・考古学者たちの努力によって，文化財保護の体制は少しずつ構築されていったのです。なかでも古墳・都城・寺院跡などの開発による破壊は早くから問題となり，その機運を受けて1919年に史蹟名勝天然紀念物保存法が成立し，重要な遺跡を国家が「史跡」として選別的に保存する道が開かれました。

埋蔵文化財と埋蔵文化財保護行政

太平洋戦争の敗戦（1945年）は，日本人を皇国史観から解放し，これ以後科学的な評価に基づく文化財保護活動が開始されました。その矢先1949年に奈良県斑鳩町の国宝法隆寺金堂から出火し，壁画が焼失する事件が発生しました。これを契機として，翌1950年には議員立法によって文化財保護法が成立しました。

　この法律では，文化財保護に指定主義と台帳主義の2つの方式を併用しています。「国宝・重要文化財・史跡名勝天然記念物」などは，指定主義に基づいて選別された文化財であり，指定の後は厳格な法の網で守られます。一方，台帳主義に基づくものとして考古学にかかわりが深い埋蔵文化財があります。土地に埋蔵される遺跡・

遺物を包括してこの概念でくくり，それが埋もれている土地（埋蔵文化財包蔵地）を台帳や地図に登録周知することにより，包括的で緩やかな保護措置のもとに置こうとするものです。埋蔵文化財包蔵地を開発する場合には届出が義務づけられ，状況に応じた保護措置（保存もしくは記録保存〔調査後に破壊〕）がとられます。このことが冒頭に述べた発掘調査を急増させる法的根拠となっているのです。

　なお，埋蔵文化財包蔵地の発掘調査によって特筆すべき遺跡が見つかり，さまざまな調整によって現地での保存が決まった場合は，指定主義に則った厳密な保護措置に移行します。考古学的な遺跡は，指定の種別としては史跡または特別史跡に指定され，多くの場合，土地の公有化を経て整備・公開が図られていきます。

| 調査成果の公開 |

　遺跡が発掘調査された後は，出土遺物や記録類の基礎的な整理が行われ，発掘調査報告書が刊行されます。ここには，遺構・遺物の実測図や写真が多角的に提示され，それらに関する所見が記述されます。遺跡を性格づけるために，より踏み込んだ論考が掲載される場合もあります。いずれにしても発掘調査報告書こそ，1つの遺跡を分析する基礎データとして最も重要なものであり，その精度が考古学のベーシックを支えているといっても過言ではありません。とくに調査後に破壊されてしまった遺跡の場合，報告書が唯一の存在証明であるため，研究機関に備えられ，広く共有されなくてはなりません。一定の学問的水準を備えた調査報告書を刊行することは，発掘担当者の最低限の責務なのです。

　むろん，その成果の利用は考古学者だけにとどめてよいものではありません。このため，専門的な報告書を抜粋した一般向けの小冊子を刊行したり，出土品を速報的に展示したりして，市民に還元する試みが盛んに行われています。

考古学研究を進める機関として，大学の考古学研究室，国立研究機関（文化財研究所・国立博物館），都道府県および市町村の文化財保護部局とその設置による博物館・埋蔵文化財センター，民間の調査法人，研究者が組織する各種の学会や研究団体などがあります。

1970 年代までは地方自治体の遺跡調査体制は未整備であり，調査の多くは大学などが担っていましたが，高度経済成長期以後は公共土木事業の増加に連動して自治体の調査機能が強化されました。現在，国立機関は都城など国家的遺跡の調査，調査技術・保存修復や遺構復元整備手法の開発，研究者の研修，研究成果の海外発信，デジタル・アーカイブ化などを受け持ち，大学は学際的研究および研究者の育成にシフトしています。地方自治体とその関連機関は，管轄する地域の発掘調査・研究・教育普及を担っており，それぞれが役割を分担しています。民間調査組織も近年では自治体の調査機能を補完する役割を果たしています。

一方，学会は所属機関の枠を超えて研究者が結集する団体であり，学問領域や地域単位で団体が重層的に存在します。現在，国内最大の団体は一般社団法人日本考古学協会で，2022 年現在，約 3900 名の研究者が加入しています。ほかに，一般市民が主体となる団体もあります。これらは同好サークルだけでなく，遺跡保存の支援・管理団体の性格を有しているものもみられます。

こうした学会や市民団体は，組織的な縛りに左右されず自由に運動できる性格をもつことから，遺跡保存運動の強い推進力になります。日本の遺跡の中では，こうした運動の果実として保存を勝ち取った遺跡が数多く存在しているのです。

太平洋戦争以前から，奈良県平城宮跡（へいじょうきゅうせき）など遺跡の保存顕彰行動は存在しました。し

かし，民主的な力による遺跡の調査や保存運動が大きな展開をみせるのは主に戦後（1945年以後）になってからです。

その嚆矢は，研究者合同による静岡県登呂遺跡の調査（1947年〜）で，弥生時代農業社会の解明が目指されました。1953年には，岡山県飯岡村で研究者と村民たちが一体となり，大型円墳である月の輪古墳の調査を推進しました。これは，住民が地域史学習を希求し，自らが主体となってそれを解明していく理想形として，広く社会教育のモデルとされました（美備郷土文化の会，1954；*Column* ❻）。

しかし，戦後経済成長期に巻き起こった未曾有の国土開発によって，日本の遺跡は危機に瀕します。こうした中，1955年大阪府堺市のイタスケ古墳（墳長約140mの前方後円墳）が宅地開発で破壊される直前に研究者たちが立ち上がり，世論がそれを後押しする新しいかたちの保存運動が展開されました。その結果，古墳は史跡として買い上げられ，戦後保存運動の第一歩を飾ったのです。

さらに1961年，私鉄の鉄道車庫建設に伴って奈良県平城宮跡が危機に瀕した際には，大規模な保存運動が展開し，およそ1km四方もの公有化が果たされました。文化財保護が国民的関心事となり，まさに国民的財産として認知されたのです。

ところが，このような成功例は少数であり，その背後で重要な遺跡が次々に破壊されました（写真6-3）。岡山県津島遺跡や静岡県伊場遺跡などでは，保護者であるべき自治体側までもが遺跡の価値を不当に低く評価し，開発を優先させようとしたのです。この過程で，保存を要望する住民を原告とし，自治体を被告とする訴訟すら起こされました。このころ，山口県綾羅木郷遺跡では，国史跡指定を目前にした遺跡が，砕石業者のブルドーザーにより一夜で蹂躙される事件（1969年）が発生しています（日本考古学協会，1971）。

こうした1950〜60年代の激しい運動の応酬を経て，文化財保護

写真 6-3　開発に追われる発掘調査

意識は国会・行政・開発事業者・市民にしだいに浸透していきました。1980 年代になると、事前に発掘調査を行い、遺跡を含めた環境アセスメントを行うといった、一応の保存ルールが守られるようになったのです。そして近年、日本の遺跡保存は、関係機関・住民意識の条件調整によって、制度的に実現されていく段階に移行しつつあるといえます。たとえば、青森県三内丸山遺跡（縄文時代集落）や佐賀県吉野ヶ里遺跡（弥生時代集落）などでは、数十 ha にも及ぶ広大な範囲の保存が、運動場や工業団地の開発計画を断念して英断されるという大きな成果をあげています。

遺跡保存のグローバル化　ところで、文化財の保護を主導し、世界的規模で発信・活動する機関としてユネスコ（国際連合教育科学文化機関）があります。1960 年代、エジプトのナイル川に建設されたアスワン・ハイ・ダム水没地区の遺跡救済キャンペーンを大々的に実施し、アブ・シンベル宮殿の移設を果たした

「はにわのひとかけら／なんでもないようなこのかけら／このかけらひとつで日本の歴史が豊かになる／長いあいだ地中にねむっていた／今起きて何千年も前の事をよみがえらせよ／昔の文化をそのままに／広く世界に知れわたせ／このはにわの一かけら」（発掘調査に参加した中学1年生の詩，『月の輪教室』所収）

『月の輪教室』の表紙

　1953年，岡山県内陸部の飯岡村（現美咲町）で，山上にある5世紀の大型円墳，月の輪古墳の発掘調査が行われました。調査期間は5カ月にも及び，延べ1万人の地域住民が参加した大発掘でした。

　太平洋戦争終戦後まもなくのこと，村民の中から「地域の真の歴史が知りたい」という声が高まりました。そこで，考古学者和島誠一・近藤義郎らを指導者に迎え，子供から老人までが山上に通って鍬をとり，多くの障害を乗り越えて郷土の古墳を発掘したのです。しかも，ただ掘るだけでなく自主的な勉強会が積み重ねられ，住民たちが自ら考え行動する一大学習運動に発展しました。その記録が『月の輪教室』に収められています。

　この本からは，人々の素直な感動とともに，考古学がもたらす学びの力の大きさが伝わってきます。

　★参考文献

　美備郷土文化の会 1954『月の輪教室』（1978年に月の輪古墳刊行会より増補復刻）

　近藤義郎・中村常定 2007『地域考古学の原点——月の輪古墳』新泉社

ことを手始めに，ユネスコは文化遺産保護の理念提言や，発展途上国ならびに政情不安定国における文化財保存に関する支援に大きな力を発揮しています。

1972 年採択のユネスコの世界遺産条約に則って登録される**世界遺産**の制度（文化遺産・自然遺産・複合遺産）によって，国際水準での文化財保全が図られるようにもなりました。2022 年現在で 1154 件（日本では 25 件。うち文化遺産 20，自然遺産 5）が登録されており，ここには考古学的な遺跡も含まれます。なかでも，「神宿る島」宗像・沖ノ島と関連遺産（2017 年登録，福岡県），百舌鳥・古市古墳群（2019 年登録，大阪府），北海道・北東北の縄文遺跡群（2021 年登録，北海道・青森県・岩手県・秋田県）は，考古学的な遺跡を主体とした遺産となっています。

ところで世界遺産の中には広島県の原爆ドームやポーランドのアウシュビッツ（第二次世界大戦中，ナチス・ドイツがユダヤ人を大量殺害した強制収容所）のように戦争・虐殺・紛争にかかわる**負の遺産（戦争遺跡）**が含まれる点にも大きな特徴があります（**写真 6-4**）。また 2006 年から，無形文化遺産（芸能・伝承・社会的慣習・儀式・伝統工芸技術など）の保護が別条約によって開始されています。

揺らぐ考古学の基盤

ところで，成熟への道を歩んできた日本の考古学および文化財保護体制の前途は，必ずしも明るいとはいえません。経済バブルがはじけた 1990 年代以後，国による規制緩和，公的業務の独立採算化と民間移行，地方分権の名のもとでの国から地方自治体への権限委譲などが進められています。これによって，発掘調査の民間委託，国立機関（大学・研究所・博物館）の独立行政法人化，地方自治体設立にかかわる一部機関（博物館など）への指定管理者制度の導入などが急激に加速しています。

写真 6-4　世界遺産となった原爆ドーム

　金銭価値に換算しがたく，国民の利益全体にかかわる公益性の高い事業は，経済原理に左右されない公的機関が支えるのが基本です。しかし，そうした聖域まで根本原則が揺らいでいる現在，これまで培われてきた文化財保護体制そのもの，日本考古学の存立基盤そのものの将来が強く危惧されているのです。また近年では考古学関係の専門職に進む若者が減少しており，人材育成が急がれます。

考古学報道の成果と課題　遺跡を保存していくうえで，マスコミ報道は以前から大きな力となってきましたが，1972 年に奈良県高松塚古墳で極彩色の壁画が発見され，新聞やテレビが大々的に報じて国民的関心を呼び覚まして以降，考古学界にとってメディアの存在意義はいっそう大きなものとなりました。同時に，マスコミ側においても考古学記事のニーズの高さが認知されたのです。結果，加熱報道が考古学ブームに火をつけ，さらに国民の関心を高めていくという循環が形成されました。これは，日本国民

の歴史への関心の高まりに多大な影響を及ぼしたと考えられます。一方，そうした効用とともに，エスカレートする取材合戦，底の浅い解釈の横行，「最古・最大」格付け記事の濫用など，多くの悪弊が生じたのも事実です。

　記事を吟味する余裕のないマスコミ側の体質とともに，情報を正しく運用できない（あるいは恣意的にコントロールする）考古学者側の姿勢にも問題があります。そうしたものの延長上に，先に触れた前期旧石器捏造問題が発生したのです。

　今後求められるのは，研究者側の禁欲的な情報提供の姿勢であり，それとともに遺跡を真摯かつ地道に取り上げていく報道の原点に立ち戻ったマスコミ側の姿勢であると考えられます（金関・池上曽根史跡公園協会，2003）。これらの点に留意しつつ，考古学者とマスコミは相互に役割を果たし，国民にその良質な考古学的成果を情報公開していかなくてはなりません。

3　考古学の意義を広め伝える

> 歴史伝承の場——
> 史跡整備

　熾烈な市民運動で保存を勝ち取り，大規模な開発に伴う調査の中でようやく残し得た遺跡。幾多の努力によって破壊を免れた遺跡を，私たちは末永く保護・継承し，広く公開・活用していく責務があります。その展開の1つの形が**史跡整備**です（文化庁文化財部記念物課，2005）。

　かつて史跡の保存とは，標柱と説明板を立てる程度にとどまっていましたが，近年では住民に理解しやすい手法を用い，整備・公開するのが一般的となりました。たとえば奈良県平城宮跡では，掘り

写真 6-5 学びの場として整備された史跡公園（佐賀県吉野ヶ里遺跡）

出された建物遺構の上に屋根をかけて露出する見学施設に始まり，地表における建物基壇の再現や柱位置の復元といった比較的軽微な立体整備，さらには朱雀門や大極殿にみる大型構築物の原寸大復元まで，多様な整備手法が組み合わされています。博物館も併設され，出土品やジオラマによって遺跡の性格が理解できるよう工夫されています。近年では，佐賀県の吉野ヶ里遺跡にみるような大規模な集落全体の復元まで行われるようになりました（写真 6-5）。

　こうしたハードの整備とともに，住民を巻き込んだ活用事業が史跡整備に活かされる例も増えてきました。群馬県保渡田古墳群では，復元整備された大型前方後円墳に並んでいたと推定される 6000 本の円筒埴輪を一般の人々が製作し，名前を刻んで古墳に並べる参加型の整備が行われました。また，各地の遺跡で住民が説明ボランティアとして常駐し，見学者の対応を行う姿も多く見受けられます。最近では史跡の管理と活用に取り組む NPO 法人もあらわれています。

積極的な史跡整備の功罪

前に述べたような史跡における構造物の積極的な復元は，1960 年代の兵庫県五色塚

古墳の葺石（ふきいし）復元が早い例として知られ，1980年代以後は全国各地で取り組まれるようになりました。それから，史跡を訪れる人々は格段に増加しました。

一方で，限られた情報から構造物のレプリカを造り出すことに対し，強い反対意見も存在しています（鈴木編，2006）。たしかに，すべての遺跡を復元する必要はなく，手を加えない緑の空間として都市景観の中で十分に機能する例も存在します。また，復元例の中には，根拠が乏しい事例もまれにみられ，無理な工事によって下部遺構の損壊を招いた本末転倒の事例も知られています。

しかしながら，可視的でわかりやすい積極的整備ののち，かつては誰も訪れなかった史跡に多くの住民が憩い，地域史への理解を深め，地域活動の場として盛んに活用するようになったのもまた紛れもない事実なのです。注目されるのは，単なる公園利用だけでなく，人々の歴史認識が多様なレベルで高まったことです。史跡整備を通じて住民・行政・議会内に一定の歴史理解が醸成され，次に発見された遺跡の速やかな保存へとステージを進めた例も存在します（若狭，2005）。このように効果的な史跡の整備は，遺跡の空間と歴史を一部専門家のものから市民へと解放し，地域文化の向上に大きく寄与するものであると考えられるのです。

文化的核となる地域博物館

考古資料を収集・収蔵・保存・研究・公開する最も重要な機関として博物館があります。1980年代から都道府県単位で博物館や歴史民俗資料館が建ち始め，1990年代に入ると好景気を反映し，市町村立博物館や埋蔵文化財センターなどの設立ラッシュが続きました。

これらは，緊急発掘で増大した遺物の受け皿になるとともに，地域の歴史資料が市民のごく身近で公開される機会をもたらしました。

また，小・中学校の地域学習の場，子供たちの安全な遊び場，体験学習を通じた親子交流の場，ボランティアを媒介とした住民交流の場などとして，博物館本来の機能を上回る文化拠点として成長するケースも生じたのです。このように地域博物館の登場によって，確実に考古学と住民との距離は縮まりました。

博物館には，専門職としての学芸員を配置するよう博物館法に規定されています。しかし，かつては施設の少なさや社会的認知度の低さから，市町村立館における学芸員の配置率はかなり低いものでした。ところが，地域博物館の増加によって，学芸員職への認知と配置率は飛躍的に高まりました。なかでも埋蔵文化財保護行政部門との人事交流によって，考古学者が学芸員として採用され，活動する機会が増加したのです。

迫られる学芸員の意識改革

ところが，先にも触れたように経済バブル崩壊以後の経済不況や行政改革によって，博物館は大きな危機を迎えています。学芸活動の安直な大衆化，研究活動の停止などが強要され，なかには統廃合にまで追い込まれる事例が各地で報告されています。しかし，博物館は本来，学校教育と並立して評価されるべき生涯教育の中核機関であり，地域文化の生成・発信拠点として不可欠の存在であるはずです。逆風の中でも，博物館が地域にとって真に必要な機関であると認知させる活動を，関係者は意識して展開していく必要があります。

学芸員は博物館の柱石であり，その良質な研究成果こそが，地域博物館の質と独自性を保証するものにほかなりません。しかし，従来の学芸員はよい研究者ではあっても，よいコーディーネータであるとは限りませんでした。展示技法などは住民の目線に立ったものでない場合が多く，そうした意識構造そのものが博物館から人を遠

ざける要因の1つともなっていたのです（佐原，1987）。

　これからの学芸員は，良質な研究者であり，その成果をわかりやすく提示する技量を備え，かつ旺盛なサービス精神をもち，スタッフ・ボランティア・博物館の支援者たちを統合する強いマネージメント能力が求められるでしょう。そうした学芸員を有する博物館は求心力をもち，地域文化創造の1つの核を形成しうると考えられます。なかでも歴史系博物館に配置されている学芸員には考古学者が多いことから，その果たす社会的役割はじつに大きいのです。

　| 考古学教育の現在 |　考古学の成果は，歴史教育の中でも原始・古代分野に強く反映されます。ところが，文部科学省制定『学習指導要領』（2017年改訂）においては，考古学の成果を活用し，遺跡や文化財を素材として，調べて考える学習を推奨していますが，農耕社会以後を重んじる一方，旧石器時代・縄文時代への言及が不十分な傾向がみられます。人類創生期の膨大な時間を占め，考古学の成果を結集した原始・古代の記述が学校教育に十分に反映されない現状に対し，考古学者は対策を講じなくてはなりません。そのためにも，さまざまな考古学教育メニューや支援ツールの開発，出土遺物の活用，良質な児童向け歴史書やインターネット・コンテンツの作成などに，学界をあげて取り組んでいく必要があるのです。

4　人と社会のための考古学

　| 地域づくりと考古学 |　これまでみてきたように，遺跡そのものの存在，それを整備した公園や展示施設の誕生は，地域学習や住民交流の拠点形成に大きく役立っています。近

Column ❼　考古学者の遺言　佐原眞──考古学をみんなのものに　〰〰〰〰〰

　2002 年に逝去した佐原眞は，弥生土器
や銅鐸研究の第一人者でしたが，生前その
幅広い知識をフル稼働して「考古学をやさ
しくしよう」「考古学を楽しくしよう」と
提唱し続けました。

　考古学者や埋蔵文化財技師などは，とか
く一般の人々に対しても無意識に専門用語
を使い，難しく解説する傾向があります。
これに対し，やさしい言葉で魅力的に考古
学の成果を伝える必要性を説き，実践した
のが佐原でした（佐原，1987）。

故佐原眞

　人類の遺産である遺跡を破壊から救うためには，考古学の社会的価値
を広く知ってもらい，バックアップしてくれる応援団を育てることが必
要です。そのためには，自らが「伝える力」を鍛えなくてはならない
……。

　考古学を学ぶ人，考古学を発信する人々は，この佐原の遺言を胸に焼
き付け，自らの社会的使命を忘れないようにしたいものです。

　★参考文献

　佐原　眞 1987「考古学をやさしくしよう」『京都府埋蔵文化財論集』第
　　1 集，京都府埋蔵文化財調査研究センター（金関　恕・春成秀爾編
　　2005『佐原眞の仕事』第 6 巻〔考古学と現代〕岩波書店に再録）

〰〰〰〰〰〰〰〰〰〰〰〰〰〰〰〰〰〰〰〰〰〰〰〰〰〰〰〰〰〰〰

年では，そこを舞台としてさまざまな文化の創造活動がみられるよ
うになりました。

　たとえば，東京都東村山市「下宅部遺跡はっけんのもり」（縄文
～平安時代の集落遺跡）は，住宅団地の中に保存された小規模な遺跡
公園ですが，ここでは保存時点から住民と学芸員によるワークショ
ップが繰り返され，市民の活動拠点の性格を備えて整備されました
（石川，2005）。岩手県一戸町では工業団地造成計画を中止して縄文

写真 6-6　史跡公園で古代儀礼を復元する市民ボランティア（群馬県保渡田古墳群）

中期の御所野遺跡を保存し，広大な遺跡公園として整備しました。現在は遺跡公園の森林資源を活用して復元住居を修復したり，体験事業や実験考古学を行うなど循環型の取り組みが進められていますが，その活動は複数の住民愛護団体が担っており，町民ぐるみで遺跡を保護・活用する営みが展開されています（御所野縄文博物館編，2021）。

　ほかにも，史跡公園を舞台にして住民が活動した結果，地域への誇りが醸成され，コミュニティの再生が果たされる事例がみられます。こうした活動を通じて，考古学の存在意義，社会貢献性が再確認されるケースが着実に増えているのです（写真 6-6）。

　このように日本の考古学的素材の教育的・社会的活用は大きく進展し，世界でも先進的であると評価されています。今後は文化財を守る立場からだけではなく，異なる立場（そこには営利企業や開発サイドも含まれる）からの活用視点もあわせて，遺跡などを公共財として多義的に価値づけするアプローチ（パブリック・アーケオロジー）が求められるでしょう（松田・岡村，2012）。

そうした多義的な価値づけの1つとして遺跡の観光利用があります。

　吉野ヶ里遺跡をはじめとした大規模遺跡公園が観光資源となり，地域資産の形成に役立っていることも見逃せない事実です。かつては識者からは必ずしも歓迎されなかった観光資源としての遺跡利用ですが，今後はもっと研究・実行されてしかるべきです。私たちが海外旅行をする際，エジプトのピラミッドなどの歴史文化遺産を探訪するように，遺跡を正しく観光資源化することは，日本の歴史と文化を広く世界の人々に理解してもらうための糧となります。加えて，それを下地とした観光産業や特産品の創案，雇用の創出といった経済効果をもたらす方法も，多くの機関との協同によって現実のものとしていく必要があります。たとえば，6〜7世紀の宮都や古墳・寺院が集中する奈良県明日香村は，明日香村特別措置法によって歴史的環境が保全されていますが，開発が厳しく制限されているため住民生活や産業の形成にもかなりの偏りが生じます。そのため，地域ぐるみの歴史観光産業の振興が模索されています（吉兼, 2000）。

　国でも2006年に観光立国推進基本法を制定し，文化財をはじめとした観光資源の保護，育成，開発に必要な施策を講ずるものとしました。また2019年に施行された改正文化財保護法でも，地域の多様な文化財を一体的に保存活用する施策が強化されました（文化財保存活用地域計画）。今後，遺跡や遺物を文化資源として活用する動きは国策としても加速していくでしょう。このとき私たちは，歴史資産を消耗させることなく，正しく有効に活用する方法を確立し，実践していくことを肝に銘ずるべきでしょう。

考古学から環境問題へのアプローチ　なお，今後最も重視されなくてはならないジャンルとして，環境問題へのアプローチがあげられます。

2011 年に発生した東日本大震災では，大津波によって福島第一原子力発電所が被災しました。冷却用電源を失った原子炉が爆発して放射能汚染が拡大し，多数の住民が帰るべき故郷を失いました。じつは，これに匹敵する地震と大津波が平安時代の貞観 11（869）年に発生していたことが文献（『日本三代実録』）と地層堆積物から知られていましたが，その知見は原発の安全対策に反映されず，きわめて大きな反省材料となっています（なお，貞観津波に関する考古学的検証は東日本大震災後に本格化しています〔相原，2021 など〕）。

また近年，人類の二酸化炭素排出が引き起こした地球温暖化によって，自然環境・生態系の破壊が進行し，地球未来の危機が叫ばれています。これを回避するためには，環境負荷の少ないエネルギーシステムに転換し，緩やかな発展観を有した，現在とは異なる文明社会を形成しなくてはなりません。

こうした命題に対して考古学者ができることの 1 つは，過去に存在していた資源循環型社会や自然共生型社会の実像を，現代社会に向けて発信していくことだと考えられます。

また，生物学や地質学などとの協業で，遺跡や自然堆積物の中から過去に発生した環境変化の軌跡を見出し，そのことと文明の生成・衰亡との連動性を解明する複合的研究（たとえば安田，2000；中塚，2022）に期待が寄せられます。それによって，現在の人類活動の延長線上にある環境変化の未来予測を行い，危機を回避するための賢明かつ歴史的な手法を提言することが可能となるのです。

人類および地球生物の未来に対し，そうした果敢な行動を行う使命が，今考古学を学ぶ者，これから考古学を目指す者には強く課せられているのです。

第Ⅱ部　考古学からみた日本列島の人類史

日本列島の考古文化の編年対照表 ※

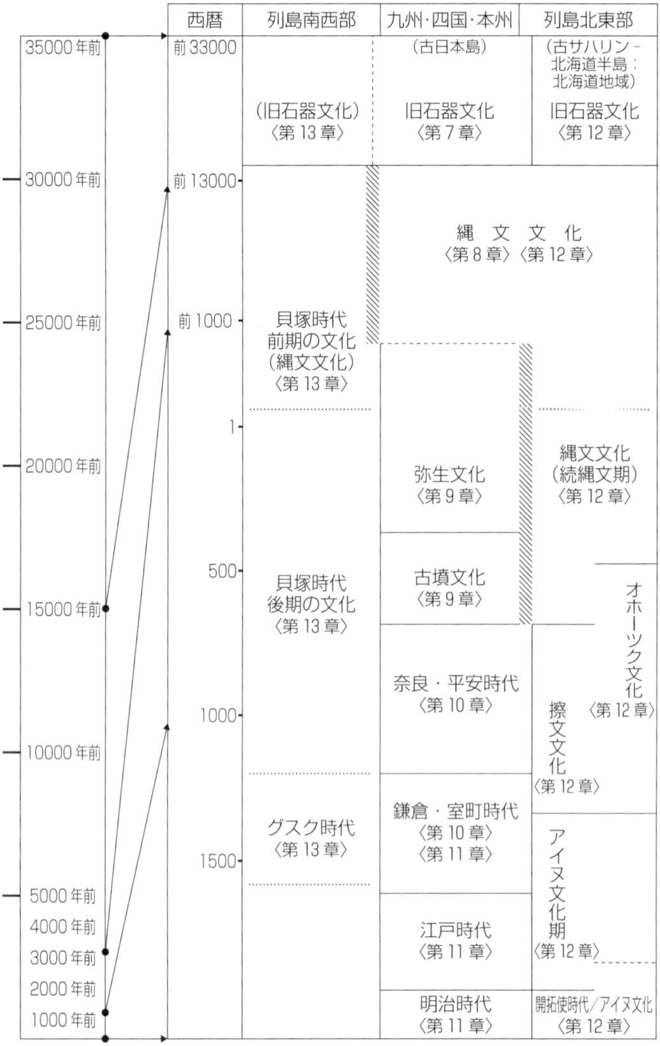

西暦	列島南西部	九州・四国・本州	列島北東部
前33000		（古日本島）	（古サハリン-北海道半島：北海道地域）
	（旧石器文化）〈第13章〉	旧石器文化〈第7章〉	旧石器文化〈第12章〉
前13000			
		縄 文 文 化〈第8章〉〈第12章〉	
前1000	貝塚時代前期の文化（縄文文化）〈第13章〉		
1			縄文文化（続縄文期）〈第12章〉
		弥生文化〈第9章〉	
500	貝塚時代後期の文化〈第13章〉	古墳文化〈第9章〉	
			オホーツク文化 〈第12章〉
1000		奈良・平安時代〈第10章〉	擦文文化〈第12章〉
	グスク時代〈第13章〉	鎌倉・室町時代〈第10章〉〈第11章〉	
1500			アイヌ文化期〈第12章〉
		江戸時代〈第11章〉	
		明治時代〈第11章〉	開拓使時代／アイヌ文化〈第12章〉

（左側年代目盛）
35000年前
30000年前
25000年前
20000年前
15000年前
10000年前
5000年前
4000年前
3000年前
2000年前
1000年前

※　各考古文化の年代の境目と地理的な境界とはおおよその目安です。一線では
　　表現しきれないところも多くありますが，微妙な点は本文と対照してください。
・　〈　〉内の章は第Ⅱ部の該当章です。

第7章 旧石器文化

埼玉県砂川遺跡で出土した個体別資料を接合することによって，
石器製作工程の復元にとどまらず，旧石器文化における移動生活の
実態が証明されました。

氷河期で海水面が低下していた後期旧石器文化の時期には，現在
の日本列島となる地は，ユーラシア大陸の東端から突き出した古サ
ハリン‐北海道半島と古日本島に分かれていて，それぞれに特徴的
な石器文化が展開しました。本章では，主に古日本島の後期旧石器
文化を紹介します。

古日本島の後期旧石器文化を際立たせている特徴は3つ。第1
の特徴は，新石器文化の定義である磨製の石器製作技術がすでに存
在している点です。第2の特徴は環状ブロック群です。石器や剥片，
石屑などが平面的にまとまって発見されるブロックが，数個から数
十個，環状に配され，その直径数十mにも及ぶものが環状ブロッ
ク群です。第3の特徴は落とし穴です。遊動を基本とする当時の
生活様式にとっては，大地に造り付けた構築物の存在は稀有です。

1 古日本島の旧石器文化

人類史と旧石器文化

本書では，日本列島で展開した最初の人類文化を旧石器文化として紹介します。年代的には約 3 万 5000 年前から約 1 万数千年前までです。考古学の時代区分では，「後期旧石器時代」にほぼ相当します。「旧石器時代」を前期・中期・後期に区分した際の最後の時期です。現在発見されている最古の石器はアフリカのウェスト・ゴナ遺跡（エチオピア）出土のものです。その年代は約 250 万年前。定義上，前期旧石器文化はそこから始まることになります。人類の登場，すなわち人類の祖先と類人猿のうち人類に最も近いチンパンジーなどの祖先とが進化の系統樹上で分岐した年代が，700 万〜650 万年前と考えられています。ですから，その時点から 250 万年前までの間は，考古学者が直接的な研究対象とすることができる人工物の存在は不明なままです。しかし，現在の考古学では，その学問上の目的を人類史の研究と定めているので，もちろんその間の研究にも取り組まなければなりません。かつて「骨歯角文化」（H. ブルイユや R. ダートによる）の名称が唱えられたこともありますが（寺田，1986），現在ではヒト化（ホミニゼーション）の過程として研究が進められています。

古日本島と古サハリン‐北海道半島

そもそも「旧石器時代」とは，先に第 3 章で紹介したように石器時代を新旧に区分した古典的な時代区分ですが，その区分原理には地質学的な基準も含まれており，その意味では汎地球的な基準となりうるものであり，地域的な限定が厳密に決められているものではありません。よって，「旧石器時代」といっただけでは地球上

のどこの地域のことを取り扱っているのかわからないので，地域を限定する用語，ここでは「日本列島の」，が必要になってきます。

　一方，「後期旧石器時代」は地質時代の第四紀更新世における最終の氷期（ヨーロッパ・アルプスの氷期名ではウルム氷期）の期間内にあたります。現在より気温は6〜8℃ほど低く，最寒冷期の約1万8000年前には現海水面よりも100m以上低下していました。水深130mを超える深さの津軽海峡は陸化しませんでしたが，水深の浅い宗谷海峡と間宮海峡は陸橋となって，北海道はユーラシア大陸東端に突き出た半島になっていました。ですから，先の「日本列島の旧石器文化」という言い方で北海道と本州以南とを同時に概説することは，きわめて今日的な視点だといわざるをえません。実際には，本州以南の島嶼部（ここでは古日本島と仮称します）と，ユーラシア大陸東端の半島の1つ（同様に古サハリン-北海道半島と仮称します）の先端部であった北海道とにおいて，それぞれに特色をもった内容で展開していました。ここでは本州以南，すなわち古日本島で展開した旧石器文化を主に取り扱います。

古日本島の後期旧石器文化

　古日本島の旧石器文化は後期旧石器文化に相当します。後期旧石器文化とは，石刃石器群によって特徴づけられる文化で，人類進化においては現生人類が残した文化にほぼ該当します。両者は厳密には一致するわけではありませんが，おおまかな対応関係は認められます。なお，石刃石器群とは，石刃剝離技術と呼ばれる特別な方法で打ち剝がした石のかけら（剝片），この笹の葉形の剝片を特に石刃といいますが，石刃を素材とした石器（主に利器）を主とする石器群のことです。

　薩南諸島までは古日本島の後期旧石器文化と同じ石器文化を確認できています。沖縄本島では後期旧石器文化の石器は発見されてい

ませんが，その時期の現生人類の化石人骨（港川人）が発見されています。古日本島の後期旧石器文化は3万5000年前ごろに始まり，約1万4000～1万2000年前ごろに終わり，次の縄文文化へと展開していきます。

2 時間の枠組み

石器群の編年

　約2万年余り続いた古日本島の後期旧石器文化は，関東地方の武蔵野台地と相模野台地の地層（ローム層）に包含された石器群の変遷を基礎にして編年されています。武蔵野台地では，立川ローム層が後期旧石器文化の石器包含層であり，第Ⅲ層から第Ⅹ層に分層されています（Ⅷ層は石器包含層ではなくて省かれます）（図7-1-a）。相模野台地ではさらに厚く立川ローム層が堆積しており，分層された各地層には特徴的な石器群が包含されています。この地域には古富士火山から噴出した火山灰が厚く堆積しており，好条件の堆積環境のもとに何枚にもわたる石器の包含層が累積して形成されました。

　しかし，古日本島のほかの地域では，どこでもこのような地層の堆積環境にあるわけではありません。そこで，地域ごとに特色ある石器群を，武蔵野台地や相模野台地で整備された後期旧石器文化の石器群の編年に型式学的に検討して対比させているのです。そして，そのような対比を確かなものとするために利用されるのが広域火山灰です。上空高くに吹き上げられた火山灰は，偏西風に流されて，噴出した火山の東側に広域にわたって分布します。これが広域火山灰です。九州の鹿児島湾北部の姶良カルデラを給源とする姶良丹沢火山灰（略称：AT火山灰）は古日本島に広く分布しています。火山

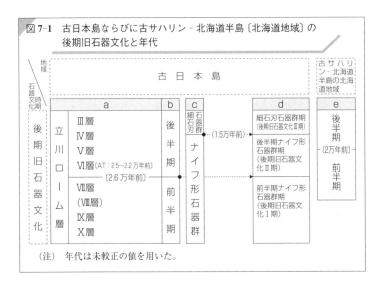

図7-1　古日本島ならびに古サハリン‐北海道半島〔北海道地域〕の
　　　　後期旧石器文化と年代

地域	古日本島				古サハリン‐北海道半島の北海道地域
石器文化時期	a	b	c	d	e
後期旧石器文化	立川ローム層　Ⅲ層　Ⅳ層　Ⅴ層　Ⅵ層(AT:2.5〜2.2万年前)　〔2.6万年前〕　Ⅶ層　(Ⅷ層)　Ⅸ層　Ⅹ層	後半期　前半期	細石刃石器群　ナイフ形石器群	(1.5万年前)　細石刃石器群期(後期旧石器文化Ⅲ期)　後半期ナイフ形石器群期(後期旧石器文化Ⅱ期)　前半期ナイフ形石器群期(後期旧石器文化Ⅰ期)	後半期　〔2万年前〕　前半期

（注）　年代は未較正の値を用いた。

灰の噴出年代は2万5000〜2万2000年前ごろで，立川ローム層の第Ⅵ層中に含まれます。詳細は後で紹介しますが，AT火山灰が降下する少し前の時期から石器群の様相が大きく変わるので，これが都合のいい時間的な指標となります。AT火山灰を目安としてそれを含む第Ⅵ層から上位の第Ⅲ層までを古日本島の後期旧石器文化の後半期，それよりも下層の第Ⅶ層から第Ⅹ層までを前半期として，時間的にも段階的にも2大別することが可能です（図7-1-b）。

後期旧石器文化の3時期・3段階区分

古日本島の後期旧石器文化は，ナイフ形石器群が盛行した古い時期と細石刃石器群が盛行した新しい時期とに分かれます（図7-1-c）。その境は年代的には1万5000年前ごろです。これは先のAT火山灰をおおよその目安とする前半期と後半期との時間的な区分（2万6000年前ごろ）とは一致しません。ナイフ形石器群は，刺突具・切削具の先端に取り付けるナイフのような形をした長さ5

cmほどの小型の石器（ナイフ形石器）を指標とする石器群です（図7-2-1～3）。その素材となる石刃を剝離する石刃技法は，後期旧石器文化を特徴づけるもので，ユーラシア大陸からアフリカ大陸にかけて広く分布していますが，ナイフ形石器に類似した石器は周辺の大陸では発見されていません。ナイフ形石器群が盛行した時期は，AT火山灰をおおよその目安とする前半期と後半期で，それぞれの様相を大きく異にします。そこで両基準を合わせて，前半期ナイフ形石器群期（後期旧石器文化Ⅰ期）・後半期ナイフ形石器群期（同Ⅱ期）・細石刃石器群期（同Ⅲ期）の3時期・3段階を用意して（図7-1-d），以下の話を進めます。

3 前半期ナイフ形石器群期

古日本島への人類の登場　前半期ナイフ形石器群期では初発的な石刃技法やナイフ形石器がすでに存在しているからこそ「ナイフ形石器群期」なのですが，この時期・段階を特徴づけるものはむしろ台形様石器であり，後述の局部磨製石斧です。不定形な剝片を素材として，刃先が柄に対して直交するような付き方をするのが台形様石器です（図7-2-4）。古日本島の全域にわたって類似した石器群が広がっています。古サハリン‐北海道半島の南半にも台形様石器を含む石器群の存在が確認されています。石器作りの素になる石を原石，原石に手を加えて形を整え剝片を打ち剝がしやすくした状態をブランク（石核原形），ブランクや原石から剝片を打ち剝がし始めた状態を石核といいます（図7-3-②）。剝片剝離のための入念な事前準備を施したブランクから笹の葉形の優美な縦長の剝片を連続して打ち剝がす石刃剝離技術は後半期になって盛行し

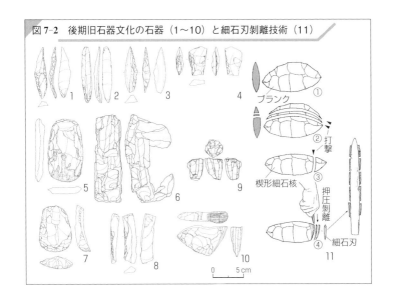

図7-2　後期旧石器文化の石器（1〜10）と細石刃剥離技術（11）

ブランク

②打撃

③

楔形細石核　押圧剥離

④　細石刃

11

0　5cm

ますが，前半期ではいまだ十分には発達していませんでした。

　ここで注目したいのは，石刃剥離技術が古日本島にどのように登場したかと関連して，古日本島への人類の進出の問題についてです。まず2つの考え方をとることができます。前半期ナイフ形石器群期の初期段階の不定形な剥片の剥離技術や初発的な石刃剥離技術によるところの石器群が，3万5000年前ごろの古日本島への新たな人類の進出とともに大陸からもたらされました。それはやがて後半期の石刃剥離技術へと発展していく，という考え方が1つ。この「新たな人類」とは，アフリカ単一起源説（*Column* ❽）が説くところの，アフリカを後発した現生人類ということになるでしょう。もう1つは，古日本島にはじつは中期旧石器文化の石器群が存在しており，それが後期旧石器文化の前半期ナイフ形石器群期の不定形な剥片の剥離技術に引き継がれて，そして初発的な石刃剥離技術へ，さらに

　アフリカでチンパンジーの祖先から分岐して誕生した人類の祖先（猿人）は，そこで原人へと進化し，100 万年ほど前にユーラシア大陸へと進出して，ヨーロッパや東アジアなどの各地で旧人，そして新人へと進化したという学説が長らく支持されていました。この考え方を多地域進化説と呼びます。1987 年，イギリスの科学雑誌『ネイチャー』に掲載された 1 篇の論文をきっかけに，新たにアフリカ単一起源説が登場します。アフリカにとどまった原人のグループは，そこで旧人へと進化し，さらに 20 万年ほど前に新人へと進化を遂げ，6 万年ほど前にユーラシア大陸へと進出して，各地で旧人に進化した先発の人類が絶滅する中で，入れ替わるように現生人類の唯一の祖先として展開したという新説です。この研究成果は現代人のミトコンドリアの DNA を調べて，その遺伝的変異の大小と発生頻度，系統関係を調べて得られました。ミトコンドリアは母系で遺伝するために，それを遡及すると理論的には「1 人の女性」にたどり着き，それが現生人類の始まりということになります。そこでニックネーム的な意味合いで，その「女性」を「ミトコンドリア・イヴ」，この新説をミトコンドリア・イヴ仮説と呼ぶことがあります。その後，遺伝人類学における DNA 分析の精度のさらなる高まりや，アフリカで発見された古いホモ・サピエンス化石の年代が新たに開発された理化学的な年代測定法によって十数万年前にさかのぼることが明らかになり，さらに新人段階を特徴づける石器の製作技術や象徴的器物がアフリカにおいて 10 万年前にさかのぼるほどの古い年代にすでに出現していたことが考古学の発掘調査で確認されることによって，アフリカ単一起源説が事実としての確証を高めてきました。

　「ミトコンドリア・イヴ」の呼び方もそうですが，人類史におけるアフリカからユーラシア大陸へと人類が拡散したことを『旧約聖書』になぞらえて「出アフリカ」などと表現することがあります。地質年代としての「更新世」は，かつて正式名称として「洪積世」（Diluvium）と呼ばれていました。これはキリスト教的歴史観に基づき『旧約聖書』の「ノアの方舟」の大洪水と関連づけられて命名されたものです。現代では，より中立的な立場から「更新世」（Pleistocene）という名称が用いられています。同様に「（西暦）紀元前・紀元後」を表す BC（Before

Christ)・AD（Anno Domini）もキリスト教に基づく表現であることから，BCE（Before Common Era：共通紀元前），CE（Common Era：共通紀元）などが使用される機会が多くなりました。愛称的な意味合いがあるとしても「ミトコンドリア・イヴ」や「出アフリカ」の呼び方も学史上の一コマとなることでしょう。

後半期の石刃剝離技術へと発達したという考え方です。8万年前にさかのぼる可能性が示されている金取遺跡（岩手県宮守村）の石器群などが，その検討対象となってきます。

　さらに，上記の2つの仮説を合わせた考え方も可能です。古日本島の後期旧石器文化の初期段階には不定形な剝片の剝離技術と初発的な石刃剝離技術とが存在するわけですが，前者による石器群は古日本島に存在した中期旧石器文化の石器群を引き継ぐものであり，一方，初発的な石刃剝離技術は3万5000年前ごろに古日本島への現生人類の進出によって大陸からもたらされ，それが後半期の石刃剝離技術へと発展したという道筋です。いずれにしろ，人類誕生の揺籃の地アフリカ大陸を遠く離れた古日本島にあっても，その旧石器文化の研究は，人類の起源や進化の問題とも密接に関連しているのです。

| 局部磨製石斧 |

　19世紀の前半にC.トムセンによって提示された三時代法の「石器時代」は，19世紀後半にはJ.ラボックによって「旧石器時代」と「新石器時代」とに細分されました（第3章参照）。地質学的な基準によって「旧石器時代」は現世には絶滅してしまった動物が生存していた時代として，また技術史的な基準によって「新石器時代」は石器を磨いて製作する技術（磨製石器）が登場した時代として定義されました。

　古日本島での後期旧石器文化の調査と研究は，この点に関して重

大な異議申し立てをすることになります。すなわち，2万6000年前以前の古日本島の前半期ナイフ形石器群期には，石器製作における磨製の技術が存在していたのです。局部磨製石斧です（図7-2-5）。同じ現象がオーストラリア大陸の後期旧石器文化においても確認されています。磨製石斧が盛行するのはなんといっても，従来「新石器時代」に比定されることの多かった縄文文化においてです。縄文文化の磨製の技術は，素材となる石材の表面を何度も軽く敲いて凹凸を潰す敲打技術によって全体的な形状を整えて，その後に表面を研磨して仕上げる効率的な方法です。

　それに対して，前半期ナイフ形石器群期の局部磨製石斧は，打ち欠いて作り出した刃先を直接研磨したものです。敲打技術が介在していないのが特徴です。よって，研磨できる範囲もおのずと限定され，「局部磨製」となります。縄文文化の磨製石斧はおしなべて，後氷期の温暖化に伴って回復した森林環境へ適応するための，樹木の伐採具であったと評価されます。一方，前半期ナイフ形石器群期の局部磨製石斧の機能・用途については，2つの対立する説が提示されています。その1つは，縄文文化のそれと同様に樹木伐採用とする説です。もう1つは，ナウマンゾウなどの大型哺乳動物の解体作業のための切断用とする説です。

| 遊動生活の証明 |
後期旧石器文化における基本的な生活のあり方は，居住地を比較的頻繁に移動させる遊動生活です。「狩猟採集民だから遊動生活であろう」といった想定ではなくて，遊動の実態が1970年代前半までに砂川遺跡（埼玉県所沢市）の調査・研究で実証されました。古日本島の後期旧石器文化の遺跡を発掘すると，普通，多数の石器類（石器や剝片，石器を製作する際に生じた石屑など）が1〜数mほどの広がりとなって発見されます。これをブロックといい，1遺跡は数個のブロックの集まり

から成っています（図7-3-①）。1つの石（原石）が割られて石器が作られる際に生じた石屑や剥片，そしてできあがった石器や，石核，その残りかす（残核）などのすべてを個体別資料と呼びます（図7-2-⑥）。1つのブロックはいくつかの個体別資料から構成されています。原理的には個体別資料をすべて接合すれば1つの原石に復元されるはずですが，実際には個体別資料ごとにところどころがなかったり，石器だけだったり，石屑と剥片だけだったりします。つまり，そのブロックに存在していない個体別資料の部分は，併存するほかのブロックやほかの遺跡に存在しているはずです。このような検討を積み重ね，その結果をつなぎ合わせることによって，《いく種類かの石材の石器（図7-3-③a）や石核（同b），剥片（同c），原石（同d）を携えた集団が，「ある場所」にやってきて，そこで滞在している間に，持ち込んだ原石や石核から剥片を剥がし，また剥片からは石器を製作し，あるいは石器の手入れをした。やがて，不要となったものはその場に放置・廃棄し（同e），必要なものを携えて（同f），再びその場所を去って行った》，という過程が復元されました。この「ある場所」こそが，考古学者がブロックとして認識したものです。

環状ブロック群

このようにして証明された後期旧石器文化における遊動生活を送る集団の規模は2〜3世帯ほどの小さな規模のものでした。しかし，1980年代前半の下触牛伏遺跡（群馬県）の発掘調査によって，その認識は改まります。この遺跡が属する前半期ナイフ形石器群期の古日本島には，そのようなブロックが数個から数十個，環状に配され，その規模は直径数十mにも及ぶ環状ブロック群と呼ばれるものが存在することが明らかになりました（図7-4・上）。縄文文化の環状集落遺跡（第8章）に匹敵する規模です。しかも，先の個体別資料の接合関係の検討によ

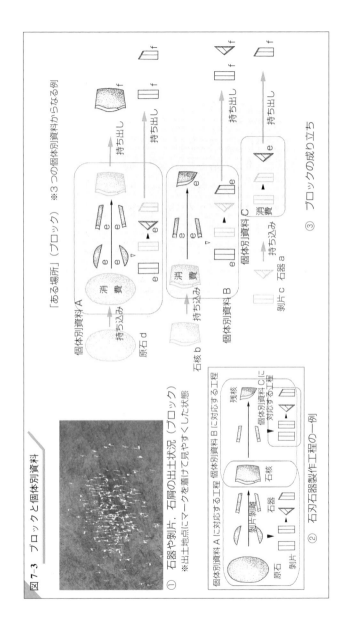

図7-3　ブロックと個体別資料

① 石器や剥片、石屑の出土状況（ブロック）
※出土地点にマークを着けて見やすくした状態

② 石刃石器製作工程の一例

個体別資料Aに対応する工程　個体別資料Bに対応する工程

原石　剥片剥離　石器

剥片　剥片　石核

個体別資料Cに
対応する工程

残核

「ある場所」（ブロック）　※3つの個体別資料からなる例

個体別資料A

持ち込み　消費　持ち出し　f

原石d

個体別資料B

石核b　持ち込み　消費　持ち出し　f

個体別資料C

剥片c　石器a　持ち込み　消費　持ち出し　f

③ ブロックの成り立ち

って，それらの複数のブロックの多くが，同時存在していたことも
わかってきました。

　ここで注意しなければならないのは，環状ブロック群には，しば
しば前出の局部磨製石斧（図7-4・上ⓐ・ⓑ）が伴っている点です。
また，両者の動静も密接に関連していて，存在するのは前半期ナイ
フ形石器群期の段階だけで，後半期には姿を消してしまいます。こ
のことから，《ナウマンゾウやオオツノジカのような大型哺乳動物
を共同で狩猟するために，多くの世帯集団が結集したキャンプ村》，
あるいは一歩踏み込んで《仕留めた大型哺乳動物を取り囲むように
していくつかの世帯集団が占拠して，しばらくの間，獲物の解体と
分配，消費を行った結果，個々のブロックが形成されて，全体とし
て環状ブロック群が形成された》，と考えるのならば，局部磨製石
斧の機能・用途は大型哺乳動物の解体用具説に軍配が上がりそうで
す。しかし，これに反する仮説を立てるのに有利な資料も存在しま
す。落とし穴です。

<figure>落とし穴</figure> 古日本島の後期旧石器文化の落とし穴は，
初音ケ原遺跡群（静岡県三島市）の発掘調査
で最初に発見されて以降，静岡県域の箱根山から愛鷹山にかけての
山麓地域を中心として十数遺跡でその存在が確認されています（鈴
木，2001）。古日本島内ではこのような落とし穴が発見される地域が，
多くはありませんがいくつか確認されています。落とし穴猟は縄文
文化において盛んに行われた狩猟方法の1つです。穴を掘るための
専用の道具（打製石斧）があったこともわかっています。後期旧石
器文化ではそのような石器は発見されていないので，先端を尖らせ
た掘り棒などを想定する以外にありません。古日本島以外の地域の
旧石器文化においては落とし穴の存在は確認されていません。落と
し穴のような痕跡が断層などによって生じることもあるので，その

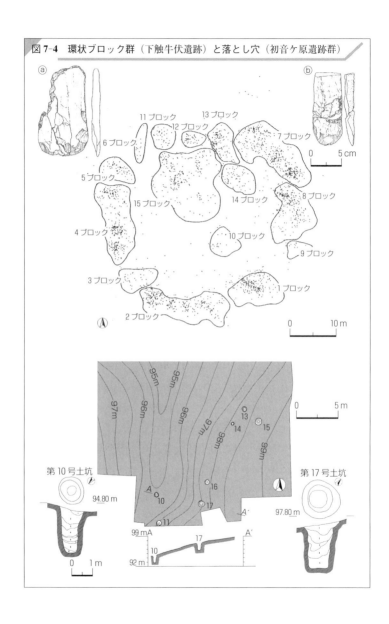

図7-4 環状ブロック群（下触牛伏遺跡）と落とし穴（初音ケ原遺跡群）

判定は慎重に行わなければなりませんが、今後の発見例の増加を期待したいところです。

　これまでに確認された落とし穴の多くは、掘り方が広口の円筒状を呈して、その規模は直径・深さともに1〜2mほどのものです（図7-4・下）。静岡県域での発見例は前半期ナイフ形石器群期に属し、それ以外の地域では後半期ナイフ形石器群期以降のものです。そこで問題となるのは落とし穴猟の獲物が何であったかです。その規模を考慮するならば、大型哺乳動物の可能性もありますが、当時の人たちが手にした最強の狩猟具が5cm前後のナイフ形石器を槍先とする程度の刺突具であったことと考え合わせるならば、むしろ中型のイノシシやシカの可能性が高いのではないでしょうか。多くの落とし穴が発見される地域では、槍猟と落とし穴猟とを組み合わせて中型哺乳動物をねらった狩猟方法のほうがむしろ盛んではなかったのかと思われてきます。

　環状ブロック群と局部磨製石斧の存在は前半期ナイフ形石器群期を特徴づけるだけでなく、落とし穴とともに古日本島の後期旧石器文化そのものを強く印象づけ、人類史における多様な後期旧石器文化の実態を示唆してくれます。

4　後半期ナイフ形石器群期と細石刃石器群期

地域内周回型の遊動生活

　後半期ナイフ形石器群期になると、刺突具・切削具の刃先であるナイフ形石器は全体に小型化の傾向を徐々に強めていきます。一方、環状ブロック群はみられなくなりますが、関東地方の武蔵野台地や相模野台地では、台地を開析する小河川の流域に遺跡群が形成されるようになります。

これは2〜3世帯ほどで遊動生活を営む集団が，一定の地域内で居住地を移動する傾向を強めたことを示していると思われます。地域内周回型の遊動生活です（図7-5-(b)）。また，東北地方には東山型（あるいは杉久保型）（図7-2-2），関東・中部地方では茂呂型（図7-2-1），瀬戸内沿岸地域では国府型（図7-2-3），九州地方では茂呂型といった特徴的なナイフ形石器が製作されるようになり，地域色が顕在化します。このような現象も，小規模な集団の生活の舞台が特定の地域との結びつきを強めてきたことの反映であると考えられます。ここに部族といったようなまとまりをもった集団の存在を想定する必要はなく，地域社会の様相が強まってきたと理解していいでしょう。

広域移動型の遊動生活

ナイフ形石器や掻器（図7-2-7），削器（図7-2-8）などの鋭利な利器の素材となる石材は，黒曜石やサヌカイトのようにその産出地が限定されているものと，珪質頁岩やチャートのように比較的広く分布しているものとがあります。地域社会の様相が強くなった後半期ナイフ形石器群期では，黒曜石などの限定された産出地一帯も，すでに特定の地域社会の中に組み込まれ始めていた可能性が高い。よって，限定された産出地から遠く離れたところの地域社会に属する小規模集団が遠隔地石材を得るためには，産出地周辺に形成された地域社会に属する小規模集団と交渉する必要があったのではないでしょうか。

これに対して，地域社会が未成熟な前半期ナイフ形石器群期では，限定された産出地と固定的に結びついた集団は出現していなかった。だから，各々の小規模集団は遠隔地の石材を直接調達するために，狩猟や採集を中心とした遊動生活を繰り返しながら，遠隔地石材の産出地をコースに取り込んだ広域な移動を行っていた。広域移動型の遊動生活です（図7-5-(a)）。そのような広域な移動を安全に持続するために，複数の小規模集団が時に結集して，ある場合には有益な

図7-5　居住様式の変遷：遊動から定住化へ

（a）後期旧石器文化Ⅰ期　広域移動型の遊動生活

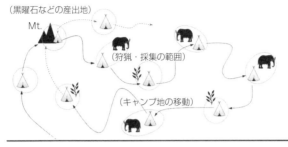

（黒曜石などの産出地）
Mt.
（狩猟・採集の範囲）
（キャンプ地の移動）

（b）後期旧石器文化Ⅱ期　地域内周回型の遊動生活

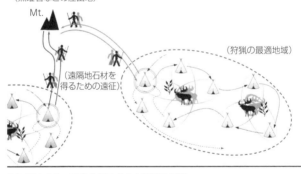

（黒曜石などの産出地）
Mt.
（狩猟の最適地域）
（遠隔地石材を得るための遠征）

（c）縄文文化：定住集落の成立と流通の発達

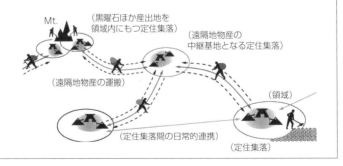

Mt.
（黒曜石ほか産出地を領域内にもつ定住集落）
（遠隔地物産の中継基地となる定住集落）
（遠隔地物産の運搬）
（領域）
（定住集落間の日常的連携）
（定住集落）

情報や必要な生活物資などを交換して，またあるときは共同で大型哺乳動物の狩猟を行ったような，拠点的結集地としての機能を果たした場所として，環状ブロック群を評価できるのではないでしょうか。

細石刃石器群期

後半期ナイフ形石器群期におけるナイフ形石器の小型化は，やがて細石刃へとたどりつきます。細石刃とは，打撃によらない押圧剥離技術（図7-2-11参照）といった特別な技術を駆使して石核（細石核といいます）から剥離した，「剃刀の刃のような」と形容されることがあるほどの薄く小さな石刃のことです。通常の石刃の10分の1ほどの大きさしかありません。しかし，このような一連の変化傾向は単に狩猟具が小型化したことを意味しません。むしろ，小さくなったナイフ形石器をいくつか組み合わせて棒軸に装着することで，大きな刃先の槍先に仕上げたものと思われます。その最たるものが細石刃で，強力な大型の槍や刃物の替え刃として用いられました。

　古日本島で最初に広がる細石刃石器群は，中部・関東地方を中心として盛行した野岳・休場型（図7-2-9）と呼ばれる円錐形あるいは角柱形の細石核を伴う石器群です。その出現の経緯は，ナイフ形石器の小型化すなわちその素材となる石刃を剥離する石核の小型化の結果なのでしょうか。あるいは，新たに大陸側（中国・華北地域方面など）からもたらされたものなのでしょうか。

　古サハリン‐北海道半島の南半，北海道地域においては，古日本島の細石刃石器群の登場よりもずっと早く，約2万年前をさかのぼる古さの削片系と一括して呼ばれる楔形の細石核を伴う細石刃石器群が登場しています。やがて，湧別技法（図7-2-11）といった特徴的な細石刃剥離技術による楔形細石核（図7-2-10）を伴う細石刃石器群が，北海道地域から古日本島に分布圏を拡大しますが，これについては土器出現の問題とともに第8章で再論します。

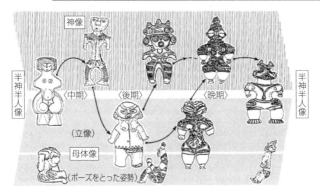

縄文文化を特徴づける代表的な遺物である土偶造形。草創期から晩期まで作られますが，それらを一括して同一形式の「土偶」として把握するのははたして妥当でしょうか。中期以降は四肢の表現が明瞭になります。抽象化・強調された非人間的な表現をもった土偶造形（上段）と人間的な表現の土偶造形（下段上）とが，時期的に交互に作られる傾向があり，前者を「神像」，後者を「母体像」と理解することが可能でしょう。母体像が出現する時期には，ポーズをとった姿態の土偶造形も作られています（下段下：後・晩期のものは「屈折像土偶」と呼称されています）。

　　氷河期の終わりから後氷期の始まりにかけての自然環境の多様で劇的な変動に対して，人類は地球上の各地でユニークな適応活動を展開します。複雑な海岸線や，急流の河川と緑豊かな森林とを擁した起伏に富んだ山地帯を舞台とした，ユーラシア大陸の東縁の島嶼部の狩猟漁撈採集民の文化，それが縄文文化です。人類が食糧生産を開始したのが新石器文化です。縄文では穀物を対象とした農耕は普及しませんが，森林樹木の木の実類の栽培が行われます。これを新石器文化における食糧生産の多様性として評価するのか，あるいは新石器文化の定義のほうを変えることで縄文を評価しようとするのか。精度のより高い理化学的な年代測定法の導入によって従来の年代観が動揺する縄文文化研究，その実態解明への試みを紹介します。

1 時間の枠組み

時期区分

縄文文化は縄文土器の研究に基づいた型式編年によって，6期に時期区分（大別）されています。旧い順に草創期・早期・前期・中期・後期・晩期です。この大別時期区分は時間的な区分であり，原理的には縄文土器全体に対して同時性を示すものでなくてはなりません。たとえば，前期の始まりはどの地域でも時間的に同時であり，また後期の終わりも同様です。

これに絶対年代を与えたものが図8-1です。a欄は従来の放射性炭素年代測定法（略称¹⁴C法）によるものです。b欄は改良された新たな放射性炭素年代測定法（加速器質量分析法：略称AMS法）の値を暦年代に較正した年代値です（第3章参照）。理化学的な測定年代で明らかにできる年代値は個々の資料の年代値です。それらの値を年代ごとに並べただけでは，それは測定資料の離散的な分布，すなわちバラバラな集合にすぎません。まずは土器型式編年という相対（的）年代を整えて，それに絶対（的）年代を与える手順をとることが必要です。

土器型式

同じ文様や共通する特徴を備えた形の一群の土器が，一定の地理的な範囲内にある複数の遺跡において，一定の期間作り続けられたとします。このような一群の土器を土器型式として把握します。先述の前期や中期といった縄文文化の各時期内には，時間的に継起したいくつかの土器型式が含まれています。また，土器型式の地理的な広がりを土器型式圏と呼ぶならば，縄文文化各時期内の同一の時間帯には，いくつか

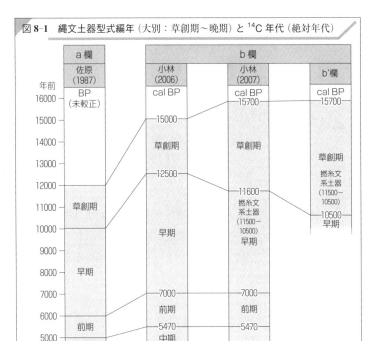

図8-1 縄文土器型式編年（大別：草創期〜晩期）と ^{14}C 年代（絶対年代）

（注） b'欄について：縄文土器型式編年の大別において，撚糸文土器を草創期の
　　最終末に位置づける説と，早期の初頭にする説とがある。b'欄は前者の説を小
　　林（2007）の年代値を用いて表示したものである。

cal：放射性炭素（^{14}C）年代測定法により得られた年代値を暦年代に較正したこ
　　とを表す。cal は calibrated（較正した）の略号。

BP：1950 年を起点として何年前にさかのぼるかを示す。BP は Before Present も
　　しくは Before Physics の略号。

BC：西暦紀元前を表す（Before Christ の略号）。（第 7 章 *Column* ❽参照）

の土器型式圏が並存しています。つまり，土器型式は，前期や中期などの「時期」よりも短い時間的な長さと，地理的な広がりとを同時に示す単位なのです（第4章の2参照）。

2　縄文文化の広がり

始まりの年代について　古日本島の旧石器文化に続いて，後氷期（こうひょうき）の海面上昇に伴って出現した日本列島を中心として展開した考古文化が縄文文化です。その始まりのころはまだ気候が寒冷でしたが，全般的には後氷期の温暖な気候の中で展開した文化です。現在，縄文文化の始まりを縄文土器の出現をもって画する定義が多く支持されています。1960年代以降，「隆起線文土器（りゅうきせんもんどき）」がその位置を占め，年代的には最終氷期の終わりである晩氷期（ばんひょうき）にあたる約1万2000年前と考えられてきました。それは，旧来の^{14}C法による年代値です。1999年に大平山元Ⅰ遺跡（おおだいやまもと）（青森県）で発掘された「縄文土器」は，AMS法によって測定され，約1万3800年前という年代値が得られました。さらにその値を暦年較正（れきねんこうせい）すると約1万6500年前までさかのぼる可能性が出てきました。現時点で「最古」となった縄文土器は，目立った文様もないいわゆる「無文土器（むもんどき）」ですが，なぜそれが「縄文土器」であるといえるのかというと，日本の「青森県」で発見されたからなのです。仮に，同じ土器が朝鮮半島やサハリン島で発見されたとしても，縄文土器と判断されることはなかったでしょう。このように，現在では日本あるいは日本列島といった広がりを前提として，縄文土器および縄文文化の存在が認識され，定義されています。

明治から大正，さらに昭和の初期にかけてのころは，「縄文時代」という用語はありませんでした。エドワード・S・モース（1838-1925）の大森貝塚（東京都）発掘によってその存在が覚醒された日本の「石器時代」は，当時，日本石器時代という言い方でした。大日本帝国の版図を前提とした認識です。その状況を最もよく物語っているものが，坪井正五郎による日本石器時代の遺跡分布図です（図 8-2，坪井，1895・96）。この地図は「コロボックル風俗考」（*Column* ❾）に付された挿絵の 1 枚です。遺跡を示すドットはかなり感覚的なものですが，それがかえって当時の日本石器時代の広がりに対する理解の程度を如実にあらわしています。このような広がりをもった「日本石器時代」が，やがて「縄文時代」になります。

氷期の終わりのころに，削片系細石刃石器群の分布がロシア極東地域から古サハリン - 北海道半島を経て古日本島へと広がります（第 7 章参照）。やがて，その広がりの中で最初の土器が出現します（図 8-3-1）。石斧も出現します（図 8-3-4）。また，棒軸に細石刃を埋め込んだ槍先は大形の 石 槍（尖頭器）（図 8-3-3）へと変容します。これらの技術革新がすべて生じた地域もあれば，そのいくつかが，多少の変異を伴ってあらわれた地域もあります。古日本島では，石斧の刃先が丸鑿形に研摩で仕上げられます（神子柴型石斧）。このような特徴に着目し，かつ「日本列島」という広がりを先験的に認めることによって，神子柴文化（神子柴石器群）（図 8-3-b）という理解が成立します（前出の大平山元 I 遺跡の「無文土器」はこの神子柴文化に属するものです）。

一方，極東地域側ではオシポフカ文化（図 8-3-a）として把握されています。このような理解の結果，神子柴石器群は「極東起源説」

図8-2 日本石器時代の「版図」

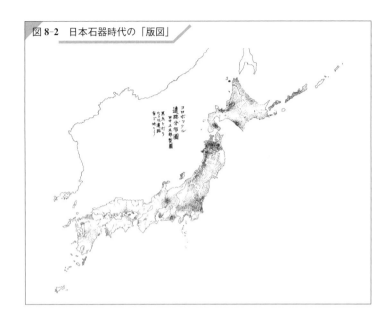

コロボックル
遺跡分布圖
黒木者取り
ただ遺跡
有し處も

Column ⑨　坪井正五郎著「コロボックル風俗考」

　明治初年，いわゆる御雇外国人教師であったモースは大森貝塚の発掘（1877 年）とダーウィンの進化論の紹介によって，日本にも石器時代があったことを明らかにします。石器時代人はアイヌの祖先か，それ以前に住んでいた人なのかをめぐって論争が起きます。後説を主張する坪井正五郎は，1895 年から翌年にかけて 10 回にわたり雑誌『風俗画報』誌上に，アイヌの伝承に登場する小人族「コロボックル」の名に仮託して，石器時代人の生活を縦横に論じます。その題名が「コロボックル風俗考」なので，アイヌ説との論争は「コロボックル論争」と呼ばれています。現在，「風俗考」に対して「実証的ではない」とか「風俗論にすぎない」といった厳しい批判もあります。しかし，大森貝塚の発掘から 20 年も経ないのに，論述されたその内容の深さと着眼点の新鮮さには驚嘆させられます。縄文文化の最初の概説書といえるでしょう。

図8-3　オシポフカ＝神子柴シンドローム

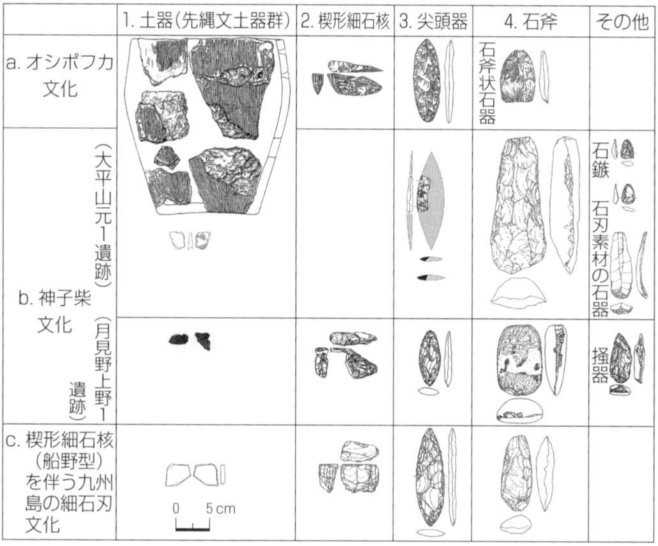

	1. 土器（先縄文土器群）	2. 楔形細石核	3. 尖頭器	4. 石斧	その他
a. オシポフカ文化				石斧状石器	
b. 神子柴文化（大平山元1遺跡）（月見野上野1遺跡）					石鏃　石刃素材の石器　掻器
c. 楔形細石核（船野型）を伴う九州島の細石刃文化	0　　5cm				

が有力となりますが，その伝播ルートにあたる北海道で未発見なこともあり，「古日本島自生説」の可能性も残されていて，多くの研究者は慎重な態度です。しかし，「日本列島」対「日本列島外」といった空間的図式ではなく，これらの特徴的な土器・石器群の広がりを1つの考古文化としてとらえるならば，「極東起源説」対「古日本島自生説」といった問題設定も必要なくなります。そうなると，最古の縄文土器とされていた神子柴文化の土器の分布は「日本列島」にとどまることなく極東地域にまで広がることになります。それでは縄文土器の起源を説明するのに不都合がある，というのならば，あえてその土器を縄文土器とする必要もないのです。

　一方，これとほぼ同じ時期に九州地域には非削片系の楔形細石核

（船野型）を伴う細石刃石器群（図8-3-c）が存在していました。これにも局部磨製石斧や大形の尖頭器，さらに無文や小さな粘土紐を貼付した文様の土器が伴います。当然，神子柴文化との接触とそこからの文化要素の伝播も考えられますが，これらの起源地をどこかに求めるのではなくて，極東地域から古日本島のほぼ全域にわたってこれらが出現してくる現象をとらえてオシポフカ＝神子柴シンドローム（徴候群）として理解すべきです（図8-3）。そしてそこに登場した多様な土器群を，やや手前味噌の言い方ですが先縄文土器群として把握することを提案します。

　次の段階に，小さく波打つような粘土紐を，口縁部に平行するように数条貼付して文様を表現する土器が，古日本島の各地で作り始められます。隆起線文（あるいは隆線文）土器（図8-4-1）です。先行する多様な先縄文土器群の中のどれとの関連が強いのかは不明な点も多く，むしろ系統においては多元的であると思います。隆起線文土器に伴う石器群は，神子柴石器群の様相を強く引き継いでいます。ただし，小形利器の多くは石刃素材ではなくて不定形剥片を多用している点に，さらに石斧や石鏃を含んだその石器組成に，次代の様相を読み取れます。隆起線文土器は，空間的な広がりをもった土器型式圏の様相があらわれてくる点や，時間的に並存する期間をもちながらも爪形文土器（図8-4-2），多縄文土器（図8-4-3）へと系統的に変化することがはっきりしている点などを根拠として，これをもって縄文土器の始まりとする見解もあります（林，1993）。

　この時期，晩氷期から後氷期にかけての温暖化のさなかにあって，海面は急速に上昇しています。宗谷海峡で古サハリン‐北海道半島から北海道島も切り離されて，オシポフカ＝神子柴シンドロームにも地域的な偏向が強まってきます。やがて縄文文化が展開する主要な地理的な範囲となる「超越的地域としての日本列島」（後述）が

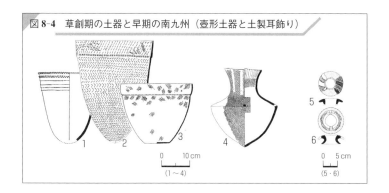

図 8-4　草創期の土器と早期の南九州（壺形土器と土製耳飾り）

0　　10 cm
(1〜4)

0　　5 cm
(5・6)

顕在化してきます。

南九州問題

緯度の低い南九州は氷期にあっても平地で
は照葉樹林が繁茂し，沖合の種子島は最寒
冷期には古日本島とつながっていました。この地域の遺跡からは植
物質食料を調理・加工したと想定される磨石(すりいし)や凹石(くぼみいし)を含む石器群
が発見されています。このような様相を引き継いで，縄文草創期か
ら竪穴住居址(たてあなじゅうきょし)や貯蔵穴などを伴った定住性の高さを反映した集落
が登場します。

　縄文早期の後半になると壺形土器（図 8-4-4）や土製耳飾り（図 8-
4-5・6）が出現します。従来の研究では，縄文文化後期以降に盛行
すると考えられていた遺物です。しかし，その伝統は広域火山灰で
あるアカホヤ火山灰を降灰させた，屋久島の北側にある海底火山，
鬼界(きかい)カルデラの大噴火を前後する時期を境として途絶えてしまいま
す。このような南九州の草創期から早期にかけての様相を，従来の
縄文文化観で説明できるか否かは慎重に議論しなければなりません。

終わりの年代について

縄文文化の終わりの年代観は，これまで約
2300〜2400 年前と考えられてきましたが，
それは考古学の伝統的な年代法である交差(こうさ)年代決定法によって，古

代中国で使用されていた暦年代と対比することによって得られた年代値です。しかし，前出の AMS 法による測定値とその暦年較正とによって得られた新たな年代値は，それよりも約 500 年さかのぼるものであり，多くの議論を呼んでいます（第 9 章）。

3 縄文文化の定義

呪術的社会像と生業史観

1930 年代，禰津正志は縄文文化の特徴として低い生産性を指摘しました。1950 年代，藤間生太は縄文文化，とくに晩期「東北亀ヶ岡式文化」の停滞的な性格を論じました。これらを受けて 1960 年代には，坪井清足が縄文文化像／観を《生産力の限界→停滞性→呪術の支配した社会》として定式化します。1970 年代，岡本勇は縄文晩期の停滞的な性格にいたるまでの過程を，生産力の発達を評価点として成立—発展—成熟—終末といった 4 段階／時期に整理します。

このような理解の仕方は，マルクスの著名な『経済学批判』「序文」に示された経済的な下部構造（物質的生活の生産様式）が上部構造である精神的生活を制約するといった理論を前提とするものです。これはある意味では，食料生産を生活の第一義とする，すなわち「食足りて云々」といった生業史観でもあります。同時に，日本においてもよく紹介されるイギリスの考古学者 C. ホークスの「4 つの推論のハシゴ」（考古学的にアプローチ可能なのは最下段の物理的な技術の解明であり，よくて 2 段目の生業—経済までであり，3 段目の社会／政治制度はほとんど困難，最上段の宗教制度と精神生活は言うに及ばない。Hawkes, 1954）という理解ともよく合致します（*Column* ⓾）。ここに，呪術的社会像＝唯物史観＝生業史観＝即物的技術論といった，縄文

発見数はそれほど多くはないが縄文晩期には列島北東域で粘土焼成の仮面（土面）が盛行します。そのうちの一群は鼻梁を曲げた「鼻曲がり土面」で，東北北部に分布が集中します（右図の●）。その仮面を着けたシャーマン的な人物が酩酊や滑稽，驚愕などの状態をパフォーマンスで表現したので

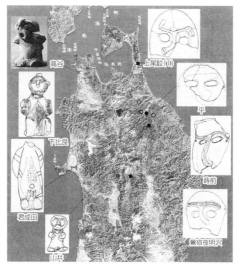

はないかなどと異論併記のまま論じられてきました。一方，異様な顔面表現をして，後ろ手を組み，座して，股間に突起物が付く縄文晩期の土偶造形がほぼ同じ分布域（重複分布状態）で発見されています（上図の○：第4章3参照）。その特徴的な造形から座って出産をする「座産」を表現したものと判断できます（後ろ手出産土偶）。異様な顔面表現には鼻梁を曲げたものがあります（山井例）。このことから後ろ手出産土偶は「難産」を表現したもので，鼻曲がり土面を着けたパフォーマンスはそのような難産＝危機の回避儀礼であった可能性が推論できました。

　ホークスは考古学の4段の推論のハシゴを示し，宗教・精神生活にアプローチする困難さを指摘しました。だからといって土偶造形を分析して，たとえば「その数量的な増加は地域社会の経済的安定を示している」などと生業に関するような解釈にとどまっているだけではあまり意味がありません。「切る」や「煮沸」といった物理的な機能とは直接的な関係がない土偶造形のような象徴的器物を分析対象とするのならば，その困難さを自覚しながらも当事者の精神生活にアプローチするための分析方法を考案・実践するべきです。遮光器土偶や屈折像土偶といった

既存の認識の枠組みにとどまることなく，「後ろ手出産土偶」といった
より適切な範疇（カテゴリー）を見つけ出すこともその第一歩です
（*Column* ❷）。

文化像／観と方法論とが一環となった縄文文化研究の構図ができあ
がります。

高級狩猟民説と中緯度
森林定住民説

1932・33 年に『日本遠古之文化（にほんえんこのぶんか）』を著した
山内清男（やまのうちすがお）（1902-1970）は，弥生文化を
「農耕の一般化した期間である」と性格づ
ける一方で，縄文文化については「生活手段は狩猟漁獲，又は植物
性食料の採集」と述べ，ヨーロッパと比べて農業の欠落，墓制の未
発達な点が特徴であるが，「新石器時代」に比すべきものとしまし
た。1960 年代後半，山内は晩年に，縄文文化の類例を北米のカリ
フォルニア・インディアンの民族誌に求め，豊かな環境において木
の実（ドングリ，トチの実，クリ，クルミなどの堅果類）や河川を遡上
するサケ・マス類などの特定の食料を採集・捕獲する狩猟採集民と
みなして，「高級狩集民」の文化であると評価しました（山内，1969）。
　これに対して西田正規（にしだまさき）は，縄文文化をことさらに例外視するこ
となく「中緯度森林の定住民」の常態と理解する立場をとります。そ
の特徴は，食料資源を特定の種類に限定することなく多種類の資源
を開発・活用することによって，特定資源の不作や不猟（漁）の際
の危険性を回避する仕組みをもった，「『タコ足的』な生業活動」
（西田，1981）と呼びうるものであると論じられます。

「森林性新石器文化」説

氷期が終わって，その後の期間という意味
で「後氷期」と呼ばれる，今日の温暖な気
候につながる時代が到来します。何度かの揺れ戻しを経ながらも気
温は上昇し，最温暖期に達するまでの間，極地やその周辺大陸，高

山などの氷河が溶け出して，地球規模での海水面の上昇が起こる一方で，厚く覆いかぶさった氷床の重しがなくなった地域では地殻が浮上して，海面よりも陸地のほうが相対的に上昇したり，氷河から分離した巨大な氷塊が海水に溶け込むことで一時的に寒冷化する地域が生じたりします。このような自然環境の多様で劇的な変動に対して，後氷期の人類は各地でユニークな適応活動を展開します。

　今村啓爾は，縄文文化の確立を「後氷期の温暖化する気候に対する日本列島内の人間の適応の過程であった」ととらえます（今村，1999）。それは，豊かな温帯森林での植物食の採集を主体として，それに狩猟と漁撈が加わった，農耕以外の方法による新たな自然環境への適応でした。そして，その独自性に着目して，19世紀後半にヨーロッパで考案され，その後世界各地の先史文化にも適用された先史時代の基本的な区分法（「旧石器時代」「中石器時代」「新石器時代」）に該当させることの不合理さを指摘しています。しかし，あえて当てはめるならば，これら三時代にまたがって対応することになると述べます。そして，近年の研究で明らかになってきた，縄文文化におけるクリ林の増殖や各種有用植物の栽培，後期以降のイネの栽培などの存在を考慮するならば，その部分は「新石器時代」に該当することになります。ただし，草本の種子（穀物）の栽培に依拠する西アジアの「草原性新石器文化」とは異なった，主に森林の資源を独自の方法で増殖する「森林性新石器文化」と呼ぶべきものである点を指摘します。

　しかし，クリ林の増殖やクリの実の収穫は，労働の形態や社会の仕組みを大きく変えるものではなく，また森林の自然の摂理を変化させるものでもなかったのです。縄文中期をピークとしてクリの増殖・生産に行き詰まれば，縄文後期・晩期にはトチの実の利用などに重心を移したように，そこに森林性新石器時代／文化の限界を認

めています（今村，1999）。

「新石器文化東アジア型」
説

「後氷期適応」に向かう人類文化を地球規模での「新石器時代／文化」としてとらえて，それを再定義することを提唱するのが藤尾慎一郎の見解です。これに地域的な限定をつけます。まずは「東アジア中緯度地帯」です。その根拠は「ナラ林の植物性食料を選択し，土器や植物加工具を発達」させた点です。これを「新石器文化東アジア型」と呼びます。さらに地域的な限定を加えます。「日本列島という島嶼部に限定されたもの」です。その根拠は，氷河性海面変動に伴う海流の変化によって引き起こされた温和な気候に育まれた「豊かな森林性資源と海洋性資源を主な食料とする生業体系をもつ」点です。かくして，「縄文時代／文化」は再定義された「新石器時代」の多様な文化のうちの１つという位置づけを得ます（藤尾，2002）。

　今村説も，藤尾説も，いずれも内容の定義は定義として，その空間的な広がりに関しては，日本列島を前提としています。その際に大切なことは，その根拠を明示することです。この点を考古学者はしっかりと自覚しないと，いずれかの国家の中で暮らしている現在の私たちが発想することなので，どうしてもそのような空間的な広がりの存在を当たり前のように考えてしまう隘路から抜け出せなくなってしまいます。

超越的地域としての日本列島

日本列島が縄文文化の空間的な広がりであるという理解，その根拠は縄文土器が広がる範囲だから，あるいは地理的な単元としてまとめることができるから，はたまた同質的な自然環境を背景としているから，などなど，いくつかの説明がなされています。また，前述のように，縄文文化の存在が認識され始めたころの「日本」の

版図が前提とされていた一面もありました。

　しかし，日本列島という広がりにおいて展開した「縄文文化」とされる後氷期の考古文化は，その周縁，とくに南西諸島と北海道東部（道東）・北部（道北）も含めてひとまとまりにできるか否かは，時期によっても適宜検討を要しますが，縄文文化に関する種々個別な研究が進んだ現在においてもたしかに全体としてのまとまりを認めることができそうです。ただし，縄文文化という大きな単位があって，それがいくつかの小地域に細分されているという理解は，今日の私たちの思考の順番です。実際にはその逆で，それぞれに特色をもった小地域，あるいはそこで暮らす人々が，相互に関連しながら，その間に一定の類似性が生じ，それが保たれている広がりを，今日の私たちが切り取った範囲が，縄文文化として認識されているのです。ですから，その根拠を「一定の類似性」に求めたいところですが，それはその全体を覆う一色のものではなくて，近接するものどうしの類似性であって，その連鎖です。

　では，全体の広がりの境界線はどこで引けるのか。その根拠として筆者は，累積的にあらわれた遺跡の集中度合い，その空間的な広がりを根拠にするのが方法的には妥当な手順だと考えています。第4章の5で紹介した超越的地域すなわち「超越的地域としての日本列島」の存在を後氷期の時間帯の中に認められると考えています。

　超越的地域とは，一定の期間，累積的に残された遺跡の集中によって顕在化した地理的な範囲です。カーネル密度推定法を用いるならば，検索半径によってその広狭も異なってきます。地球上のどこにでもまんべんなく人類遺跡が分布しているわけではありません。人類史上，いくつもの超越的地域が出現しては消え，また場所を変えながらあらわれてくるといった過程が繰り返されているのです。遺跡の集中度合いの認識は，現在の調査状況に大きく左右されます。

今日，日本国における遺跡の発掘調査の件数は群を抜いており，必然的にその版図である日本列島内は遺跡の高密度地域として認識されます。この点は，今後，周辺の国々での調査状況を考慮しながら慎重に検討を重ねていかなければなりません。しかしそれでも，後氷期の日本列島は人類史上に出現した超越的地域の1つである可能性が高いと思われます。方法上，これが日本列島を1つの単位として縄文文化を研究することの根拠であると筆者は考えています。

4 縄文文化像の再構築

環状盛土遺構　　　　一方，このような従来の縄文文化像／観では説明しきれないような新たな発見が，近年では相次いでいます。その1つに環 状 盛土遺構があります。

　環状盛土遺構とは，1993 年の栃木県寺野 東 遺跡の発見によってその存在がにわかに明らかになった縄文文化における巨大遺構です（第 4 章の図 4-1-②参照）。寺野東例では，幅 15〜30 m の土塁が，本来は直径約 165 m の円環状にめぐっていたもののようですが，近世の用水路の掘削によって，現在では東側の半分が削平されています。発掘調査の結果，円環の内側の凹 部は人為的に掘削され，その排土が何度かにわたって周囲に盛り上げられた円環状の土塁が形成された過程が明らかにされています（栃木県教育委員会，1997）。縄文後期前葉から晩期中葉までの間に形成されたものです。土塁の内部からは焼 土や大量の土器破片などが発見されました。しかし，確認できた住居址は 10 基前後と少ない数でした。

祭祀場説と集落説　　　環状盛土遺構が，いざ現在の考古学者の認識の対象になるやいなや，すでに知られて

いた類例と思しき遺跡・遺構の再検討や新たな発見が相次ぎ，数年の間に関東地方を中心として20例を上回る類似した遺構が知られるようになりました。また，その機能・性格については，発見当初は祭祀場説が喧伝^{けんでん}されましたが，現在では集落説が優勢な状況になっています。機能・用途の推定や性格づけが難しい考古資料に対して，すぐに儀礼や祭祀と答えてしまうのはさておき，なぜ集落説なのかには説明が必要です。そのように考える根拠として，①関東地方の縄文後・晩期の環状集落では，そもそもその中央部が窪地状を呈する事例が多い点，②集落であるのにもかかわらず住居址の発見例が少ないのは発掘調査技術の問題であり，本来は円環状の土塁の上面や幾層にも堆積したその内部に住居址が存在したと考えられる点，などが指摘されています（江原，1999；阿部，2006）。

累世的な大規模記念物　　集落説では，環状盛土遺構を特徴づけている土塁の形成要因の無作為性（すなわち日常的行為の無自覚的な累積性）を強調しています。しかし，それはあくまでも遺構や遺跡に対する私たちの感覚での評価にすぎず，当事者にとっての意識の問題が考慮されていません。長期にわたって，すなわち多少の断絶期間があったとしても何世代にもわたってその場所での居住が繰り返され，前代の居住配置の規則性が踏襲され（あるいはそれに規制され），その結果として居住地に顕著な幾何学的な造形性があらわれてきたのが，環状盛土遺構にほかなりません。その点に，単なる集落遺跡ではなく累世的^{るいせいてき}な大規模記念物としての性格を想定することができます。

　この推論は，環状盛土遺構の分布論の実践（第4章4参照）の結果とも矛盾しません。そこで提起した作業仮説は次のように整理することができます――「関東甲信地方では後期以降，長期的に営まれた集落やその跡地（内部に墓域を設ける事例がある）を間接経験的

で観念的な祖先観を象徴する大規模記念物として造形化した。そして伝統的な集落形態と地質学的な石材環境の相違によって，関東中央部〜南東部では土塁を用いた環状盛土遺構が発達し，関東南西部〜甲信地方では大きな川原石を用いた大規模な帯状配石遺構が発達した」。そこでこれらを**集落系大規模記念物**と総称することにします。

| 再び縄文文化とは |

さて，このような状況・状態を日本列島全域で検討してみましょう。環状盛土遺構や直列する帯状配石遺構が盛行する時期よりも少し早く，縄文中期末葉から後期前葉にかけて，中部高地・関東以東から東北南部にまで，**環状列石**（ストーンサークル）が出現します。縄文文化で確認されている環状列石は，大人１人では抱えられないくらいの大きめな石を地面に突き立てたり（立石），いくつかまとめて円形に配置したもの（円形配石）を，直径十数ｍから数十ｍの規模で，環状にめぐらせたりした遺構です。縄文前期後半の一時期に，中部高地に出現した環状列石を第１系統とするならば，これらは第２系統になります。第２系統の機能・性格については，集落内の空間を区画するための施設であり，基本的には墓地ではありません。

さらに，東北北部では後期前半になって，**第３系統の環状列石**が登場します。その当初は集落内に包摂される構成の墓地の機能でしたが（岩手県御所野遺跡），やがて集落から分離独立して，墓地として機能するもの（秋田県大湯遺跡）と，葬送儀礼などを執行する施設として発達するもの（青森県小牧野遺跡）とに別々に展開します。第３系統の環状列石は，その規模や長期的な形成期間を考慮するならば，墓地や葬送儀礼の場としての第一義的な機能に加えて，記念物（モニュメント）としての機能も備えるものであると評価できます。**墓地系大規模記念物**と総称します。以上のような縄文後期の概況をまとめるならば，次のようになります。

縄文後期前葉ないしは中葉以降の関東甲信地方を集落系大規模記念が盛行した地域として整理するのなら，おおよそ並行する時期の東北北部は第3系統の環状列石による墓地系大規模記念物が発達した地域です。同時期の東北南部の様相が必ずしも明瞭ではありませんが，両者間においてもみごとな分布上の隣接（ないしは分離）分布状態を認めることができます（図8-5）。

　北海道島では南西部（道南）・中央部（道央）で本州島東半部と連動した動向を示しますが，全般的に複雑な様相です。後期前葉から中葉にかけて，道南・道央では環状列石（第3系統：渡島〔森町〕鷲ノ木遺跡）やそれと系譜を同じにする特異な環状盛土遺構（渡島〔函館市〕石倉貝塚）の墓地系大規模記念物が展開しました。また同時期に，集落系・墓地系の両要素を備えた環状盛土遺構（渡島〔函館市〕垣ノ島A遺跡）も並存する状況です（図12-2参照）。さらに後期中葉から後葉にかけての道央では，居住域が環状盛土遺構の内側に配されながらも，墓地は周堤墓（第12章参照）として分離・隣接しているので，集落系と墓地系とが共存している状況（石狩〔千歳市〕キウス4遺跡）がうかがえます。

　先に整理・紹介した縄文文化の定義内容に加えて，次の内容を新たに加えることにしましょう――「縄文文化の後半期には，分布域の東半にあたる日本列島東部・北部地域には，小地域を中心とした社会的な統合を強めるために『間接経験的観念的祖先観』を象徴する各種の大規模記念物が盛んに構築された」。これらの大規模な構築物が，弥生文化以降に顕著になる，富の蓄積を背景とした権力や階級といった集団内／間の社会的な仕組みとは関係なく実現したところに，縄文文化の1つの特色を認めることができるでしょう【➡図9-2と図12-2とで規模を比較してみよう】。

図 8-5　縄文文化における大規模記念物の変遷と展開

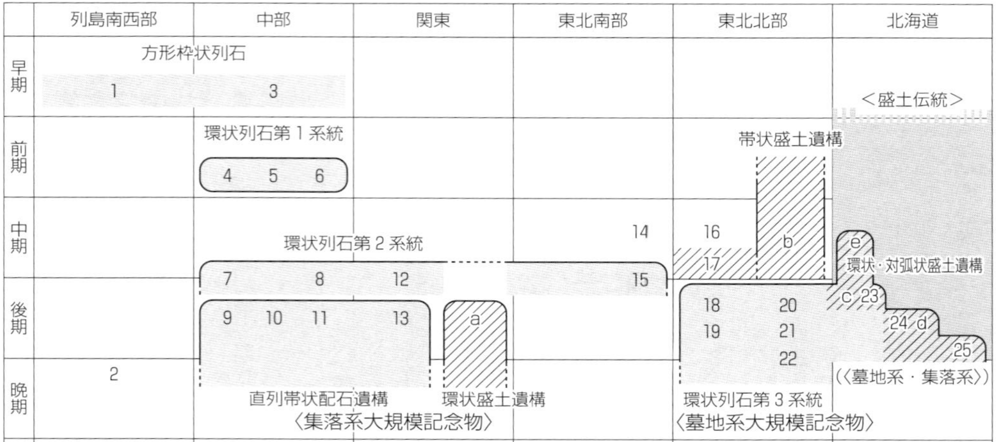

	列島南西部	中部	関東	東北南部	東北北部	北海道
早期	方形枠状列石 1					
前期		環状列石第1系統 3 / 4 5 6			帯状盛土遺構	＜盛土伝統＞
中期		環状列石第2系統 7 8 / 11 12 / 13	14 15		16 17	
後期	2	9 10 11	環状盛土遺構〈集落系大規模記念物〉 a		18 19 20 21 22 b	環状・対弧状盛土遺構 c 23 / 24 d 25
晩期		直列帯状配石遺構〈集落系大規模記念物〉		環状列石第2系統〈墓地系大規模記念物〉	環状列石第3系統〈墓地系大規模記念物〉	〈墓地系・集落系〉

1. 瀬田裏（熊本）
2. 水田ノ上A（島根）
3. 山の神（長野）
4. 阿久（長野）
5. 上原（長野）
6. 上浅野（長野）
7. 牛石（山梨）
8. 千居（静岡）
9. 三田原（長野）
10. 北村（長野）
11. 金生（山梨）
12. 田篠中原（群馬）
13. 行田梅木平（群馬）
a. 寺野東（栃木）
14. 西海渕（山形）
15. 小林（山形）
16. 西田（岩手）
17. 御所野（岩手）
18. 大湯（秋田）
19. 伊勢堂岱（秋田）
20. 小牧野（青森）
21. 大師森（青森）
22. 大森勝山（青森）
b. 三内丸山（青森）
23. 鷲ノ木（渡島）
24. 忍路＋地鎮山（後志）
25. オクシベツ川（網走）
c. 石倉・館崎（渡島）
d. キウス4（石狩）
e. 垣ノ島（渡島）

第9章　弥生・古墳文化

古墳時代を象徴する巨大前方後円墳（大阪府大仙陵古墳）

　本章では，日本列島中央部に形成された弥生・古墳文化を取り上げますが，同じころ，沖縄・南西諸島には貝塚後期文化が，北海道には続縄文文化が形成されていました。南北に長い列島には，異なる特色を有した3つの文化圏が並存していたのです。なかでも弥生・古墳文化を概観するには，農耕と手工業を軸とする生産技術の発展および社会機構の成熟過程を跡づけ，国家形成への道のりをたどることが重要です。以下ではそのために，①稲と鉄に代表される生産システム，②それを推進する社会組織と首長，③クニを統べる仕掛けとしての儀礼と祭祀，④倭人のアイデンティティを高め，国家形成への機運を育んだ交易と外交，の4点に着目します。また，前方後円墳の築造終了をもって古墳文化は終焉すると規定し，飛鳥文化以後は次章に委ねることとします。

1 稲と金属の時代

年代の枠組み　　本章で取り上げる弥生・古墳文化は，ひと
ことでいうなら水稲農耕を食糧生産の中心
に据え，その社会の中に多様な階層を生み出していった文化です。
現在，弥生文化の始まりは紀元前10〜8世紀ごろ，弥生文化から古
墳文化への移行は紀元後の西暦3世紀中ごろ，古墳文化の終わりは
6世紀終末〜7世紀初めごろの絶対年代が与えられています。

　このうち弥生文化の開始年代は，2000年あたりまでは紀元前5
世紀ごろとされてきました。その年代観は，1960〜70年代に行わ
れた放射性炭素年代測定法（^{14}C法，第3章参照）の測定値を参考に
して求められ，長く定説の位置を占めてきたのです（石川，2003）。
しかし，2003年に新たな年代観（AMS法で求めた^{14}C年代測定値を年
輪年代によって較正したもの，第3章参照）が発表され，学界に衝撃を
与えました（春成ほか，2003）。この説によると弥生早期の開始は，
紀元前10世紀まで大きくさかのぼることになるからです。

　その後，長く論争が続きましたが，測定データが蓄積されるとと
もに，年代が推定可能な中国大陸系遺物の検討によるクロスチェッ
クが進んだ結果（藤尾，2009），現在では紀元前5世紀とする旧説は
修正され，上記のように紀元前9世紀を前後するところで議論は落
ち着いています（宮本，2018ほか）。今後は，進展著しい中国・韓国
の研究成果も統合し，理化学・考古学双方からの検証作業をさらに
進めることが必要です。

　一方，弥生文化に続く古墳文化の始まりと終わりは，前方後円墳
の出現と消滅を指標として定められます。近畿地方を中心として，

各地の首長たちが前方後円墳という墳墓の形を共有し，350年あまりにわたって特徴的な文化を育んだ背景には，ヤマト政権という政治的な結合体の存在が推定できます。ヤマト政権のシンボルである前方後円墳が終焉し，これに代わって都城や寺院を象徴とする律令国家への胎動が始まる時期までが，本章の取り上げる範囲となります。なお，政権の中心地は，現在の奈良県と大阪府にまたがっており，後の大和国（奈良県地域）よりも広がりを有することから，ここでは「大和」ではなく「ヤマト」の用語を用いていきます。

| 農耕社会と弥生文化 |

古くから日本考古学では，農耕の始まりを弥生文化の指標としてきました（山内，1932・33；森本，1933）。しかし近年では，土器に残された種実の圧痕の検討から，少なくとも縄文時代前期以降ダイズやアズキが栽培されていたことがわかってきました。

　では，弥生文化を規定する真の農耕の指標とは何でしょうか。それは，水を制御する灌漑技術に裏打ちされた水稲農耕とそれに伴う文化複合の登場（都出，1989b）であると考えられます。北部九州の佐賀県菜畑遺跡や福岡県板付遺跡では，堰や水路を備えて整然と畦で区画された水田や，各種の木器，大陸系磨製石器などの道具類が出土し，すでに弥生早期から充実した文化内容を示します。このことから，ハードウェア（農具・利器・建築など）とソフトウェア（栽培技術・労働管理・宗教儀礼など）の複合体である稲作文化が，移住者によって朝鮮半島からもたらされ，まずは北部九州に定着し，続いて西日本の倭人（古代中国の文献『魏志』などにみられる日本人の呼称）に受け入れられていったと考えられるのです（写真9-1・2）。

　弥生時代は，早期・前期・中期・後期の4つに区分されています。早・前期の絶対年代は新しい年代測定法によって若干変動する可能性がありますが，中国系文物（前漢鏡など）がもたらされる弥生中期

写真9-1　発見された弥生前期の水田（奈良県中西遺跡）

や，中国の文献に日本のことが記録される弥生後期になると，理化学的方法に加えて人文的な方法での年代推定の精度が高まります。また，年輪年代法（第3章参照）によって，紀元前50年が弥生中期末に定点をもつことが判明しています。

　稲作文化は，前期末までには九州・四国・本州（雑穀栽培を主体とした中央高地と関東を除く）の多くの地域に広がり，やがて受け皿となった縄文文化の地域性をベースとして，九州〜東海西部，東海東部〜東北南部，東北北部地域という3つの小文化様式を形成しました。

王の誕生

　ところで，縄文社会にも集団のリーダーは存在しましたが，弥生文化になるとその性

格が一変します。農耕社会の経営には，大勢の人間の長期間にわたる協業が不可欠です。堰や水路の維持補修，田起こしや作付け，田の草取り，収穫・脱穀などの一連の作業にあたっては，時間や労働をマネジメントする人物が必要であり，利害の調整や収穫物の分配にあたっては，その権限が優れた人物に委任されるようになります（広瀬，2003）。さらには，共同体の利益を代表して他者との紛争を解決し，時には武力によって決着する必要性のために首長（王）が誕生します。彼らは農業水利権を掌握して農政を司るとともに，交易によって資源や財物を入手するなど，

写真 9-2　木製農具（福岡県捨六町ツイジ遺跡）

鍬・鋤とセットになる泥よけ・鋤・竪杵

経済ネットワークを機能させる役割も期待されていました。

| 金属製品の登場 |

弥生前期も終わりごろになると多くの新しい文化要素があらわれますが，なかでも重要なのは金属器（鉄器・青銅器）です。

　青銅器は前期末から使われ始め，中期になると実戦用の武器（剣・矛・戈）として朝鮮半島から輸入されましたが，すぐに国内での製作が始まり（ただし銅素材の産地は中国大陸），やがて武器の機能をもたない祭りの道具（武器形祭器）として急速に発達しました（写真 9-3）。

　鉄器は，はじめは中国大陸製品の破片などを研磨して用いましたが，中期から鉄素材を朝鮮半島から輸入して製品を作り始め，後期

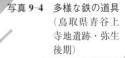

写真 9-3　埋納された青銅製祭器：銅鐸と銅矛（島根県荒神谷遺跡・弥生中期）

写真 9-4　多様な鉄の道具（鳥取県青谷上寺地遺跡・弥生後期）

になると著しく普及するようになります（写真 9-4）。これによって，石器の役割は低下し，長年続いてきた石器文化は衰退していきます。

　鉄の斧・手斧（ちょうな）・ノミ・ヤリガンナの登場は木器（写真 9-2）の加工技術を進歩させ，鉄の刃を付けた鋤（すき）・鍬（くわ）・鎌の採用によって開墾・農耕が進展しました。また開発した領域を守る（奪う）ための道具として鏃（ぞく）（矢じり）や刀剣が発達しました。

　日本国内で砂鉄などから鉄の生産（精錬（せいれん））を行った痕跡は古墳時代後半から増加しますが，それ以前は朝鮮半島からの輸入原料によって賄われました（村上，1999）。鉄製品の出土量の推移をみると，その流通ルートは最初は北部九州の勢力に独占されていたようです。しかし，中期後葉からは瀬戸内海沿岸地域（四国・山陽地方）や日本海側（山陰・近畿北部・北陸）の勢力も多くの鉄器を保有し始めるこ

写真9-5　環濠集落（神奈川県大塚遺跡・弥生中期）

とが知られます。京都府の日本海側（丹後）の奈具岡遺跡では中期後葉の水晶玉生産に伴う多くの鉄器が出土し，鳥取県の妻木晩田遺跡や青谷上寺地遺跡などの後期の大集落遺跡からは，各々300点に迫る多様な鉄器が出土しています（写真9-4）。

2　弥生人のくらし・祈り・争い

環濠集落の存在と戦い

弥生人の多くは竪穴建物に住み，ムラを形作って暮らしましたが，地域の中心的なムラは，周囲に深い溝（濠）をめぐらす環濠集落の形を採用しました（写真9-5）。環濠集落は韓国慶尚南道の検丹里遺跡などにもみられるもので，稲作文化複合の一要素として伝わったものです。

環濠集落は，弥生早期には早くも福岡県那珂遺跡などに登場し，前期のうちに東海地方の朝日遺跡（愛知県）にまで展開。中期中葉には埼玉県池上遺跡など関東地方にも伝わりました。

　環濠集落には，濠とともに土塁や柵が設けられ，防衛色を強く備えていました。そのうえ，濠を掘るという共同作業によって，集団意識を結集する役目をも果たしたとみられます（安藤，2003）。

　こうした中核的な集落が一定の距離をおいて点在し，網の目のように情報や物流のネットワークを形成していたのが西日本の弥生社会の姿だと考えられています（酒井，1997）。

　現在知られる最大級の環濠集落は，佐賀県吉野ヶ里遺跡（152頁に写真）や大阪府池上曽根遺跡，奈良県唐古・鍵遺跡などで，最盛期（弥生中期）には20〜40 ha もの規模を有します。集住度は高く，内部に首長の家や祭殿，倉，工房を取り込む例もあります。

　ところで，弥生時代の墓から発掘される人骨には，首が切り取られたり，鏃や剣を打ち込まれた事例が少なからずみられます。鳥取県青谷上寺地遺跡では弥生後期の100体以上の人骨が発掘されましたが，ここにも殺傷痕をもつものが含まれていました。こうした，いわゆる「弥生戦士」の例は西日本に多く，弥生後半に戦争が頻発したことを推定させます（写真9-6）。環濠集落に加えて，平野を望む山上に短期的なムラ（高地性集落）が数次にわたって出現しており，戦時のムラ，監視機能を有したムラと考えられます。

　『魏志』「倭人伝」によれば2世紀後半ごろに倭国内が乱れ，男王どうしの争いが絶えないため，女王卑弥呼を共立して戦を収めたという記事があります。水利権や物資をめぐる経済紛争，異なる神々を奉ずるクニの間での宗教対立などを要因として緊張状態が現出されていたのです。なかでも主因は鉄の移入権をめぐる争いだったと推定されています（白石，2000）。

写真 9-6　甕棺に葬られた首なし遺体(佐賀県吉野ヶ里遺跡・弥生中期)

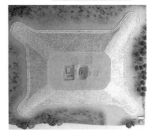

写真 9-7　山陰の王墓・島根県西谷 3 号墓復元模型（弥生後期）

王墓の出現

　西日本では，弥生前期のうちに有力な首長が誕生したことが墓の調査から判明します。たとえば北部九州では，埋葬専用の甕棺の群れの中に，鏡・銅剣・玉などの副葬品を添えて葬られる人物が前期末ごろ出現するのです（福岡県吉武高木遺跡など）。中期後半になると，福岡県須玖岡本遺跡や三雲南小路遺跡には中国前漢の青銅鏡を 30 面も保有する甕棺墓があらわれます。首長が大陸と交渉し，富を集中する存在（王）に成長したことがわかります。

　近畿地方では，四辺を溝で区画した墳丘墓（方形周溝墓）が前期末にあらわれ，中期になると大阪府加美遺跡や瓜生堂遺跡などで一辺 20 m もの大型墓が築かれます。首長層が成長したことは疑いありませんが，ここには宝器の副葬はみられず，首長や集団の価値観および経済力が北部九州とは異なっていたことが明らかです。

　一方，東日本では中期まで，遺体を腐らせたのちに一部の骨を選び出し，土器に納めて埋める再葬墓が流行しました（設楽，2008）。遺体の加工を伴うこの葬法は，亡骸をそのまま棺に封じる西日本の

第 9 章　弥生・古墳文化　　207

葬送観念とは対照的であり，弥生文化の中にも多様な思想が併存していたことをよく示しています。

> 金属器祭祀の諸相

農耕社会は人々を組織的に動かすことによって成立する社会です。そのためには力でねじ伏せるだけでなく，無理なく民衆の合意を形成する仕組みが必要でした。それが祭祀や儀礼であり，首長が司祭の役割を担っていました。

弥生文化においては青銅製の祭器などが発達し，地域のアイデンティティが濃厚になりました。銅矛・銅戈を奉じる北部九州，銅鐸を重んじる近畿〜東海地域，それらに加えて銅剣を発達させる中国地域があり，そこでは剣・矛・戈の武器形祭器を奉じたり，銅鐸を鳴らして神を呼ぶ農耕儀礼が執行されたと推定されています。

それぞれの青銅器はしだいに非実用品と化し，中期末になると一斉に土中に埋められます。島根県荒神谷遺跡では，山の斜面から銅鐸6個・銅矛16本・銅剣358本が発見されており，一定地域で保有されていた祭器がまとめて埋められたようです（写真9-3）。祭祀の転換や政治変動が起こったことを示します。

後期になると，北部九州では大型の矛（広形銅矛）を，近畿〜東海地方では鳴らす機能を失い巨大化した銅鐸（近畿式銅鐸と三遠式銅鐸）を祭器として奉じます。滋賀県大岩山銅鐸のように高さ134cmというものまで鋳造されました。一方，中国地方は青銅器を用いた祭祀から脱却し，このころから大型化した王墓において，土器を用いた盛大な儀礼を行うようになります。こうした王墓での葬送儀礼は，やがて各地で執行されるようになります。

弥生時代の終末になると，青銅器は再び埋納・破砕・破棄されます。ヤマト政権による前方後円墳の創設，そこでの祭儀の統一によって，弥生文化を彩った青銅器祭祀は終焉したのです。

墳丘墓と地域のアイデ
ンティティ

弥生後期は，土器様式・墳墓の形・祭式な
どの地域色が最も濃厚となった時期です。

盛行した北部九州の甕棺墓は終焉し，列島
各地に多様な墳丘墓（土を盛り上げた首長の墓）が造られます。山
陰・北陸地方では，方丘の四隅を張り出させ，石を貼った四隅突出
墓（写真9-7）や長方形の墳丘墓が，東海〜南関東地方には方形周
溝墓や，それに張り出しを付けた前方後方形墳丘墓が発達しました。
一方，瀬戸内海沿岸と中央高地〜北関東地域には円形墳丘墓・円形
周溝墓が発達し，なかでも岡山県地方では円丘に2つの張り出しを
付けた巨大な楯築墓が築造されて前方後円墳の祖形が誕生します。

このころから，日本海沿岸や瀬戸内海沿岸地域では，鉄剣やガラ
ス製装身具など豪華な品々を添えて首長を葬るようになります。か
つて北部九州が独占していた大陸との交易権を，この地域の首長た
ちも獲得するようになり，政治・経済力を強化した結果とみられま
す。やがて次の古墳時代になると，大和盆地にこれまでにない政治
的中心（ヤマト王権：倭王権）が生まれ，北日本まで含んだ広域の政
治・経済ネットワークが形成されました。

3 東アジア外交と前方後円墳の成立

外交の始まり

日本列島は海中に存在しながらも決して孤
立した存在ではなく，海の路によって世界
とつながっていました。弥生時代の交易では，はじめ韓系文物がも
たらされましたが，中国前漢が朝鮮半島北部（現在の北朝鮮 平壌あ
たり）に楽浪郡を設置（紀元前108年）すると，そこを窓口とした中
国系文物（青銅鏡など）が流通し始めます。

首長が成長し，交易を独占しようとする刺激が高まると，それまでになかったクニとしての付き合い，すなわち外交に発展します。

　江戸時代に福岡県志賀島から出土した金印には「漢 委奴国王」の字があります。これは，西暦57年に今の福岡市あたりにあった奴国が中国後漢に朝貢したため，皇帝が見返りに印綬を下賜し奴国王に封じた（国王として領土を委任した），という『後漢書』（5世紀に書かれた歴史書）の記事と合致します。すなわち，このころには倭の一地域政権が，中国王朝の政治システム（冊封体制）に加わるまでに成長したことがわかります。ほかにも107年には倭国王帥升らが中国に使いを送ったことが知られ，しだいに倭人たちは東アジアの国際秩序の中に身を置くようになったのです。

　さらには，前述した争乱を経て，西暦200年ごろに邪馬台国を都とし，卑弥呼を女王とする国々の連合体（邪馬台国連合）が成立しました。後述するように3世紀前半代の大型墳墓は大和盆地南東部の纏向遺跡に集中するため，連合の中心は畿内にあったと考えられます。

　ところで，畿内を中心とした3世紀後半ごろの古墳から出土する三角縁神獣鏡（写真9-8）は，魏から卑弥呼に下賜された鏡ではないかとする説が有力です（岡村，1999；福永，2001）。魏は，後漢が衰えたのち，中国大陸に鼎立した三国（魏・呉・蜀）の1つで，『魏志』「倭人伝」には239年に卑弥呼が遣使し，皇帝から親魏倭王に封じられ，印綬や織物とともに銅鏡100枚が下されたとあります。このとき魏は，遼東半島から朝鮮半島北部に勢力を張った公孫氏を滅ぼして政権を安定させたばかりでしたが，卑弥呼はその機を逃さず朝貢しています。このように弥生時代の国々は，十分にその外交感覚を磨いていたと考えられるのです。

写真 9-8　王権の初期メンバーに
　　　　　配られた三角縁神獣鏡
　　　　　（奈良県黒塚古墳 19 号
　　　　　鏡。径 22.3 cm）

図 9-1　最古の前方後円墳
　　　　（奈良県箸墓古墳）

0　　　　　　100 m

前方後円墳が創案される

このころ，奈良県の大和盆地南東部の纒向地域には，纒向石塚墳丘墓やホケノ山墳丘墓など墳丘長 100 m に迫る前方後円形墳丘墓が相次いで築かれましたが，3 世紀中葉〜後半になるとその地に最初の巨大前方後円墳（箸墓古墳，墳丘長 280 m）が成立しました（図 9-1）。これを 247 年ごろに死去した卑弥呼の墓に充てる説（白石，2002）があります。むろん，それには反対意見も存在しますが，いずれにしても纒向地域の墳墓群に卑弥呼を含む邪馬台国の主たちが眠っている可能性は高いと考えられます。

　前方後円墳は日本独自のもので，基本的には円丘に突起を付けた弥生墳丘墓の系譜を引いています。しかし，新たに首長権継承の場

（近藤，1983；寺沢，2002）である前方部を著しく発達させ，全体を巨大化せしめることで，王権を象徴化する記念物として定立されたのです。また，箸墓古墳の同型墳が各地に広がることから，前方後円墳の形と祭式を共有する首長たちの連合関係が，大和盆地を中核として形成されたとみられます。これがヤマト政権の誕生，古墳文化の開始と位置づけられます。鏡や鉄に代表される威信財や資源（写真 9-8）は，この連合の枠組みに参加したメンバーのネットワークを通じて流通し，配布されたのです（小林，1961）。

巨大前方後円墳の変遷

古墳文化は大きく前・中・後の 3 期に分けられ，さらに 10 ないし 11 期に細分されます（和田，1987；近藤編，1991 ほか）。各期の年代には多少の前後はありますが，おおむね前期は 3 世紀中ごろ〜4 世紀，中期は 5 世紀，後期は 6 世紀にあてられています。前方後円墳は，北は岩手県から南は鹿児島県にいたるまで造られ，その数は 5000 基に及びます。なかでも近畿地方における巨大前方後円墳は，ヤマト王権の主要メンバーや彼・彼女らに推戴（すいたい）された大王の墓であると考えられます。

そうした巨大前方後円墳の推移を概観すると（白石，1969・1989），前期前半には大和盆地南東部のオオヤマト古墳群（纏向・大和（おおやまと）・萱生（かよう）・柳本古墳群）に集中して営まれますが，前期後半になると盆地北部の佐紀（さき）古墳群に主体が移動してしまいます（図 9-2）。

中期になると大阪湾岸の大阪平野に古市古墳群と百舌鳥（もず）古墳群が出現し，前者に誉田御廟山（こんだごびょうやま）古墳（応神陵古墳・423 m），後者には大仙陵（だいせんりょう）古墳（章扉写真・仁徳陵古墳・約 500 m）が築造され，前方後円墳の巨大化はピークを迎えます。この時期，佐紀古墳群にも継続して大型墳が造られ，大和盆地南西の馬見（うまみ）・葛城（かずらき）地域にも大型墳が出現します。この段階には，古市，百舌鳥，佐紀，馬見・葛城の 4 つの大古墳群が併立し，豪族たちの古墳造りは最高潮に達します

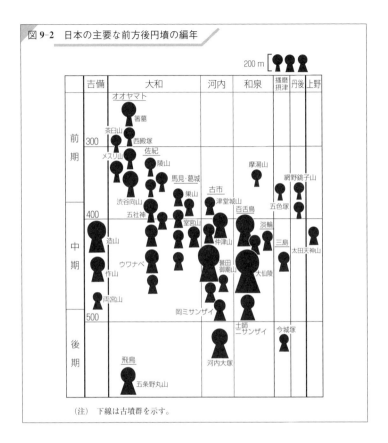

図9-2　日本の主要な前方後円墳の編年

	吉備	大和	河内	和泉	播磨摂津	丹後	上野
前期		オオヤマト 箸墓 茶臼山　西殿塚 メスリ山　佐紀 　　陵山 馬見・葛城		摩湯山		網野銚子山	
中期	造山 作山 両宮山	巣山 渋谷向山 五社神 室宮山 ウワナベ	古市 津堂城山 仲津山 誉田御廟山 岡ミサンザイ	百舌鳥 淡輪 大仙陵	五色塚 三島		太田天神山
後期		飛鳥 五条野丸山	河内大塚	土師ニサンザイ	今城塚		

（注）　下線は古墳群を示す。

（広瀬，2007）。

　しかし，後期前半になるとこれらは一斉に終焉し，前方後円墳の規模は一様に小型化します。6世紀前半には淀川北岸に継体天皇の墓と目される大阪府今城塚古墳（181 m）が成立し，大王墓に横穴式石室が採用されます。後期後半になると大王墓の所在地は大和盆地南部に回帰し，欽明天皇陵とも推定される五条野丸山古墳（318 m）をもって巨大前方後円墳は終わりを告げます。

その後も，奈良県飛鳥地域などでは円墳・方墳・八角墳・上円下方墳など大王墓を含む古墳の築造は続きますが，これらは宮都や寺院と併存する飛鳥文化の文物です。すなわち，前方後円墳という象徴的な記念物の流行が終わったときこそが，古墳文化の終焉であると考えられるのです。

見せびらかしと再分配システム

首長たちのヤマト政権の中での優劣は，基本的に古墳の大きさや装備の差であらわされました。このため，中期までの前方後円墳は巨大化を続け，周囲に造り出しや濠ならびに堤を追加して荘厳の度を加え，万単位に及ぶ埴輪を並べて外観を競ったのです。その意味では，前方後円墳は首長の財力や権威を内外に顕示する巨大な見せびらかしの装置でした。

　一方，古墳の造営は技術・知識を発達させ，その蓄積は農業土木や手工業分野へと転用されました。また，古墳造りや葬送儀礼への参加は，首長を核とした共同体の社会的結束を高め，同時に富が首長から民衆へ再分配されるシステム（広瀬，2003）として作用したと考えられます。おそらく前方後円墳の築造は，地域経営に不可欠な事業として古墳時代の社会のサイクルに組み込まれていたのでしょう。そう考えれば狭い日本列島におよそ5000基もの前方後円墳が造られた理由が説明できます。

ヤマトの王・地方の王

各時期の前方後円墳のうち最大のものは，常に近畿地方に造られました。しかし，吉備（岡山県）や丹後（京都府北部），上毛野（上野・群馬県）でも，それに準じた大型古墳（岡山県造山古墳〔墳丘長350 m〕，京都府網野銚子山古墳〔201 m〕，群馬県太田天神山古墳〔210 m〕など）が築造されました（図9-2）。また大隅（鹿児島県東部），日向（宮崎県），播磨（兵庫県南部），尾張（愛知県），甲斐（山梨県），常陸（茨城県），陸奥（宮

城県）では，墳丘長 150 m を超える前方後円墳がある時期に限って生み出されました。

こうした中央と地方の関係をどう見積もるかによって，古墳文化の評価は大きく変わります。すなわち，①近畿地方の勢力を政治・経済・外交・軍事すべての面で絶対的なものとみなすのか，②ヤマト地域が主導する中で地方首長も政権の用務を分担する緩やかな連合であったとみなすのかです。古墳の盛衰を跡づける研究は，この問題を考えるための重要な手がかりとなり，ひいては国家形成の時期をいつに考えるかという歴史学上の課題解明につながります。

従来は①を支持する意見が圧倒的でしたが，近年では②の立場での提言もみられるようになりました。たとえば，前方後円墳を一度成立させた地域が，必要性の消失によってそのシステムから離脱することがあるという指摘，あるいは必要に応じて共立王を推戴（集団の利害を調整し，ほかと対抗するため，小勢力が力をあわせて1人の代表者を押し立てること）して大型墓を成立させるが，時にはその共立状態を解消してしまうような社会様態があるという指摘です（土生田，2006；土生田編，2008）。また，地方社会で首長の地位継承を確実にするために外的な承認が必要であった（辻田，2019），あるいは広域経済ネットワークに加入するために進んで連合へ参加したといった地方側からの視点（若狭，2021b）も提示されます。すなわち前方後円墳体制（都出，1991）への参画は，ある段階までは地域の自発的な意思によっていたという意見です。こうした政治システムの多様性に関する研究は，文化人類学・比較考古学の成果などを援用しつつ，世界史的視野から行われる必要があるでしょう（松木ほか編，2020）。

4 国際化する倭国と王の地域経営

渡来文化による社会変化

煙を上げる巨大な須恵器窯，赤く煮えたぎる鍛冶炉，闊歩する馬ときらびやかな馬具，金色に輝く宝飾品をまとう王，満々と水をたたえる貯水池，開発されていく大地，民の食を豊かにするカマド……。考古学からは，5世紀に劇的に変化した世界が描かれます（図9-3）。

卑弥呼の魏への朝貢の後，倭国は，朝鮮半島北部にあって一貫して南下政策を進める高句麗と，それに対抗する半島南部の国々（加耶・百済・新羅）との関係を軸に外交を展開しました（図9-3）。倭国は加耶諸国と，後には百済と結んで外交権益を保守しようとします。中国吉林省集安市にある広開土王碑（414年立碑）は，高句麗の広開土王の事績を刻んだ巨大な石碑ですが，そこには高句麗軍と倭軍が半島南部でたびたび戦ったと記されています。これは外国との初めての軍事対立であり，強国との軋轢は倭国の自己認識を高めることに作用しました。そのため，5世紀には倭国の国際化が大きく進展し，副産物として加耶や百済，新羅，中国からの知識人・技術者が招聘され，先述したような大きな社会変化が導かれたのです。

中国外交と国家への胎動

中国の史書『宋書』「倭国伝」には，5人の倭王（讃・珍・済・興・武）が，413年から478年の間，たびたび中国南朝（宋）に朝貢したとあります。倭は，南朝の傘下での国際的な地位を獲得したうえで，朝鮮半島での権益を主張しようとしたのです。なかでも最後の倭王武（ワカタケル大王〔雄略天皇〕とされる）は，長文の外交文書（上表文）を宋に送り，安東大将軍・倭国王ほかの称号を得ています。

図9-3　5世紀の東アジアと倭に渡来した文物

柔然

契丹

高句麗

北魏
(398〜534)

新羅

百済
加耶

倭

宋
(420〜479)

　こうした中国外交を通じて，国家制度に対する認識，中国思想への理解が進み，それを具体化するツールとしての**文字文化**が醸成されていきます。埼玉県埼玉稲荷山古墳や熊本県江田船山古墳からは，漢字を刻んだ刀剣が見つかっていますが，そこには，刀剣の所持者が自分の血統を述べ，「杖刀人」（軍事に携わる職）や「典曹人」（文書にかかわる職）としてワカタケル大王に仕えた実績が顕示されています（写真9-9）。ここからは，倭人が文字を扱う文化が出現したこと，原初的な**官僚機構**（人制）と地方首長が王権に出仕するシス

写真 9-9　最古級の文字を刻んだ鉄剣
（埼玉県埼玉稲荷山古墳・
5紀後半）

テム（上番制）が生まれたこと，豪族の家譜・事績を記録する観念が広まったことなどが読み取れます。

　こうした制度・思想が進化することを助けたのが渡来人たちです。彼らは王権や有力首長のもとに編成され，次の6〜7世紀の日本を動かす重要なポジションを担っていきます。

首長居館の成立

かつての弥生時代集落には，竪穴建物のほかに，素掘りの穴に柱を立てた掘立柱（ほったてばしら）建物が存在しました。大阪府池上曽根遺跡では 20 m×8 m もの平面規模をもつ巨大な掘立

柱建物が発掘されていますが，これらは首長の居室または祭殿と考えられる高床（たかゆか）建物であり，絵画として土器に描かれるほど象徴的な建造物でした。『魏志』「倭人伝」には，卑弥呼の館に宮室（居宅）・楼観（ろうかん）（物見やぐら）・邸閣（ていかく）（倉庫）があったとしていますが，大型掘立柱建物はそうした記述を彷彿とさせます。

　古墳時代になると環濠集落は消滅し，首長の居所は一般集落からは独立して居館として営まれます（武末，1998；寺沢，1998）。このことは，首長の位置づけが共同体の成員より大きく上昇したことを意

図9-4　首長が司るもの（居館・祭祀・生産）

首長居館・群馬県三ツ寺Ⅰ遺跡復元模型（5世紀後半）

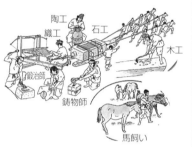

導水祭祀場をあらわした埴輪（大
阪府狼塚古墳出土・5世紀前半）

首長が司った手工業の数々

味します。居館は広大なため全容はなかなか発掘されませんが，奈
良県南郷遺跡群では居館・手工業地域・導水祭祀場・渡来人居住地
などからなる社会中枢の構造が明らかになりました（坂，2008）。ま
た，前方後円墳の裾の張り出し（造り出し）に並べられた5世紀の
家形埴輪群には，平地建物・高床建物・高床倉庫のほか，導水祭祀
施設（樋を内蔵して柵で囲う，図9-4下左）も造形され，居館の実態が
よく反映されています。

　居館の全貌がわかる数少ない例に，群馬県の三ツ寺Ⅰ遺跡があり

ます（図9-4上）。幅30mの広い濠で囲まれた中に，斜面に石を貼った90m四方の本体があり，堅固な柵で囲われた内には大型建物や井戸，水道橋で水を流し込んだ導水祭祀場，従者の家・工房がみられます。堤防と堰で小川をせき止めた広い濠は貯水池を兼ね，内部の導水祭祀場とともに高い治水技術が投じられています。古墳の築造が諸技術を育んだように，居館造りの技術もまた灌漑事業・農業土木事業に応用されたことでしょう。

　古墳時代前・中期には，水にかかわる祭祀遺跡や導水施設形埴輪が，近畿地方を中心に広く存在しています（図9-4下左）。井戸や導水施設を前にして首長が水を祀るのは，農業水利事業を推進する大王や有力首長が共有した祭式であり，前方後円墳での祭式と同様に，ヤマト政権のメンバーシップの証だったのです。そうした祭儀の場として，居館は地域経営のセンターに位置づけられていました（若狭，2021b）。居館で行われた水の祭祀や首長の正当性を表す狩猟儀礼などは，古墳に並んだ人物・動物埴輪群に投影され，首長の生前の権能を今に伝えています（若狭，2021a）。

多様な手工業の発達 　古墳時代首長の地域経営は，農業だけにとどまらず，多彩な手工業を発達させました。すでに述べたように，中期には渡来人を組織して金属製品の生産体制が拡充します。大阪府大県遺跡などはそうした生産拠点の1つであり，輸入した鉄原料を用いて，農工具や甲冑・刀剣・鏃などの武器・武具が大量に製作されました

　鉄製品だけでなく，窯業，金工芸，紡織の分野もめざましく発達しました（図9-4下右）。なかでも須恵器の生産は大阪府陶邑窯を中核とし，各地への技術移転も図られました。こうした生産の拠点は，王権の直轄地である大和盆地や大阪平野に，計画的に配備されていったようです（菱田，2007）。

古墳時代社会の復元模型（保渡田古墳群を中心として）

群馬県の榛名山麓には，火山灰に埋もれた古墳時代社会がよく残されています。発掘成果をもとに，再現された古墳社会を歩いてみましょう。

美しい山容をみせる榛名山の裾野には豊かな清水が湧き出し，そこに濠をめぐらした首長の居館が造られています。館の中には聖水を引き込み，水辺で祭祀が行われています。

居館の門を出るとムラが広がり，人々が暮らしています。畑の中をぬって諸方から道が集まり，目抜き通りでは市が開かれているようです。

人々は近くにある広大な水田地帯に出向いて大地を耕します。今は初夏，田作りの真っ最中です。水田の畔は細かく区切られ，水路を流れてきた貴重な水を効率よく使うように工夫されています。向かいの台地には牧があり，渡来人の指導で馬が大切に育てられています。駿馬は遠くヤマトに送られるそうです。近くには渡来人たちの親方を埋葬した異国風の墓があります。遠くの丘陵では煙がたなびいています。首長が始めた器や埴輪の窯に火が入っているようです。

山麓に目をやると，むせかえるような新緑を背景にして，代々の首長が眠る巨大な前方後円墳が横たわっています。表面に貼られた石が白く輝き，葬られた首長の偉業を偲ばせる埴輪たちが並んでいます。まもなく次の墓造りも始まるようで，技師が測量に走り回っています。ムラや田畑では，今年の作物の健やかな成長を願い，神まつりが行われているようです。人々の歌い，祈る声が聞こえてきます。

このころ，渡来人がもたらした重要な文化に馬の利用（騎馬文化）があります。大阪府蔀屋北遺跡では馬の墓・馬具・渡来系建物などがセットで発掘され，牧（牧場）の跡であると推定できます。群馬県白井遺跡群では火山灰の下に無数の馬蹄跡が刻みつけられ，東日本でも馬の生産がいち早く本格化したことを教えてくれます。馬生産は，広い土地を確保し，飼育・調教，個体管理，馬具生産（皮革加工・木工・金工）などの多くの業種を組み合わせる産業複合体であり，このとき始まった畜力の利用は軍事・荷役・農耕・情報伝達に大きな変革をもたらしました。これは，たとえるなら近代の自動車産業勃興に相当するエネルギー革命だったのです。

5 王権の強化と律令社会への道

朝鮮半島南部と倭のかかわり

日本で出土する古墳時代の外来文物をみると，大局的には金官加耶製（3・4世紀）→大加耶製（5世紀）→百済製・新羅製（6世紀）と推移し（朴，2007），倭と長く友好的であった加耶の没落（562年に滅亡）や，高句麗の南下に翻弄される新羅・百済との外交事情がよく反映されています。

朝鮮半島南西部の栄山江流域には，5世紀後半〜6世紀前半に築かれた前方後円形の墳墓や，埴輪に類した器物が存在しており，倭との間に濃密な人的・政治的つながりが存在したことが明らかです。また，6世紀初めごろ，新羅に圧力を加えるために出兵したヤマト王権の軍を，新羅と結んだ北部九州の首長筑紫君磐井が妨害したと伝える事件（『日本書紀』継体紀に記載）は，朝鮮半島情勢が倭の政情に強い影響を及ぼしていたことを示します。古墳時代最大の反乱と

される磐井の乱は，以後，ヤマト王権の地方首長への介入を強化させる要因になったと評価されています。

伸張する中央の力 　ところで，手工業・馬生産・耕地開発などの振興を計画的に進める地域経営戦略は，ヤマト王権中枢だけでなく，筑紫・吉備・尾張・上毛野などの地方有力首長によっても実践されました（亀田，2008；若狭，2021b）。その経済的成功が，これらの地域に質量とも優れた大型前方後円墳を生み出す財源となったのです。

　こうした台頭や反乱に危機感を抱いたヤマト王権は，次々にそれらの力を削ぎ，6世紀からは各地に直轄地（屯倉＝田園経営・製鉄・製塩などの産業拠点）や貢納集団（部民）を設置していきます。これによって王権の財政基盤を強化するとともに地方統制を強めたのです。

　しかし同時に，屯倉経営や部民の統括のために中央から新技術の移入が促され，耕地・資源の開発や現地管理に結びついて新たな地方勢力の伸張も生みました。6世紀後半，西日本で前方後円墳が下火になってからも，関東地方でなお前方後円墳が多量に造り続けられた現象は，そうした観点から説明（白石，1992）されていますし，日本有数の古碑である群馬県山上碑（681年立碑）・同金井沢碑（726年立碑）には，屯倉と地方豪族をめぐる在地の事情が刻み込まれています。

　同じころ，在地首長をその地域を治める監督者の国造に任命する制度（国造制）も始まり，国造の傘下に所属した部民や屯倉の管轄を通じて，地方首長と王族・中央氏族（たとえば物部氏・大伴氏・蘇我氏など）との結びつきも進行します。島根県岡田山1号墳出土の「額田部臣」の字が刻まれた鉄刀（6世紀中ごろ）は，部民制を通じて地方首長が王権の膝下に組み込まれる過程をよく物語ってい

す。

律令国家への道　奈良県藤ノ木古墳や群馬県綿貫観音山古墳など6世紀後半の古墳からは，百済・新羅製の金工品や中国系器物が出土します。そのため，このころより倭の外交関係の主軸が，加耶から百済・新羅に移行したことが明らかです。欽明朝（6世紀中葉前後）には主たる外交パートナーであった百済から仏教が伝来し，やがて寺院建築に関する技術体系をもった，新しい渡来人集団が招聘されました。

　581年，隋が中国統一を果たすと，推古天皇・厩戸皇子（聖徳太子）・蘇我馬子による政権下で，数回（600〜618年の間）にわたる遣隋使が派遣され，律令国家をめざす動きが加速していきます。618年に隋を倒した唐に対しても，遣唐使が派遣（630年〜）され，文化や国家制度の摂取が急がれました。

　古墳文化の指標であった前方後円墳は，西日本では6世紀後半に，関東でも7世紀初頭には終焉し，350有余年に及んだ古墳文化は終わりを告げます。巨大な記念物によって集団の意思を統合するとともに，墳形の共有によってヤマトとの連合を表示し，そのネットワークによって得られる富を首長が再分配する，こうした前方後円墳をシンボルとした安全保障の仕組みが，もはや機能しない時代に移行したのです。弥生時代以来続いてきた首長と地域集団の互恵的なかかわり，首長たち相互の関係性の枠組みは，律令国家という新システムの登場によって大きく変貌します。

多様な国家の定義　マルクス主義思想家ドイツのF.エンゲルス（1820-95）は，『家族・私有財産・国家の起源』（1965）において国家の要素（領域・公的権力・租税・官僚制）を定義しました。日本の古代史家は，第二次世界大戦後の史的唯物論（マルクス主義歴史観）の潮流の中でこの定義を重視しており，律

令制による中央集権社会への移行をもって国家の成立とする考え方（石母田，1971）が今でも支配的です。それ以前の古墳時代は，大王との擬制的同祖同族関係に基づく部族連合（近藤，1983）の段階であったと位置づけられてきました。

しかし，日本考古学の進展を背景にして，都出比呂志による新しい理論的主張がもたらされました。都出は史的唯物論とは異なる枠組みをもつアメリカ新進化主義の国家形成理論を導入し，古墳時代は相応の条件を備えた「初期国家」の段階にあり，次の律令社会とは「成熟国家」の段階であると位置づけたのです（都出，1991）。これを契機にして国家形成論が活発になり，古墳時代を国家以前の首長制段階とみる意見（鈴木，1983），古墳時代を二分し，前・中期を首長制が発達した初期国家段階，後期を本格国家秩序の始まりとする意見（和田，2004）などが提示されています。

また，ヤマト王権を軸とした首長層の利益共同体を国家とみなす前方後円墳国家論（広瀬，2003）が提唱されているほか，分節国家論・劇場国家論・銀河系政体論など，文化人類学の国家モデルが紹介され，古墳社会との比較が試みられています（新納，1991；福永，2005；佐々木，2004）。日本考古学における理論的研究の乏しさが長らく指摘されてきましたが，こうした側面が深まれば，弥生・古墳文化を世界史の枠組みの中で比較研究することが可能となります。

前方後円墳消滅の歴史的意義

ところで，巨大な王墓として前方後円墳以上に著名なものにエジプトのピラミッドがあります。エジプト第四王朝でピークを迎えた巨大ピラミッドの造営は，官僚機構と中央集権体制を備えた新王国になると衰微し，地下式の岩窟墓（たとえばツタンカーメン墓など）に変容しました。比較考古学の成果によると，こうした巨大な王陵の造営は，さまざまな文明の初期国家形成段階に盛んな傾向が

みられるといいます。つまり王陵とは，神聖王の宗教的権威を墓の大きさによってデモンストレーションすることで，不安定な王権の安定を図る演出装置であったというのです。一方，市民政治（ポリス）が早くに形成されたギリシャのような社会や，キリスト教・イスラム教などの唯一神を奉じる社会（神聖王が生まれにくい社会）では，王陵が発達しにくかったことが論じられています（都出，2000）。

　日本の前方後円墳の歴史的評価もこうした点が参考になります。前方後円墳を支えた社会的特性が理解されるとともに，その終焉が律令国家の成立と不可分の関係にあったことが，世界史の地平からも読み取れるのです。

　前方後円墳の終焉後には，寺社・都城・官衙・城柵など，国家・地域・氏族・教団を象徴する大型建造物が築かれました。しかし，墓を著しく荘厳する文化は，日本には再びあらわれませんでした。すなわち，共同体の承認のもとで特定個人墓に莫大な労働や富を投入した価値観・宗教観・社会システムは，古墳文化の大きな特質として日本歴史に位置づけられるのです。

第10章

古代から中世前半の考古学

奈良県山田寺東面回廊の出土状況

　この調査では，倒壊した回廊建物がそのままの状態で残されていて，古代の建物を彷彿とさせてくれます。腐りやすい木材がこのような形で残るのは稀なことですが，逆に私たちが目にする考古資料は豊かな木の情報が失われた状態であることを痛感させられます。

　歴史学では首都の位置による時期区分が一般的で，飛鳥時代，奈良時代，平安時代のように呼称されています。一方，考古学が扱う物質文化では，必ずしもその画期が文献史の時期区分には合ってきません。7世紀ごろに成立した食器文化は10世紀ごろまで継続しますし，その後の食器文化はやはり中世前半まで踏襲されていきます。このような点から本書では飛鳥時代から中世前半までをひとくくりとしてまとめ，解説を加えていこうと思います。この時代は，文献記録も多く残されていますので，それとの向き合い方も重要なポイントになってきます。本章では，考古学の特徴が発揮できる分野を中心に，歴史を概観してみようと思います。

1 文献史学と考古学

考古学の二者

文献記録が残る時代の考古学を「歴史考古学」と称しています。しかし，その方法は先史考古学と変わることがなく，モノに立脚した型式学研究や分布論，技術論，機能論など，さまざまな研究が行われています。その意味では「歴史考古学」と「先史考古学」とを分ける必要はないかもしれません。あえて分ける理由を求めるとすれば，欧米の研究史にあり，ギリシャ・ローマの古典世界を扱う考古学と，文字のない文化を扱う先史考古学がまったく別々の発達過程を遂げてきたことがあげられます。すなわち，モノから出発して過去の文化や人の営みを明らかにする方法においては共通するものの，豊富な記録のある古典世界についての考古学が，古典学の一部として進められ，結果として，先史考古学とは異なるスタンスで研究が行われてきました。この古典考古学と先史考古学の統合の必要性は，欧米の研究者自身も認めているところですし，実際に取り組まれてきています。

翻って日本では，飛鳥時代以降の宮都に対する研究が著しく進展し，木簡に代表される出土文字資料も大量にもたらされたことにより，文献研究と考古学研究とを総合することが普通に行われています。このような状況は，まさに古典考古学的な様相を示しており，考古学の資料をもとに歴史へ言及する研究も枚挙にいとまがありません。ただし，安易に考古学的事実を文献によって説明することには警鐘が鳴らされ，考古学の方法に立ち返り，文献に頼らない姿勢がしばしば求められていることも事実です。歴史を解明する重要な手がかりを与えてくれる点で，考古学は文献史学と並ぶ手段であり

ますが，両者の協働については，その方法の違いを十分に理解して進めていくことが必要です。

考古学による史料批判　文献記録が残される時代の考古学は，歴史の研究にとって補助的な役割を果たすにとどまると考える人もいるかもしれません。たしかに，「いつ，どこで，誰が，何を，どうした」というような問いに答える資料として，文献記録のほうが圧倒的に有利です。しかしながら，考古学の資料には，それに負けず劣らず優れた特徴があります。

　まず最初にあげられるのは，その資料の普遍性です。文献記録は残り方に偏りがあり，日本列島全体の動向をあぶり出すというような研究には向きません。考古資料は，物質文化に限りますが，全国的な範囲で共通性や相違点を浮かび上がらせることができます。たとえば，中世の焼物の流通範囲，経路の研究は，このような強みが発揮された事例です。また，文献史料は記録者による見方の偏りが不可避であるのに対し，遺跡や遺構，遺物は，あるがままの状況を伝えてくれます。もちろん，調査を行う研究者によって解釈に偏りが生じますが，考古資料そのものは，過去のある一定の事実を保っているはずです。記録に残りにくい庶民の暮らしなどは，各地で発見される住居，墓，生産遺跡を通して，私たちは理解することができるようになりました。一般に生活誌についての情報は，文献からは引き出しにくい状況にあり，考古学の方法に期待される部分が大きいといえます。

　上述したように，文献記録にはその書き手の意識が反映されることが普通であり，そこから歴史的事実を明らかにするうえでは史料どうしをつきあわせる史料批判が欠かせません。しかしながら，文献記録が少ない時代においては，そもそも別の史料によって裏づけをとることが困難となってしまいます。このような点から，たとえ

ば大化改新否定論，聖徳太子不在論など，史料の記載を否定する議論が文献史学においては盛んに行われてきました。このような問題に対して，物証を提供できる考古学の方法は，別の角度からの史料批判を可能にします。

『日本書紀』では，大化改新の契機となった乙巳の変，すなわち蘇我本宗家が滅亡する事件において中臣鎌足の活躍が大きく描かれています。しかし『日本書紀』の編纂には藤原不比等がかかわったことが明らかになっており，その父の事績に潤色が加えられている可能性が指摘されています。この乙巳の変にかかわる考古学的証拠として，吉備池廃寺があげられます。吉備池廃寺がのちの大官大寺に匹敵する規模の金堂・塔をもつ大伽藍であり，その創建時期も7世紀半ばにあることが明らかになり，百済大寺の遺跡とみられるようになりました。乙巳の変後に百済大寺の寺主が定められ，仏教界の中心が飛鳥寺から百済大寺に移行したようにみえます。造営には阿倍倉梯麻呂という人物が「造寺司」としてあたったことが，この寺の後身である大安寺の史料からわかりますが，乙巳の変後に左大臣に昇りつめる人物でもあります（菱田，1994）。吉備池廃寺と同じ型で作られた瓦が四天王寺から出土していますが，これは阿倍左大臣が四天王寺の塔内の仏像4躯，おそらく四天王像を安置したとする『日本書紀』の記事との関係が考えられます。乙巳の変後に難波が実質上の都となり，四天王寺の役割が高くなったことを示していると考えられ，阿倍倉梯麻呂が乙巳の変の前後の時期，重要な寺院の造営に実際に関与していることを示します。こうした点は鎌足の功績をことさらに強調する『日本書紀』の記述とは齟齬をきたしており，考古学的証拠を文献記録とつきあわせることから，ある程度の史料批判が可能になると考えます。

　遺跡の調査において，災害の痕跡がしばしば発見されてきました。そして，人々の生活が途絶して，遺跡が形成される契機として災害がとらえられることもよくあります。したがって，遺跡の調査は過去の災害の履歴を探ることに直結しているといえましょう。

　火災の痕跡は炭化木材として残る場合があり，その集成的な検討が行われています。燃えた建築材や壁材から火元の特定を行うなど，現在の消防による現場検証と同じ見方で検討が行われています。

　自然災害の痕跡もまた調査で確認されることが多くあります。洪水によると考えられる土砂の堆積層は多くの遺跡で見つかっています。また，火山の噴火による火山灰は，広い範囲にわたって同時に影響を与えました。群馬県内においていち早く水田遺構が確認できるようになったのは，榛名山の噴火による火山灰のおかげでした。そして，渋川市の金井東裏遺跡では甲を身に着けた古墳時代の人たちも発見され，火山災害に遭遇した人の姿が浮かび上がりました。一方で，広域に及んだ火山灰は，同時に降り積もるという特徴を活かして，地域を越えた年代決定にも役立っています。

　地震やそれに伴う津波もまた日本列島では代表的な災害です。これまでの調査では地割れや地滑りなどの痕跡のほか，噴砂と呼ばれる液状化に伴う堆積物が確認されるようになりました。この噴砂は，遺跡で発見される場合，地層との関係で年代決定がしやすいという特徴があります。寒川旭の精力的な調査研究の結果，各地における過去の地震履歴が噴砂から推定され，文献に記載されないものも数多く見出されてきました。津波については，海の堆積物の粒子が揃うことが河川の堆積物と異なることを利用し，内陸で発見される海の堆積物が津波の痕跡として評価できます。過去の津波の到達範囲が認識でき，津波の履歴をあぶり出せるようになりました。地震は一定の周期で起こるので，過去の地震履歴が正確にわかると今後の予知につなげられます。このような新しい考古学の利用法としても災害考古学が注目されています。

　★参考文献

　寒川　旭 2007『地震の日本史――大地は何を語るのか』中公新書

年代の枠組み 考古学により文献記録の史料批判を行うためには，それと対峙できるだけの精密な年代が必要となります。もちろん，年月日まで明らかにすることは望めませんが，一世代（四半世紀）程度の幅で時期をとらえることが可能でなければならないでしょう。このような条件に合う資料として土器が早くから取り上げられてきています。飛鳥時代以降についても，飛鳥・藤原土器編年，平城京土器編年，平安京土器編年などが，共通の物差として利用されており，その暦年代についても，造営年代が明らかな施設に伴う資料，あるいは木簡など文字史料との共伴関係の増加により，精緻さが増してきました（西川・河野編，2003）。ただし，都の周辺を除くと，長野県屋代遺跡群，静岡県伊場遺跡，山口県長登銅山跡，徳島県観音寺遺跡など，紀年木簡の出土が知られる遺跡も発見されていますし，また福岡県牛頸窯跡群（写真 10-1）のように甕に直接「和銅六年」と刻字した資料など，地域の中で暦年代を示す資料も見つかっていますが，まだまだ少ないといえるでしょう。そのため，各地の土器の年代については，都の編年を参照しがちです。しかし，この場合も，まず地域において編年を組み，その地域ごとの併行関係を共伴遺物から明らかにして，最終的に都の編年との関係を探るようにすべきです。そういったクロスデーティングによって編年網を作るという意味では，縄文土器や弥生土器の編年と変わるところはありません。

一方，貨幣は世界各地で暦年代を示す重要な手がかりとされてきました。日本列島においても皇朝十二銭に代表される古代貨幣が注目されてきました。しかし，貨幣は一定の流通期間があり，また，地鎮やまじないなどの用途に用いられることもあり，その鋳造時期と遺構の年代が異なる場合が少なくありません。逆に，その年代のズレを土器などから明らかにして，貨幣流通の実態を探ることが課

写真 10-1　牛頸窯跡群梅頭窯跡

題となっています。

2　生産と流通の遺跡から

生産史へのアプローチ　　歴史に対して考古学の成果をどのように統合するのか？　という問いに対し，まず，歴史のさまざまなジャンルについて分けて考えてみるというのが近道です。すなわち，政治史や社会史，経済史，宗教史といったジャンルについて，考古学の資料からどのようなアプローチが可能か，そこから検討してみる必要があります。一般に考古学の資料である物質資料には，作られたときの痕跡や使われたときの痕跡がよく残ります（第2章）。その意味で，まず技術や生産の歴史の材料とすることが容易であるといいますし，そこから流通・経済史へのアプローチが開けます。

表 10-1　手工業生産へのアプローチ

部　　門	生産址 （工場）	生産用具 （機械）	生産物 （製品）
鉄（製鉄）	○	△	×
鉄（鍛冶）	○	△	△
窯（須恵器・瓦）	◎	△	◎
窯（土師器）	△	×	◎
玉・石製品	◎	○	◎
塩	○	△	×
織物	×	△	×

（注）　◎○△の順にアプローチのしやすさを表す。

　考古資料がもつ長所として，普遍性ということを述べました。もちろん，対象とする資料にもよりますが，各地であまねく出土するモノに着目することから，より大きな歴史的な流れをつかむことが可能になります。これは偏在性の著しい文献記録との違いとして強調できる点です。たとえば，焼物の窯跡のような資料は，かなりの精度で全国的な分布を調べることができますし，土器や瓦の場合，年代も比較的容易に判定できるので，生産の変遷を広域にわたって明らかにすることができます。そして，その製品について消費遺跡を探ることを通して，流通史として提示することが可能になります。

　そうはいっても，すべてのモノについて，生産や流通について考古学的に明らかにできるわけではありません。モノによるアプローチの容易さに大きな違いが存在しています。工場（生産遺跡），機械（生産用具），製品に分けて資料としての残りやすさを表10-1にまとめてみますと，須恵器生産や瓦生産は，かなりアプローチが容易ですが，製品が不明瞭な鉄や塩，そして，織物生産にいたっては，工場と製品の双方が残りにくく，機械もわずかに把握できる程度であることがわかります。このような資料のあり方を念頭に置いて，モ

ノから生産を追求することが必要です（菱田，2007）。

須恵器生産と鉄生産 須恵器は，東北地方から九州地方までの範囲で窯跡が発見されており，その生産の消長を追跡しやすい製品で，しかも形や胎土の特徴から産地の識別もある程度可能であるという特徴をもっています。この生産の消長をみてみますと，早くからいわれていたことですが，6世紀後半から7世紀前半に成立する窯場が多く，それが7，8世紀を通して継続的に営まれる場合が普通であるということです。

このような生産の推移から，地域社会におけるひとまとまりの時期としてとらえることが可能になると考えます。それは，文献史学で貢納経済の時代にほぼ相当すると考えられます。静岡県湖西窯跡群や福岡県牛頸窯跡群のような大規模な窯業生産地もまた，このような消長を示すことが把握されており，その典型例とすることができます。

一方，駿河国の助宗窯，遠江国の清ヶ谷窯，あるいは丹波国の篠窯，讃岐国の十瓶山窯など，8世紀になって大規模な生産が展開する窯跡があり，それぞれの国府や国分寺と近い場所に立地する特徴があります。地域の中の生産地には，国衙との関係をもって，生産が展開する例があることを示しています（後藤，2006）。

鉄生産については，製鉄，鍛冶，鋳造の遺構があります。製鉄遺跡は，6世紀後半には岡山県域を中心とする吉備地域で始まっています。この時期以降，各地で発見される製鉄炉の例が激増しており，7世紀を製鉄の普及期として理解することが可能です（花田，2005）。そして，製鉄炉および製鉄用の白炭窯が急速な勢いで近畿地方，北陸地方へと広がっています。近畿地方や北陸地方では製鉄遺跡の立地におもしろい特徴があります。それは須恵器生産との交錯ともいうべき現象です。滋賀県の瀬田丘陵生産遺跡群，京都府の遠處遺跡

群，石川県の南加賀丘陵遺跡群では，いずれも7ないし8世紀の製鉄炉と須恵器窯が築かれており，瀬田丘陵の木瓜原遺跡では，さらに梵鐘の鋳造遺構まで伴っていました。ただし，時期的には同時期に併存するというわけではなさそうで，同じような丘陵の立地をそれぞれの生産分野が利用したという状況がうかがわれます。1つのエリアが工業地区というような位置づけが与えられたことを示すとともに，燃料となる森林資源の制約から，場所を異にして操業が行われたと考えられます。

　製鉄遺跡が最も多く発見されているのが福島県で，とりわけ海岸沿いの相馬地区では数多くの炉跡や白炭窯が調査されています。金沢遺跡群では，100基を超す製鉄炉が発見されており，7世紀後半から9世紀前半までの製鉄が集中的に行われていました。このような福島県における製鉄については，東北経営との関係が指摘されています。鉄の軍需物資としての側面を強調しすぎることはよくありませんが，生産の偏りが明らかになってきた今，その説明をさまざまな観点から検討することが求められています。

> **製品の流通と貢納制**

製鉄遺跡で生産された鉄がどのように流通したかを明らかにすることは困難ですし，製品の残らない塩も同様といえます。しかし，塩の場合，都を中心に出土する荷札木簡からその流通について一定の見通しを得ることが可能です。平城京内から出土する塩の荷札木簡は，調などの税としてもたらされた場合が多く，そこに記された地名から生産地を割り出すことができます。量的にみると伝統的な生産地である瀬戸内の諸国もみられるものの，若狭が4割を占め，他の国々を圧倒していることがわかります（岸本，2005）。生産遺跡でみても，奈良時代には若狭湾岸の製塩遺跡のピークが8世紀にあり，このような輸調（税として調を納めること）の実態を示していると考えられます。

一方で，都への求心的な動きをとらない塩の生産も明らかになっています。平城京出土の調塩木簡には筑前国の例はありませんが，福岡県海の中道遺跡のように，8世紀には製塩遺跡が活発に生産を行っているという事実があります。筑前国という点からは，ここの生産物が大宰府に納められたことが想像されます。このことの参考になるのが牛頸窯跡群での須恵器生産です。『延喜式』に須恵器の輸調国としてあらわれる筑前国を代表する牛頸窯跡では，「調瓺」と記す大甕が出土し，実際に3名が1個の大甕を調として納める目的で生産されていたことが明らかになっています。しかしながら，平城京の須恵器の分析からは，ほかの輸調国である和泉国，尾張国，播磨国の須恵器が出土するものの，筑前国産と考えられる製品が識別されておらず，筑前国からは大宰府での消費が考えられています。塩と須恵器の双方から大宰府を中心とする貢納物生産の存在を想定することが可能になります。

　古代の日本国の版図外でも須恵器や塩の生産はみられます。青森県五所川原窯跡や津軽平野の製塩遺跡がその一例で，9世紀以降の大規模な生産が確認されています。ともに貢納制の枠外にあることは確実視できますので，交易の商品としてこれらの生産が行われていたことになります。そもそも境界地帯では領域を越えた交易が盛んに行われてきたと考えられ，とりわけ動物の毛皮などが重要な物資として認識されていたことが明らかになっています。

　再び貢納制に話を戻すと，漆が付着した須恵器壺類の特徴から，都にもたらされた漆の生産地が推測されています。また，駿河伊豆地域に特徴的な壺が平城京から出土することから，税として納められた鰹の煮汁の容器であると推測された例もあり，記録に記された貢納制が考古資料によって裏づけられた例とすることができます。ただし，古代の流通史においては，貢納制とともに交易が重要な役

割を果たしたことが主張されてきています。各地に設けられた市の
存在，寺院造営時の物品調達のあり方など，記録のうえでも活発な
交易がうかがわれます。考古資料では，関東地域において拠点的な
須恵器生産地から国境を越えて製品が流通している状況が把握され
ていることなど，交易の一端を示していると評価できそうです。お
そらく多くの日用品が地域の中で流通，消費されていたと想像され
ます。

3 宗教・信仰の遺跡と遺物

仏教寺院の展開　古代において研究が進んでいる遺跡として
仏教寺院をあげることができます。それは
瓦という特徴的な遺物が出土することや，礎石をもつ基壇，一定の
区画施設など，ほかの遺跡と比べて格段に把握しやすい特徴をもっ
ているからです。ただし，瓦を葺かない仏教施設の存在も明らかに
なっており，山林寺院など変則的な建物配置の寺院も少なくないこ
とに留意しておくべきです。そのうえで，古代寺院の展開について
みてみると，7世紀後半から8世紀前半に建立のピークがあること
がわかり，一連の仏教奨励策と対応する現象であるといえます。し
かし，建立された寺院の中には，1堂のみ，あるいは1塔のみとい
うような例も多く存在しています。また，伽藍が整っている寺院で
も，最初の建物（多くの場合は金堂）に着手されてから，講堂や外郭
施設などが完成するまでに半世紀以上の時間がかかる場合も少なく
ありません。この寺院造営の過程も，瓦や土器などの出土遺物を吟
味することからみえてきます（第2章図2-1参照）。

　各地の古代寺院は，創建の状況ばかりでなく，その存続形態も遺

構や遺物から明らかになります。『続日本紀』の記事では，延暦10（790）年に山城国内の寺院の浮図（塔）を修理する命令が出ていますが，長岡京期の瓦が山城国内の主要寺院から出土することと対応し，塔跡周辺で顕著である樫原廃寺の例などがその証拠になると考えられています（山中，2001）。いずれの寺院も創建は7世紀であり，長岡京期の瓦が修理に用いられたことは確かです。このことは，文献記録が示す政策が考古資料の示す実態によって裏づけられている事例になります。このような補修活動がうかがえる一方で，9世紀になると，退転する古代寺院も多く，造営者である壇越の豪族たちによる寺院の維持管理が困難になっていく状況がうかがえます。

　仏教寺院では，僧侶の諸活動，すなわち法会・法要などの宗教活動や寺院経営にかかわる経済活動が重視されます。資財帳の残る中央の大寺院は別とすると，このような僧侶の活動を把握することに困難が伴います。しかし，関東地方の国分寺の調査では，寺院の経営施設が明らかになっているほか，大阪府九頭神廃寺（図10-1）で寺域内が築地によって区画され，倉庫群や管理建物が設けられていたことが判明しており，このような寺院経営の施設が奈良時代の寺院に設けられていることがわかりました。

　9世紀には，それまでの寺院とは違って，集落の一画に小規模な仏堂が営まれる事例が観察されており，村落寺院として評価されています（須田，2006）。浄瓶や鉄鉢形といった仏具としての須恵器が出土するほか，瓦塔をもつ場合もあり，仏教施設であることが知られます。七堂伽藍を整える古代寺院とは異なり，実質的な仏教の普及を物語る例として評価する必要があります。

神社と律令祭祀

　神社は，寺院と並ぶ宗教センターとしてとらえられますが，考古資料からの把握という点では寺院よりも格段に困難が伴います。というのも神社には遷

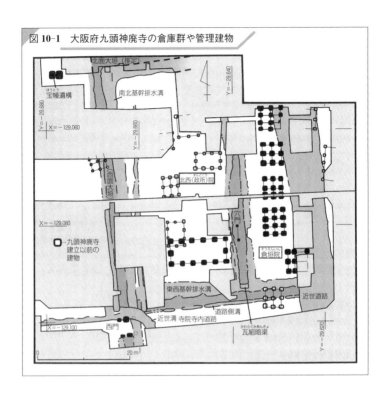

図 10-1　大阪府九頭神廃寺の倉庫群や管理建物

座（移動）が行われることがしばしばあり，『延喜式』所載の式内社についても，近世から明治期の考証によって比定された事例が一般的で，現在の社地との関係が不確かである場合が多いからです。したがって，発掘調査によって神社境内や周辺の調査によって，神社の変遷を探る必要があります。瓦葺きで基壇建物をもつ寺院の堂宇と比べて，掘立柱の建物で構成される神社遺構は，住居や倉との区別が困難ですので，特徴的な遺物の出土がないと神社であると特定することが難しくなります。そうした中で，島根県出雲市の青木遺跡では，8世紀にさかのぼる神殿跡が発見され，付近からは神像

も出土したことから，古代の神社跡であることが確実視されています。発見された9本の柱からなる建物は，一見すると倉のようにもみえますが，中央の柱が太い点や，向かって右側に入り口が設けられるなど，今日の大社造りと同じ形式の神殿に復元できました（松尾，2006）。また，神殿の背後側には，多くの人々が集う饗宴の施設があったことが判明しています。

　滋賀県塩津港遺跡では，12世紀の神像や起請札が出土し，神社遺構であることが確定しましたが，その社殿の遺構は8世紀まではさかのぼることが推測されています。以上の事例からは，社殿を構える神社が8世紀には成立していることがうかがえます。文献記録では神社の修造記事が天智朝にあり，7世紀代の神社の社殿がどうであったか，今後の発見に託されています。

　神祇については，神社と並んで人形，馬形などの形代や斎串，あるいは墨書人面土器などを使用する祭祀があげられます。これらは，律令の祓，道饗祭，鎮火祭などに関連する祭祀と想定されることから，律令祭祀と呼ばれてきました。古墳時代においても水辺や山中，岩陰などで祭祀が行われており，それらとの接続や断絶が議論されており，人形や斎串といった特徴的な祭具も古墳時代にさかのぼる可能性があります。ただし，前期難波宮（長柄豊碕宮）の西北隅でそれらがまとまって出土しており，国家のもとで編成された祭祀形態としての性格が強いと判断されます（金子，2000）。その後も，宮や京の四至など，特定の祭場の存在が指摘でき，また同時に国府，郡家などの周辺でもみられ，都から地方への普及も追跡することができます。平安京では記録にあらわれる七瀬祓との関係で祭場の分布が説明でき，水辺の祭祀としての側面が強くなっていくようです。

　疫病などの伝染病についても仏典の読誦とともに神祇への奉幣が行われました。疱瘡よけの信仰として知られる蘇民将来札が長岡

京から出土しており，中世以降に盛んになる牛頭天王信仰の走りとして注目されます。また，離別の願文など道教的色彩の濃いまじないなども，都城出土の墨書土器に記されており，その後の日本列島における宗教基盤が古代において形成されていることが出土遺物からうかがえます。

4　集落，官衙，都城

古代集落と豪族居宅

社会の変遷を知るうえで，集落の変化を明らかにすることがたいへん重要な意味をもっています。古代集落では，千葉県山田水呑遺跡のような広範囲に調査された事例に基づいた分析（鬼頭，1985），あるいは同県村上遺跡群のように，墨書文字の出土が多く，住民の関係がうかがえる例など，顕著な例に着目した研究が行われてきました。しかし，莫大な数の遺跡からすると，集落の問題で取り上げられているのは氷山の一角といえます。

　集落遺跡と社会との関係を知るためには，古代から中世までの長いスパンで変遷を検討することが重要です。近畿地方での変遷では，10世紀の変化で，条里を基準とした屋敷地の確保，そして建物の配置がみられるようになります。その変化を示す例として大阪府長原遺跡があげられますが，条里そのものは奈良時代にさかのぼるものの，10世紀の段階に敷設された条里が集落構造に大きな影響を与えています。この変化ののち，一定の区画の中に主屋と倉を設け，散村的な分布を示す村落が成立し，中世後半には集村化へと向かうことになります（広瀬，1986）。

　10世紀は集落の消長においても重要な転換点と考えられていま

す。北陸地方の集落に対する研究から指摘されていましたが（宇野，1991），近畿地方でも古代集落の終焉する時期として10世紀が大きな画期となっています。条里地割りの本格的な施工もこの時期にあることから，地域社会における転換点としてみなせます。

　古代においては豪族居宅を見出すことに困難が伴います。5世紀の首長居館のような隔絶した存在の遺構がないことによりますが，また同時期に存在する官衙との識別が困難であるということにもよります。すなわち，末端官衙と総称される郡衙よりも下位の地方行政施設の存在が明らかになっていますので，それらと居宅との区別が容易でないという事情があります。このような点に配慮しつつ，古代の豪族居宅が抽出されてきています（山中・石毛，2004）。代表例ともいえる埼玉県百済木遺跡についてみてみますと，一般集落にはない大型の掘立柱建物をもち，一方でカマド屋と推定される大型の竪穴建物も交えるといった構成になっています。敷地の面積は3000 m² 超であり，史料にみえる貴族の家地，3段に近似します。

　ただし，古代において豪族居宅が一般集落に対して規模で圧倒するということはありません。むしろ平安時代末ごろから，大規模な豪族居宅が出現し始め，のちの城館につながっていくと考えられています。その典型とされているのが12世紀後葉に成立する大阪府和気遺跡で，濠をめぐらせた屋地に床束をもつ大型の掘立柱建物を中心に，館ともいうべき様相を呈しています。このような広壮な屋敷の出現が武士の時代を象徴しているといえるでしょう。

官衙遺跡の変遷　官衙については，国衙や郡衙の調査が進み，その性格や変遷が明らかになってきました。とくに，郡衙遺跡の成立時期については，7世紀末ごろにピークがあり，整然とした建物配置をもつ郡庁や正倉院が成立しています（山中，1994）。郡庁では，細長い建物（長舎）をロ字形，コ字形に配

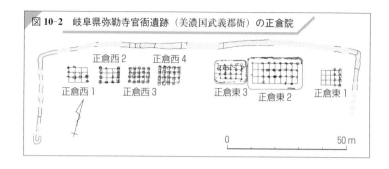

図 10-2　岐阜県弥勒寺官衙遺跡（美濃国武義郡衙）の正倉院

正倉西 2　　正倉西 4

正倉西 1　　正倉西 3　　　正倉東 3　　正倉東 2　　正倉東 1

0　　　　　　　　50 m

するパターンが古く，長舎を伴わず，建物を品字形に配するパターンが新しいという変遷が想定されています。正倉では掘立柱から礎石立ちへの変化や，大型化が指摘されています。このような郡衙遺跡の変遷は，その機能の変化と密接な関係をもっていると考えられます。また，郡衙正倉では火災にあった痕跡が確認されている例が多くあり，史料にあらわれる「神火」の実態を示す事実として注目されています。炭化米が出土することも多いのですが，岐阜県弥勒寺官衙遺跡（美濃国武義郡衙，図 10-2）のように穂のついた穎稲であったことが推測できる例もあり，倉の中の内容物を探ることが可能になっています。この遺跡では郡庁院の北に正倉院が位置し，その東側で館あるいは厨と考えられる施設も明らかになっています。

　郡衙遺跡と国衙遺跡は，ともに地方行政を担った施設としての共通性がありますが，その消長には違いが生じています。国衙遺跡の成立は 8 世紀前半にピークがあり，郡衙にやや遅れますが，8 世紀後半に瓦葺き，そして礎石立ちの建物になるなど，しだいに荘厳になっていく傾向があります。一方で，終焉の時期は，郡衙遺跡では 9 世紀のうちに衰退することが多いのに対し，国衙遺跡は 10 世紀，あるいはそれ以降も存続する例がみとめられます。両者の違いは，国と郡の性格の違いを示していると考えられますが，郡の長官であ

る大領・少領に任じられる伝統的な豪族層の衰退や勢力の交替を背景にしていると考えられ，平安時代には在地の有力者が国衙の在庁官人化していくことと符合すると考えられます。

都城と都市 日本列島における都市の成立については諸説があります。かつては平城京も完全な都市とはいえないとする見方もありました。しかし，首都としての役割を重視して，藤原京，あるいは飛鳥浄御原宮（あすかきよみはらのみや）の段階の飛鳥を都市としてみなす見方が提示されています（山中，2004）。人口集中や農村からの分離といった点が都市の要件ですが，同時に都市がもつ独自の機能にも着目する必要があります。それは，政治，宗教，経済という3つの機能です。

天武天皇の飛鳥浄御原宮の段階には，宮殿という政治センターに加えて，川原寺や飛鳥寺といった宗教センターが設けられ，飛鳥池遺跡のような手工業拠点をもつことから，生産流通の経済センターが成立していたと考えられます。平城京では，政治センター（平城宮），宗教センター（大安寺・元興寺・薬師寺など），経済センター（東西市）が条坊空間の中に配置されており，こうした都市機能が集約された状況を示しています。この3つの機能を重視する立場から，前期難波宮においても，四天王寺と難波津とを同様に評価することが可能であり，都市の形成過程において重要な位置にあることがいえます。条坊制は中国を手本としましたが，形のうえで中国の都市を採用しつつ，列島中枢部での内在的な発展の結果として，飛鳥時代の首都をみなす必要があると考えます。

長岡京や平安京では，最初から碁盤目状の街区，条坊が完成していたのではなく，南辺部を中心に，施行されなかった場所があることが判明しています。短期の長岡京は別にして，平安京でもこのような現象がみられる背景に，形としての条坊制よりも，実際の都市

としての内実が重視されていた結果と受け取ることができます。そして，平安中期以降の市周辺の市町が発展し，中世の都市へと展開していくことが見通されています。また，平安京への物流拠点として山崎や大津が発展を遂げますが，このような地域にも都市的空間が現出したと考えられ，中世の商業都市の萌芽と評価できましょう。

　国府と国分寺，国府市というように，政治，宗教，経済のセンターは奈良時代に各地に設けられており，さながら地方都市というべきものが出現していたといえます。郡衙とその周辺の寺院などもまた，さらに縮小版の地方都市として呼べるかもしれません。しかし，人や物の集散の中心地として本格的な地方都市が出現するのは，交通，流通の発達する鎌倉時代をまたなければならなかったと考えられます。

5　古代から中世へ

器の変化から

日本史では，古代と中世の境をめぐって，いくつかの節目が問題とされてきました。つまり，鎌倉幕府の成立，院政の開始，そして藤原道長期の時代を重視する考え方もあります。考古学からは，この問題にどのようにアプローチできるのか，瞥見しておきたいと思います。

　この問題に関して物質文化の面では，食器の杯類から椀類への変化が取り上げられてきました。杯類は 7 世紀に成立し，法量分化を伴って豊富な食器構成を生み出し，官僚の給食文化を支えるものとなってきました。一方，椀類は中国の磁器を模倣することから始まり，木器や漆器も含め，中世を通してみられる食器文化を形成しています。そして，椀の成立時には壺，鉢，甕を主体として生産する

窯業地が生まれ，それは中世窯業地の代表的な器種構成と共通しています。たかが器の形といえばそれまでですが，大きな流れの中で時代を画す変化であることは確かです。新しい椀類の生産を行った代表的な産地として兵庫県神出窯があげられ，ここでは，とりわけ鉢の生産に集中し，その製品は都をはじめ各地に広く流通したことが確認されています。

12世紀になると神出窯は瀬戸内海沿岸部の魚住窯に鉢の特産地としての地位を譲ります。12世紀後半には常滑窯や渥美窯も成立し，東海地方でも沿岸部での窯業生産が活性化しています（図10-3参照）。相前後する時期に能登の珠洲窯が成立し，日本海側を広く販路とする生産地として急速に生産を拡大させていきます。このような窯業立地の変化は，海上交通網の発達と無縁ではなく，中世の遠距離交易の幕開けを物語っています（古岡，1994）。実際，珠洲窯の製品は北海道にまで到達していますし，常滑窯や渥美窯の製品も東北地方に及んでいます。この時期には琉球列島もまた交易圏に組み込まれており，徳之島のカムィヤキ陶器窯の製品が沖縄本島に数多くもたらされています。同時に沖縄のヤコウガイが日本列島に運ばれ，工芸や建築の材料として用いられています。国境を越えて開かれた交易が展開している状況を知ることができます。このように，単なる食器や焼物の変化にとどまらず，生産流通史の大きな画期が10世紀と12世紀にあることがわかります。

その後，室町時代に越前や備前などで大窯が登場し，窯業生産と流通が大きく変動します。輸入陶磁器を含め，中世後期に向けて大きな変動があり，その中で珠洲窯などの伝統的生産地が衰退していきました。

前節でも触れたように，集落遺跡においても10世紀に大きな変化があります。そして，荘園に関する遺跡が増加するのも10世紀

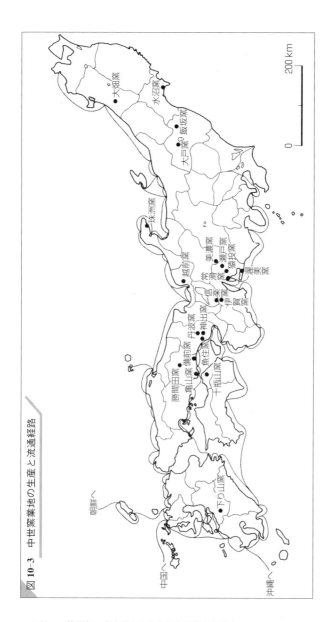

図 10-3 中世窯業生産地と流通経路

以降のことです。各地に成立する荘園と都をつなぐ流通網，さらに
それが地域と地域をつなぐ商業活動に転換していったことが想像さ
れます。商品的な価値をもつ特産品が各地にあらわれることもまた
古代から中世への大きな変化とすることができます。

仏教寺院の盛衰

宗教においても古代から中世への転換がう
かがえます。文献史学では浄土思想や鎌倉
新仏教の登場が重視されますが，考古学からは，少し異なった特徴
を抽出することができます。先述したように，7世紀から8世紀に
かけて仏教寺院が数多く営まれましたが，9世紀には修理が追いつ
かず衰退する様子がうかがわれました。そのため寺院が減少するか
の印象を受けますが，実際はそうではなく，「村落寺院」など法会
を行う会場としての寺院が各地に営まれるとともに，山寺が爆発的
に増えていったと考えられます。山寺は中世の修験に伴うものがよ
く知られていますが，それよりも古く，各地の国分寺僧などの修行
の場として8世紀から成立し，9世紀にはその静謐な環境が好まれ，
数を増やしていきました。京都府宮津市の成相寺のように，中世以
降に名刹として知られる寺院も，奈良時代に淵源があることが出土
遺物から明らかになっており，麓にあった丹後国分寺との関係が想
定できます。この成相寺では，本格的な寺院の整備は12世紀ころ
であり，しだいに多くの堂舎を連ねる一大霊場に発達することが明
らかになっています。このような古代の山林修行から中世山寺への
転換が各地で観察できるようになってきました。

経塚と五輪塔

経塚が10世紀に登場し，中世を通して爆
発的な勢いで普及していくことも古代から
中世への転換として取り上げることができます。熊野，朝熊山，背
振山など，顕著な集積地を生み出し，中世独特の霊場を創出してい
ます。弥勒出生との関係から末法思想との関係が問題とされますが，

それだけで理解するのは正しくはありません。その創始は藤原道長による金峯山経塚での埋経で，その経筒には，現世利益や極楽往生が願われているからです。いわば新しい仏教帰依の手段として，埋経行為が貴族層に浸透したと考えられ，古代の仏教観とは乖離していく状況であるとみなせます。こうした動きが10世紀に登場する点が，やはり注目されます。

　同様に新たに登場し，爆発的に普及したものとして五輪塔や宝篋印塔をあげることができます。製作年代のわかる最古の石造五輪塔は平泉中尊寺の仁安4（1169）年銘の資料ですが，五輪塔の創始はさらにさかのぼって，白河天皇の中宮賢子の死（1084）に際して，その翌年に金銅製五輪塔に遺骨を納めたのが史料上の初見になります。遺骨を仏舎利と同様に扱うことが墓としての塔の製作のきっかけになったと考えられます（上島，2010）。この五輪塔は中世を通して一般的な墓石として普及していきますから，その創始は中世的世界の登場として理解することができます。

　経塚や五輪塔といった物質資料だけから仏教の変化を云々することは問題があるかもしれません。しかしモノとして残されているという特性から，その背後にある信仰がいかに急速に広い範囲に普及したかを明らかにできるという利点があるのも事実です。このような考古資料にあらわれる動きに対して説明をつけていくことから，宗教においても古代から中世への転換をモノから明らかにできると考えられます。

第11章　中世後半から近現代の考古学

東京都汐留遺跡（新橋停車場跡）の全景

　1980年代ごろから東京の再開発に伴って，江戸時代の遺跡が数多く発掘されるようになりました。上の写真は現在の新橋駅近くの汐留遺跡の発掘調査時のもので，ビルに囲まれながらも広大な遺跡からは江戸時代の大名屋敷跡や近代の鉄道発祥の地である停車場遺跡が見つかりました。中世後半以降は全国的な商品流通が一般化し，遺物の種類や量も豊富になっていきます。また，現在の日本における大多数の県庁所在地は，戦国・織豊期から江戸時代の城下町を起源にしています。その意味で，中世後半から近世の時期は，現代の日本を形成する基盤が作られた時期だといえます。本章ではそうした中世後半から，産業考古学や戦跡考古学に代表される近現代の考古学までを紹介します。

1 文献史料が豊富な時代の考古学

中世後半から現代につ
ながる要素

今日の日本における大多数の県庁所在地は，戦国・織豊期から江戸時代の城下町を起源にしています。城下町だけでなく，15世紀中葉ごろには，いくつかの城下町周辺の村落は消滅し，同時に全国的に集村化が進展していくことが知られています。こうして，現在村落が存在している場所に村が移転してきたのも，多くの場合，同じ時期にあたります。このように，今日の日本列島における多くの都市や村落の基本的な配置は戦国・織豊期に入ってから決まったといえます。

　また，後述するように，陶器の生産と流通の仕方においても，中世後半には海運をベースとした全国的な商品流通が展開したことから，前半と後半では大きく様相が変わっています。近世に入るとこうした傾向はますます強くなり，全国的な商品流通網の完成と特産品の成立，新田開発や用水路の整備，海岸部の干拓などの国土開発が行われ今日の日本につながる基盤が完成します。また，近世以降は豊富な文献史料が存在する時代で，考古学的成果もそうした文献史学の成果を無視しえない状況にあり，文献史学と歴史考古学の関係も，おのずと古代における関係のあり方とは異なってきます。

　こうしたことから，本書では中世を前半と後半に分けることとし，本章では中世後半以降の考古学を中心に取り扱います。また，近年，産業考古学の成果に依拠した近代化遺産の選定や，戦跡考古学の進展に牽引されるかたちで，より新しい時代を対象とする近現代考古学も提唱され始めています。本章ではこうした新しい動きについて

も取り扱います。

後中世考古学

　まず，日本の中世後半のテーマごとの具体的な概説に入る前に，海外の考古学における動向に触れておきたいと思います。ヨーロッパ，とくにイギリスの考古学では，中世と近代の間を区分して後中世考古学（Post-medieval archaeology）という分野があります。15世紀末のチューダー朝のころからおおむね18世紀半ばまでを扱います。産業考古学とも深く関連する分野です。この後中世考古学の特徴は，考古資料のほかにはっきりとした文献史料が存在しているため，それらの文献史学で指摘された社会的・政治的な変化の影響を，考古資料の中に読み取っていくことに重点が置かれていることです。このことは，日本における歴史考古学と文献史学との関係を考えるうえでも重要なポイントです。

　一般に考古学は，発掘調査で見つかる目先の事物に着目して，どんどん細かく観察・分類することに傾倒しがちで，それらの観察から得られた膨大な成果を，当時の政治的・社会的な構造の解明にどう結びつけるかということにつながらないことがあります。もちろん，政治や社会構造の解明だけが考古学の目的ではありませんが，文献史学の成果を踏まえつつ，広義の歴史学として両者を総合的に取り扱っていくことで，当時の社会全体を復元するという大きな目標をもつことはきわめて重要だといえます。

　かつて，考古学は文献史学を補佐する「補助学」であるとの見方がありました。また，現在でも考古学は原始・古代が占める研究の比重が大きいといえますが，文献史料が豊富な時代を扱うからこそ，文献史料とは異なる視点で当時の社会を復元しうる考古学の資料的特性を自覚して研究していくことが必要です。その意味でも，イギリスの後中世考古学の視点に学ぶところは多いといえます。

また，後述するように，北米の歴史考古学ではアフリカ系アメリカ人や先住民などのマイノリティについての研究が進展したことにより，考古学全体と現代社会との関係が問い直され，考古学における物語化の問題や考古学の存在理由についての言及がなされています。

　こうした海外における歴史考古学の動向を踏まえることは，日本の歴史考古学を見直すことにもつながります。中世後半以降の新しい時代を扱うことは，文献史学だけでなく，民俗学・歴史地理学など隣接する分野との学際研究が必要となります。それだけに，新しい時代を対象とする歴史考古学は自らの資料の有効性と，方法論に自覚的になる必要があります。

2 城郭と城下町の形成

中世城郭研究史　　中世の考古学において広く関心を集めている分野として，中世城郭（じょうかく）や館（やかた）の研究があります。そもそも，中世城郭についての研究は，第二次世界大戦前から要塞研究として，軍事的考察を主目的とした日本城郭の発展史の中に位置づけられて研究されてきました。ところが，いわゆる高度経済成長期に各地で開発事業が激化したことから，全国の城郭遺跡でも緊急発掘調査が行われたことで，考古学的な解明が進みました。その結果，中世城郭が全国的に急激な増加を示すのは，15世紀以降であることがわかってきました。

　さらに，それらの中世城郭は，各地域における軍事的拠点として機能していたばかりではなく，当該地域における政治・経済・文化の拠点として中心的な機能を兼ね備えていたことが明らかとなって

きました。こうした成果の中から，1966 年から文献史料を中心として近世城郭と著名な中世城郭に言及し，その歴史性と城主の比定を行った『日本城郭全集』が刊行されました。さらに，1979 年からは『日本城郭大系』が刊行され，遺跡の実証的調査に基づきながら全国的に各地の城郭跡を概観することが可能となりました。

　また，近年では城郭跡の史跡整備も各地で進められています。とくに国史跡の東京都八王子市滝山城跡では，AR（拡張現実）により合戦の様子などをイラストや動画で再現し，スマートフォン等を現地で現実の風景にかざすことで体感できる仕組みを取り入れるなど，遺跡の保存活用を考えるうえでも新しい試みがなされています。

縄張り論と政治的・社会的構造の解明

　先述したように，中世城郭は戦国期の社会において中心的機能を果たしたために，中世城郭研究では文献史学・考古学をはじめとする幅広い学際的アプローチがなされています。なかでも，城郭の構造に言及した，いわゆる縄張り論においては，要塞研究の色彩の濃かった戦前の研究を批判的に継承し，単に軍事施設としてのみとらえるのではなく，戦国期の権力編成を明らかにしようとするものでした。とりわけ，村田修三は，それまでの民間での城郭研究と歴史研究を統合し，小規模城郭を事例に，城郭の軍事面での把握が権力編成論の深化にとって有効であることを論証しました（村田，1980）。この研究が理論的支柱になることにより，中世城郭研究会，城郭談話会を中心とした研究の組織化と論点の深化が進み，城郭から城下へと研究領域が拡大することにつながりました。

　さらに，松岡進は「戦国期の領域権力にとって軍事と政治とは不可分であったという認識に基づいて，城館の軍事的特徴を同時に政治的内容をはらむものとしてとらえ，縄張図による個別城館遺構の把握とそれらが組成する城館群の体系とを通じて，権力体の構造と

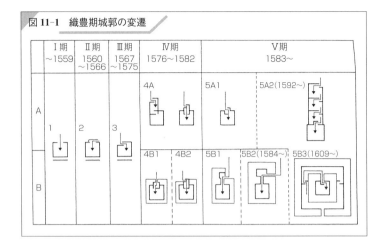

図 11-1　織豊期城郭の変遷

	Ⅰ期 ~1559	Ⅱ期 1560 ~1566	Ⅲ期 1567 ~1575	Ⅳ期 1576~1582	Ⅴ期 1583~
A	1	2	3	4A	5A1　5A2(1592~)
B				4B1　4B2	5B1　5B2(1584~)　5B3(1609~)

その展開過程を追求する」(松岡, 1988) といった方向性を示し, 各地の城郭での実態把握が活発化しました。また, 松岡は地域の城館群を横断的に分析することにより, 境界地域の城の類型化を通じて, 各大名の領国の特色からみた全体史を模索しました (松岡, 2002)。

　それに対し, 千田嘉博は, 虎口<ruby>こぐち</ruby>と呼ばれる出入口の分析によって, 織豊系城郭が強い規範性をもち, その政権下の諸城に一貫して強い影響力を有していたことを指摘しました。また, 城郭プランによって把握した軍事性を, 築城主体の権力構造と表裏一体の関係にあったものと規定したうえで, 城郭プランの並立構造から求心構造への変化が築城主体の権力構造の変化と対応したとしました (図 11-1: 千田, 2000)。文献史学の成果を踏まえたうえで, こうした城郭遺構について考古学的知見をもとにして戦国期の権力構造の変遷に言及する中世城郭研究は, 先に述べたような, 広義の歴史学として当時の政治的・社会的な構造の解明に結びつけた好例といえます。

縄張り論と城郭プランに基づく城郭研究に対して，もう1つの中世考古学の代表的成果と呼べるものが福井県一乗谷朝倉氏遺跡をはじめとする城下町の研究です。朝倉館跡を中心として，狭い谷の中に家臣の屋敷や寺院が散在する寂れたイメージが，1967年に始まる発掘調査によって一変し，道路遺構に面して整然と区画された城下町であることが次々と明らかにされました。三方を土塁と外濠で防御された朝倉義景館跡には，常御殿を中心に，主殿，会所，茶室など17の建物が配置されていました。武家屋敷跡は計画的に縄張りされた区割りに従って土塁をめぐらし，主家，蔵，納屋，井戸，便所などの日常生活空間が配されていました。町屋跡は約200軒検出されており，越前焼の大甕を多数所有する紺屋もしくは油屋，数珠師，鋳物師，鍛冶師，かわらけ作り，左官のほか，中国金・元代の医学書『湯液本草』の断簡が出土した医者宅にいたるまで多彩な職種が判明しています。生活用具も，調理・貯蔵・食膳具などの多量の陶磁土器類をはじめ，暖房具，灯火具，化粧道具，履物，硯などの文房具，将棋の駒などの遊戯具，武具や柿経等の宗教遺物など，多岐にわたる遺物により日々の暮らしが明らかとなりました。

　一乗谷朝倉氏遺跡において認められた，このような城館と城下町の一体構造は，宮城県本屋敷遺跡のように国人など小規模な在地領主クラスにおいても確認されるようになりました。その意味で，一乗谷朝倉氏遺跡の発掘は，考古学の立場から城下町論に新たな展開をもたらす契機となりました。

織豊期以降になると惣構と呼ばれる城郭形態が成立し，城下を都市化することが目指されるようになります。惣構とは中心となる城郭とその周囲に配置される武家屋敷地と町人地，寺町などで構成されます。こうした

城下町の構造は求心性が顕著で，城郭に近いほど上級家臣の屋敷地が配され，周辺部は下級家臣の屋敷地となっています。町人地は城下町の外側から進入し城郭を遠巻きに貫通する街道に沿って建設されるのが一般的です。江戸の場合，全体の7割近くを武家地が占め，残る3割を町人地と寺社地が折半していました。武家地のうち，約6割弱を大名の屋敷地が占め，残りが旗本や御家人などの幕臣地が占めていました。大名が約260家，旗本御家人が合わせて2万家以上あったことを考えると，大名屋敷の比重がいかに高かったかがわかります。

　江戸の場合，土地の所有形態には幕府から与えられた拝領屋敷と，自ら購入した買得屋敷がありました。下級の幕臣の中には拝領した屋敷地を町人らに賃貸する場合も多く，実際の居住形態は，一般の町屋敷と同様であることも多くありました。

　江戸の考古学では，こうした武家地の分析が進んでおり，多様な居住形態が明らかになってきています。とりわけ，大名屋敷では大名だけでなく使用人も起居しており，藩主の居住する御殿空間と家人の居住する詰人空間とでは，家の面積だけでなく，使用される陶磁器などの生活財の質も異なっていたことが明らかにされています。

世界の都市遺跡　先述したように，ヨーロッパを中心に後中世考古学が進展したことにより，各地で日本の近世期に対応する時期の都市遺跡が発掘されています。なかでも，オランダの大都市アムステルダムでは，発掘調査により都市形成の様子や日常生活の復元が進んでいます。とくに，17世紀初頭にオランダ東インド会社が設立されるとアムステルダムは世界最大の国際港湾都市となります。発掘調査でもそれを裏づけるように，イタリア，スペイン，ポルトガル，フランス，ドイツ，中国や日本からの輸入品が出土しています。逆に，鎖国下の日本においても，

Column ⑬ ディーツとアメリカの歴史考古学

　ジェイムス・ディーツ（1930-2000）は，アメリカ合衆国ノース・ダコタ州におけるアリカラ族の土器調査を行い，『アリカラ土器における形態的変化の動態』を著して，土器に描かれる装飾的モチーフは結婚によって変化することを指摘しました。これにより，彼はプロセス考古学（かつてはニューアーケオロジーとも呼ばれた）の主唱者の1人として広く知られています。その後，彼は歴史考古学の研究にも取り組み，ニューイングランドの墓石の調査から，その連続的な変化をセリエーション・グラフによって示したことでも知られています。本書第3章で紹介したセリエーション・グラフを用いたさまざまな分析法も，彼の研究によるところが大きいといえます。

　また，彼はプリマス植民地の歴史考古学的研究を行ったことでも知られています。プリマス植民地とは1620年12月16日メイフラワー号に乗ったピューリタン（ピルグリム・ファーザーズ）たちが上陸した地域で，アメリカ合衆国史に名高い国の史跡になっている場所です。彼は，この史跡公園の運営にあたって，考古資料だけでなく，民族資料や文献資料を駆使して，衣食住から使用言語にいたるまで細部にこだわった全体的な生活復元を試みました。

　ディーツは，『考古学への招待』（ディーツ，1994）という入門書を著して，考古学の役割や考え方，調査研究の手法を具体的に解説しています。彼の歴史考古学に対する研究姿勢は独特かつ示唆的であることから，歴史考古学のみならず広く考古学者に受け入れられ，『考古学への招待』はアメリカをはじめ，多くの大学で教科書として用いられています。

プリマス植民地——史跡公園の様子

クレイパイプやジンボトル，ワイングラスなどが出土することが知られており，オランダでの発掘調査成果との対比が行われています。また，ロンドンでも同様に発掘調査が進められており，ヘンリー8世時代の仮の王宮であるブライドウェル宮殿や，ローズ座・グローブ座といった劇場の調査が知られています。

　アメリカ合衆国では，ディーツによる初期移民の歴史考古学的調査が知られています（*Column* ⑬参照）。都市遺跡としては，ニューヨークの調査が注目されます。1609 年オランダ西インド会社によりニューネザーランド地域が植民地となり，その後，1626 年にオランダがマンハッタン島をニューアムステルダムと名づけて居住地としました。1664 年第二次英蘭戦争でイギリス領となりニューヨークに改称されて以降も都市化が進みました。ニューヨークの発掘調査で特筆すべきことは，1991 年連邦政府ビルの建設により発見されたアフリカ人埋葬墓地です。近年アメリカ合衆国では，マイノリティの権利の尊重が図られており，この墓地も奴隷貿易の証拠として一部地中保存されることとなりました。現代社会におけるこうした社会的要請により，考古資料のあり方に影響が生じるということは，後述する日本の近現代考古学を考えるうえでも，重要な問題といえます。

3　陶磁器研究と流通

中世陶器と器種組成の変遷

　第 10 章 5 に書かれた中世前半の窯業地に代わって，中世後半に入ると越前窯，瀬戸・美濃窯，常滑窯，大和型瓦器，備前窯などの陶器が広域に流通するようになります。こうした流通は海運

によって行われたと考えられ，それには，各地の港湾都市が大きく関与していたと推定されます。博多，草戸千軒，淀津，堺津，安濃津（伊勢大湊），鎌倉六浦，十三湊などの主要な中世港湾遺跡の発掘調査も手掛けられるようになってきたため，そうした広域流通の実態が明らかにされつつあります。また，全国各地の消費地遺跡の発掘調査結果から陶磁器構成比率なども計算されるようになってきました。都市的な構造をもつ城下町遺跡では，食膳具としての中国産陶磁器が高い割合で出現します。それに対し，東日本では瀬戸・美濃窯製品が卓越している現象も指摘されています。さらに，東北日本の主要遺跡でも，中国産陶磁器の使用比率が高いことがわかっています。

| 貿易陶磁 |

中世における輸入陶磁器のうち，大量に出土しているものは 12 世紀後半から 14 世紀前半にかけての中国産の青磁や白磁と，16 世紀から 17 世紀初頭にかけての中国産の染付（青花）です。この間の 15 世紀代は「明ギャップ」と呼ばれ，日本だけでなく東南アジアにおいても中国産陶磁器の出土が相対的に減少します。15 世紀初頭から 16 世紀初頭までの時期はいわゆる勘合貿易の時期でもあり，中国からの陶磁器輸入に影響があったと考えられます。また，この時期には，朝鮮の陶磁器や，琉球王国を中継して安南やタイの陶磁器も出土しています。このことは中世の一括大量出土銭についてもいえます。大量に出土する中国の北宋銭に交じって，朝鮮や安南，琉球の銭貨がごく少量ながら含まれていることにも符合しています。

16 世紀以降の私貿易による輸入陶磁器には，青磁が含まれる割合が圧倒的に減少していることが指摘できます。白磁は端反りの皿など一部の器種で残りますが，同様に減少します。それに代わって大量に出土するのが，いわゆる染付（青花）です。これらは，中世

城館だけでなく，近世以降の都市遺跡からも大量に出土しています。

瀬戸・美濃大窯と近世
の陶器生産

中世陶器が瓷器系や須恵器系といった窖窯（あながま）の伝統のもとに生産されていたのに対し，15世紀後半になると大窯と呼ばれる特有の窯炉が出現します。窖窯と比べると，燃焼効率がよく，大量生産が可能になるとともに，匣鉢（さやばち）詰めによって全面施釉の碗・皿類の焼成が可能になるなどの特徴をもっていました。瀬戸窯においては，窖窯段階には平碗，天目茶碗，緑釉小皿，卸皿，柄付片口，折縁深皿，直縁大皿，擂鉢（すりばち），内耳鍋，仏花瓶，茶入，四耳壺など多彩な器種が生産されていました。しかし，大窯の成立とともに大半の器種が淘汰され，天目茶碗，小皿類，擂鉢の3器種に収斂して，少数器種の量産体制へと移行しました。とりわけ天目茶碗は，同時期の中国では生産されていなかったため，全国的なシェアを獲得するにいたりました。

17世紀に入ると，瀬戸・美濃においても九州の連房式登窯（のぼりがま）が導入され，元屋敷窯では織部焼が焼成され，高級茶器として流通しました。17世紀半ば以降は碗，皿，鉢，擂鉢，壺などの日常雑器が量産されるようになり，村ごとに生産される器種が異なっていました（藤澤，1998）。

肥前陶磁器

近世に入ると肥前において陶磁器生産が始まります。大橋康二によると陶器の生産は1580〜90年代に，磁器の生産は1610年代に始まったとされています（大橋，1990）。17世紀中葉には，明から清への移行期の動乱で中国からの輸入時期が激減したことと，オランダ東インド会社による海外向けの発注が増加したことから生産が拡大し，各種の技術革新も進みました。17世紀末以降はコンニャク印判の導入など製作工程の簡略化や大量生産が進み，18世紀になると消費地から出土

する肥前陶磁器の量が一般的に増加します。19世紀になると、肥前以外に、瀬戸・美濃や京都などの産地でも磁器生産に成功します。とりわけ瀬戸・美濃の磁器は江戸において急速にシェアを伸ばし、肥前の地位は相対的に下落しました。

生産地編年と消費地編年　近世陶磁器の編年は、生産地における編年と、江戸を代表とする消費地での編年とが知られています。生産地編年は窯跡や、失敗品の捨て場である物原の層位的調査に基づいています。とくに、物原の堆積状況は、その窯で生産された器種の変遷をとらえるのに重要であり、窯の操業に関する古文書や紀年銘資料などと組み合わせることで暦年代とかなり整合した詳細なものが成立しています。

　一方、消費地編年は、遺構から一括して出土する遺物をもとに作成され、当該遺物の廃棄年代を明らかにしてくれます。ただし、廃棄年代は、遺物ごとに使用期間の長短があるため、生産地編年とは必ずしも整合しません。とはいえ、消費地編年は、遺物の使用の実態を明らかにし、遺物のライフサイクルの復元に役立ちます。また、廃棄された遺物を通じて、当時の生活用具を復元しようとする試みも行われています。大八木謙司は、器種の種類が18世紀後葉以降に増加することを指摘して、食生活の変化を論じています（大八木、2001）。

4　墳墓の変遷と階層性

中世墓の調査　1970年代以降、全国各地で大規模な中世墳墓群の発見が相次ぎ、その様相がしだいに明らかとなりつつあります。なかでも静岡県磐田市の一の谷中世

墳墓群は 12 世紀半ばから 16 世紀が主体をなす墳墓群で，集石墓や土坑墓，荼毘跡や骨蔵器，五輪塔なども発見され，被葬者は守護北条氏の被官の在庁官人などが考えられています。このほか，北海道では，上ノ国町夷王山墳墓群，東北地方では大門山遺跡，関東では鎌倉の「やぐら」群，畿内では谷畑中世墓やシメン坂墓地，九州では椎木山遺跡や大佛山遺跡などが知られています。また，都市部では京都において古代から中近世にいたる葬地の変遷が研究され，中世後半の様相としては 15 世紀ころに墓寺が形成されたと考えられています。しかし，狹川真一が指摘するように（狹川，2003），中世墓地は 16 世紀末に終焉時期を迎え，近世まで連続するものは多くありません。

近世墓の階層性

近世都市としての江戸が成立するとともに墓地も形成され，近世考古学の進展に伴って多くの墓地が発掘調査されています。谷川章雄は将軍墓（石槨石室墓）から大名（石室墓），家老クラス（木槨甕棺墓），旗本クラス（甕棺墓），一般庶民の墓（方形木棺墓や円形木棺墓）にいたるまで，埋葬施設を 11 に分類し，被葬者の格式と埋葬施設の対応関係を指摘しました（谷川，2004）。墓にみられるこうした差異は，先述（2節）の惣構における空間利用の問題と同じく，階層性と深くかかわっており近世考古学において重要な問題点の 1 つです。

また，江戸の市街地化とともに，寺院が江戸の郊外へとたびたび移動したことが知られています。こうした飽和状態のもとで，墓域が手狭になった場合に，墓域全体に盛土を施し，人工的に新しい埋葬地を造成した新宿区発昌寺など，江戸という都市特有の問題を反映していて興味深い事例もあります（新宿区南元町遺跡調査会，1991）。

近世墓標の研究

開発による発掘調査事例の増加に伴い，墓の下部構造としての埋葬施設の研究は進展

していきますが，上部構造としての墓標の研究は，坪井良平が戦前に大規模な惣墓の調査（坪井，1939）を行って以降，あまり進展してきませんでした。しかし，1980年代以降急速に進展し，墓標型式にみられる全国的な斉一性の問題（谷川，1988）や，寺請制や家意識の浸透に伴う墓標の変化（三好，1985；谷川，1989；関口，2004），石材流通の復元（朽木，2004），階層性の指摘（時津，2000），歴史人口学的な問題（関根・澁谷，2007）など多岐にわたる問題が指摘されています。調査事例も増え，国立歴史民俗博物館による奈良の惣墓の総合調査（白石・村木，2004）や，関根達人らによる松前藩の悉皆調査（関根，2010）など大規模調査も実施されるようになってきています。墓標はその多くが紀年銘資料であり，時間的な変化を追いやすいため，文献史学とのさらなる学際的総合化が望まれます。

5　近現代考古学の射程

近現代考古学をとりまく状況

考古学が現在までを対象とするとしても，実際に近代以降を研究対象とするのはかなり難しい状況にあります。文献史料や絵画，写真などの映像資料ばかりでなく，伝世品も現存していますし，時代によっては製作者や使用者が現存しています。こうした情報が豊富な時代を対象として，考古学的方法論をあえて用いる必要があるのかという問いが生じるからです。しかし，実際には文献史料にすべてが記載されるわけではありません。文献史料を用いることで全国的な傾向は指摘できても，個別の地域の状況を踏まえて地域史の復元を行う際には，史料が不足する場合もあります。実際に，三浦の塚研究会による神奈川県三浦市松輪の「ヤキバの塚」の調査（藤

山編，2003）では，大正時代の層から完形に近い油壺やお歯黒に使う鉄漿壺が出土して，明治時代の末になってようやく日本髪やお歯黒といった前近代の風俗がなくなるという関東の一漁村における「文明開化」の実態が明らかになりました。発掘調査により遺跡という特定地点の歴史を復元していく考古学の特性を活かした事例といえるでしょう。

戦跡考古学

近現代考古学の中でも，比較的早い段階でその必要性が提唱された分野に戦跡考古学があります。1984 年に當眞嗣一により提唱されたこの戦跡考古学は，専門家のみならず一般市民の多くの賛同者を得て地域的にも拡大して研究がなされるようになり，現在では旧ソ連・満州国境付近まで含めて研究が広がっています。しかし，戦跡考古学が主に第二次世界大戦を対象として，近代におけるほかの戦争が等閑視されているとの批判もあります。

近代化遺産と産業考古学

一方，イギリスにおいて産業革命期の遺構・遺物の保存と遺跡の発掘調査を目的として成立したいわゆる産業考古学が日本にも紹介されるようになりました。こうした動きを受けて，1996 年から文化庁を中心とした近代化遺産の調査が行われました。これは，明治維新以後の産業，交通，土木などの発展を跡づけする資料を保存しようという意図のもとで行われたものです。これらは，建造物を主たる対象としており，埋蔵文化財には関心が払われていません。とはいえ，それらの保存整備，活用にあたっては考古学が寄与するところも多いと考えられ，今後の進展が期待されます。

近現代の遺物・遺構研究

近現代の遺物の中で，早くから研究対象となってきたものには，酸化コバルトと型紙刷りや銅版転写を特徴とする明治期の磁器，汽車土瓶や，戦時統制

経済下に製作された統制番号をもつ陶磁器類，酒瓶や清涼飲料瓶，機械栓をもつ牛乳瓶などのガラス瓶類，レンガなどの研究がほとんどです。遺構の研究としては先述の戦跡考古学の遺構や日本初の鉄道施設である汐留遺跡（新橋停車場跡：251頁の章扉写真参照）などが知られています。最近では，日本初の鉄道が開通した際に海上に線路を敷設するために築かれた高輪築堤が2019年に発見され，話題になりました（港区教育委員会，2022）。とくに第七橋梁橋台部は三代歌川広重の錦絵「東京品川海辺蒸気車鉄道之真景」に描かれた様子と酷似しているだけでなく，石材をレンガのように整形して積み，目地材を使用して接着するなど西洋の建築技術も取り入れられていることがわかりました（図11-2）。

近現代考古学の意義

次に，近現代考古学の意義について考えてみたいと思います。近現代考古学は，近世までだった考古学の対象をより新しい時代に広げたということにとどまりません。世界の都市遺跡の項目で触れたように，近現代を対象とするということはマイノリティの物語化をどのように進めればよいかといった現代の社会的要請に真摯に向かい合うことが必要になってきます。

　近代科学の中で生起した考古学という学問の存在理由そのものが問われる場に身を置くということでもあります。その点について，福田敏一は「近・現代に生起した事象に関しては，豊富な文献資料や聞き取り可能なインフォーマントの存在もあり，一見その考古学的研究もただ事実を発掘していけばよいだけの比較的簡単な研究領域との印象を与えることも事実である。しかし，近代人であるわたしたちが近代以降を研究対象として認識することは，人が自分の顔を直接見ることが不可能なように，そして自分自身を冷静にみつめることがきわめて困難なように，ひとつの容易ならざるアポリアを

図 **11-2**　三代歌川広重「東京品川海辺蒸気車鉄道之真景」（上）と高輪築
　　　　　　堤第七橋梁橋台部（下）

　含んでいる」としたうえで，近現代考古学の実践にあたっては，
「考古学者自身の自己対象化の度合いはより深く徹底したものとな
らねばならない」と述べています（福田，2005）。

　こうした自己省察を行う場は，近現代考古学だけでなく，第6章
で述べられた考古学の成果の活用の側面であったり，ポスト・プロ
セス考古学（第1章，*Column* ❶参照）をめぐる理論的検証の場であっ

　かつて人とモノの関係性を探求する物質文化研究は，民具学などの一部を除き，考古学の独壇場でした。しかし，最近では，社会学や文化人類学においても物質文化に着目するようになってきました。たとえば，ブルーノ・ラトゥール（2019，原著は 2005）は人間，人間以外の生物，モノなどのアクターを均等に扱い，それらが混交的に関係し合うアクター・ネットワーク理論を唱導しました。エドワルド・ヴィヴェイロス・デ・カストロ（Castro, 1998）は自然（世界）を客観的で単一のものとみなし，それへの世界観＝文化を特殊なものとみなす近代的な二分法を問題視し，「多自然主義」を提起しました。ヘナレ，ホルブラード，ワステルの 3 人（Henare et al. eds., 2006）は『モノを通して考える』（*Thinking Through Things*）の中で彼らの議論を整理し，自然と人間，人間とモノ，主体と客体といった区分が瓦解した新しい次元を「存在論的転回」ととらえ，「モノの中に異なる諸世界を見出す」と表現しました。それは文化人類学者が西洋的な概念で安易に解釈することを批判し，モノを媒介としつつ，異なる存在論をもった世界を見出し，モノにまつわる他者の見解をそのまま受け取ろうとする試みでもありました。

　社会学や文化人類学における，こうしたモノへの関心の高まりは，当然考古学にも影響を与えています。イアン・ホダーは『絡まり合うモノと人間──関係性の考古学に向けて』（*Entangled: An Archaeology of the Relationships between Humans and Things*）（ホッダー，2023，原著は 2012）の中で，物質性（マテリアリティー），行動考古学，認知考古学，行動生態学，アクター・ネットワーク理論などに広範に言及しつつ，人間とモノとの関係の複雑さについて探求し，物質世界のメンテナンスと維持に人間と社会がどれほどとらわれているかについて論じました。こうした社会学や文化人類学での動向を踏まえた議論は今後，考古学でも盛んになっていくと思われます。近現代考古学は，社会学的あるいは文化人類学的な物質文化研究が対象とする時代と近いというだけでなく，考古学以外の多様な情報源を伴っている点でモノが人間に与える影響，つまりモノがもつエージェンシー（行為主体性）をとらえやすいといえます。こうした状況を踏まえると，理論的な検証の場，そして社

会学や文化人類学における物質文化研究との交流の場としての近現代考古学の役割が大いに期待されます。

たりしても，同様に生起する問題です。そして，現代のモノを扱う物質文化研究が社会学・文化人類学の中で盛んになってきていることにより，研究者のモノを見る目はますます相対化され「存在論的転回」ともいうべき状況になってきています（*Column* ⑭参照）。そのように考えると，近現代考古学が対象としてのモノにどう向き合うかという問題は不可避の課題となってきています。近現代考古学は，近代以降を対象とする以上，つねに考古学者自身の生活経験にとらわれながら解釈していることに気づかされることになります。そこでは，前近代を対象としたときのように，考古学者が過去に対して無限定的に客観的な立場になることはできません。自分を映す鏡をつねに横目で見つつ，対象と向き合うことになるのです。このジレンマに気づいたとき，考古学が主客二元論という近代科学に共通する科学方法論の限界のもとにあることを理解することになります。その意味で，むしろ，近現代考古学がなされることの真の意義は，考古学が良くも悪くも近代科学の枠組みの中で成立していることに考古学者自身が気づいたときに理解されることになるだろうと思います。

鷲ノ木遺跡（旧鷲ノ木5遺跡，渡島支庁，森町）

北海道の墓地系大規模記念物の1つ。環状列石は墓そのものではなく，隣接して竪穴墓地（a）や，少し離れた丘陵斜面に貯蔵穴群を転用した土坑墓群（b. 鷲ノ木4遺跡）が設けられています。

本州島以南の地域が縄文文化から弥生文化へと展開すると，北海道島ではやや遅れて続縄文文化へと展開する，と説明されてきました。続縄文文化では，縄文以来の狩猟・漁撈・採集の生活が継続されていました。7世紀以降，本州島を中心として律令体制の古代国家が成立するころに，北海道島では擦文文化へと展開します。刃物は鉄器に変わります。続縄文の後半から擦文の時期にかけて，北海道島のオホーツク海沿岸にはサハリン島にも分布が広がる別の考古文化が展開します。鈴谷文化，それに後続するオホーツク文化です。骨角製の銛頭を用いて海獣を狩猟する海に生業の場を求めた海洋漁撈民の文化です。13世紀ごろを境として北海道島の全域では，縄文以来続いてきた土器製作の伝統は終わり，煮炊きの容器は本州社会からもたらされた鉄鍋になります。住居も竪穴式から平地式へと変わります。民族誌や歴史的な文献に記録されたアイヌ文化に直接的につながる考古文化の登場です。

1 人類史と北辺の日本史

日本列島の構造性

考古学が取り扱う「人類の時間」の長さにおいては，現代の日本列島は，ある時期にはまさに列島であり，また別の時期にはその一部が大陸とつながった半島であったこともありました（第7章参照）。ここでは，「現在」において歴史を論じるといった相対化しきれない営みを受け入れることによって，「日本列島」といった表現を優先的に使用せざるをえないことをお断りしておきます。

　さて，花綵列島といった美称で呼ばれる日本列島は，千島弧や琉球弧，七島－マリアナ弧などの島弧群に連なって，ユーラシア大陸の東縁，北半球の中緯度に位置しています。これらの島弧は，地球の地殻を構成するプレートの境界域に形成された地形であり，地球規模の気候変動よりもはるかに長い時間の経過の中で形成されたものです。北半球の中緯度地帯であること，そしてユーラシア大陸の東縁すなわち環太平洋地帯の西辺に位置する列島であること，環境決定論者ならずともそこを舞台とする人類活動がその地勢に大きく影響されたであろうことは否めないでしょう。北半球中緯度地帯であることはもちろんのこととして，より身近なところで人類活動に通時的に影響を与えた（というよりも，前提条件となった）地勢的な布置は，九州島が朝鮮半島と南西諸島を通じて，また北海道島がサハリン島と千島列島を通じて，本州島中央部太平洋岸が伊豆－小笠原諸島を通じて，ユーラシア大陸や東南アジアの島嶼群，太平洋の島嶼群と接する位置関係です。とくに九州島－朝鮮半島と北海道島－サハリン島の通路としてのはたらきが，日本列島と大陸との間

に「回廊的」な特徴を生み出し，日本列島で展開した人類活動に対して，ある特徴的な空間的現象を通時的に繰り返し与える結果となりました。

人類史と日本史が交わるところ

約700万年前にアフリカに出現した人類の祖先が，やがてほかの大陸や大洋へと進出していった過程を大いなる旅路（The great journey）と呼びます。この人類進化と地球上での拡散の過程，すなわち大洋への進出は海洋適応の過程であり，ユーラシア大陸の北上は高緯度適応であり寒冷地適応でもありました。その途上で人類は日本列島へとたどり着いたのです。日本列島の地球上での位置，そしてその回廊的な構造性のゆえに，最初の到達者は南西方面から進入して北上していった可能性がきわめて高いといえます。また，のちに別系統の人々が北東方面から進出，南下します。

　もともと人類の祖先が熱帯の周辺で生息していた動物であったがゆえに，品種改良していち早く栽培化した植物種の多くは熱帯性のものでした。その栽培植物の1つ，イネが食糧生産の対象として日本列島南西域で選択され広まったのです。そして，その生産力を1つの重要な背景として古代国家が生じたのが，やはり列島の南西域でした。それよりも西方の地域である中国や朝鮮半島では，同様の過程をすでに経過していたために，列島南西域に成立した後発の古代国家がその版図の拡大を図れたのは，集約的な食糧生産や強固な政治的統合を遂げていなかったより北東の地域，ということになります。ここに「日本史」における各時代の政権に引き継がれる「公約」であるかのような，北方進攻が始まります。古代における城柵の設置（渟足柵や多賀城）。征夷大将軍坂上田村麻呂の蝦夷征伐開始（794年）。家康は松前氏に蝦夷地交易の独占権を与えます（1604年）。場所請負制の開始（18世紀ごろ）。幕府による東・西蝦夷地の

直轄。明治政府による開拓使の設置（1869年）。そして札幌農学校の開校（1876年），などです。

　以上のように日本列島で展開した人類文化の大筋とその特徴を整理しましたが，北海道島には，また場合によっては本州島の北部（東北北部）も含めて，縄文文化よりも後の時期に，本州島以南の地域とは異なった考古文化が設定されています。本章では旧石器文化の時期までさかのぼり，その違いを際立たせている考古学的なトピックのいくつかを紹介します。

2　旧石器文化・縄文文化

旧石器文化の2時期・2段階区分

古日本島の後期旧石器文化は第7章で紹介したように3時期・3段階に区分されます。しかし，この編年観は氷期の海面低下によって大陸と地続きとなった古サハリン–北海道半島には当てはまりません。そのうちの北海道地域では2万年前をさかのぼる時期に早くも細石刃石器群が登場するので，それを指標として前半期と後半期とに区分されています（第7章の図7-1-e）。北海道地域では全般を通じてナイフ形石器群の存在は希薄ですが，前半期には台形様石器を含む石器群の存在が確認されています。その出現に関しては，古日本島の前半期ナイフ形石器群期（後期旧石器文化Ⅰ期）の台形様石器に由来するという考え方が示されています。

黒曜石産出地と密度分布

第4章で紹介したカーネル密度推定法を用いて旧石器文化の北海道地域内の密度分布を求めると，検索半径100 kmで東西に2つのまとまりがあらわれてきます（巻頭の口絵3の①）。東側の密度分布は，道東の常呂川と

湧別川とのそれぞれの上流地域（北見山地中部〜南部の置戸・白滝）を中心とするものです（Ⅰ）。西側の密度分布には北海道南西部（道南）山地の赤井川村域が包摂されています（Ⅱ）。いずれの地域とも黒曜石の著名な産出地ですので，これが検索半径100 kmであらわれてくる旧石器文化の2つの密度分布，すなわち遺跡の集中をもたらす重要な要因の1つになっていることが推測できます。次に検索半径を40 kmまで絞ると，東側の密度分布は顕著なもので6つ，西側は2つ，そのほかに宗谷丘陵地域と石狩-苫小牧低地帯南部とにも1つずつの密度分布が顕著になります。これらに口絵3の②のように記号をふるならば，Aは置戸，Bは白滝，Fは十勝三股，Gは赤井川の各黒曜石産出地を包摂していて，それらが遺跡の集中を生じさせている要因であることがはっきりと判読できます。また，Cがチャート分布地帯，Hが頁岩分布地帯にそれぞれ位置しており，この場合も特定の石材産出地との関連を読み取れます。一方，DやE，I，Jは石材産出地との直接的な関連は認められず，当事者にとっての石材獲得以外の占地要因を反映したものである可能性と，現在における調査状況を反映した可能性とのいずれか，あるいはその両方が関与していると考えられます。

北海道島の縄文文化

氷期が終わり後氷期にいたると，気温の上昇に伴って，海岸線は内陸へと深く入り込み，やがて古サハリン-北海道半島は分離し，北海道島が姿をあらわします。細石刃石器群の伝統は本州島以南よりも遅くまで残り，さらに石刃はその剝離技術とともに残り，断続的に縄文後期まで続きます。それとは反対に土器の出現は遅れます。帯広市大正3遺跡では，本州島以南の縄文草創期，爪形文土器（図12-1-1）に対比しうるような土器群が発見されています。現在発見されている北海道島最古の土器です。

図 12-1　縄文早期──土器・石刃鏃

0　5cm

1. 爪形文土器
（帯広市大正
3 遺跡）

2. 浦幌式土器
（浦幌町共栄
B 遺跡）

3. 女満別式土器
（標茶町二ツ山
遺跡）

4. 貝殻・沈線文系土器
（函館市中野 B 遺跡）

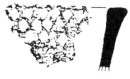

5. アムール編目文土器
（ロシア・テチュヘ遺跡）

6. 女満別式押型文土器
（女満別豊里遺跡）

7. 石刃鏃（h=4.4 cm）
（帯広市大正 8 遺跡）

　旧石器文化以来の本州島以南との相違は縄文文化の最初にも部分的に引き継がれます。縄文文化よりも後の北海道島の考古文化が本州島以南と際立った違いをみせたのと比べると，両地域の様相が最も共通化したのが縄文文化の時期でした。しかし，そんな縄文文化にあっても，次に示す 2 点に北海道島独自の地域性を認められます。1 つは大陸側と強い関連をもった考古文化が出現する時期がある点です。もう 1 つは，縄文文化の後半期に，よりいっそうの社会的な複雑化が進展した様相があらわれる点です。

石　刃　鏃　　　北海道島は縄文文化全般を通じて，中央部
（道央）を境として，道南と道東・北部（道北）とでは，かなり様相を異にした考古文化が展開します。道東・道北では，本州島の縄文文化の動態と連動する道南とは異なり，む

しろ大陸側とのかかわりが顕著になることがあります。縄文早期中ごろの石刃鏃（図12-1-7）が好例です。石刃鏃とは後期旧石器文化を特徴づける石器製作技術である石刃剥離技術で剥離された石刃を素材として作られた長めの石鏃です。それらには浦幌式土器（図12-1-2）や女満別式土器（図12-1-3）が伴います。浦幌式は道南から本州島側に広がる貝殻・沈線文系土器群（図12-1-4）との関連がみられますが，一方で女満別式には大陸側のアムール編目文土器と類似した土器もみられます（図12-1-5・6）。問題はこの石刃鏃の分布がユーラシア大陸の北東部へと広がっていて，またこの一時期をもって北海道島ではみられなくなってしまう点です。大陸に起源をもつ文化要素が取り込まれたとする解釈と，大陸側からの「植民」といったような具体的な人々の移住を想定する考え方が提起されています。

> 周堤墓と多副葬墓

社会的な関係がよりいっそう複雑化した証拠を墓（地）址から読み取ることができます。縄文後期になると本州島の各地では大規模記念物が盛んに構築されるようになります。関東甲信地方で集落系大規模記念物が盛行し，また東北北部では，墓地系大規模記念物が発達しました（図12-2）。このような動向は北海道島にも認められますが（本章扉写真参照），その中でもきわめつけは周堤墓（図12-3-1）と呼ばれる墓地です。周堤墓は円形で竪穴状に掘り窪め，その周りに掘り出した土をドーナツ状に盛り上げた形状（周堤）をしています。直径が75mに及ぶ超大形のものや，窪み底面と周堤上面との比高が5mに達するものなどがあります。築造にかかる作業量の大きさが推測されます。窪み内部には1基から10数基ほどの土坑墓を設置します。中央部に位置する土坑墓にはマウンド（盛り土）や配石が回るものがあり，ほかの土坑墓とは区別されているようです。縄文後期の後

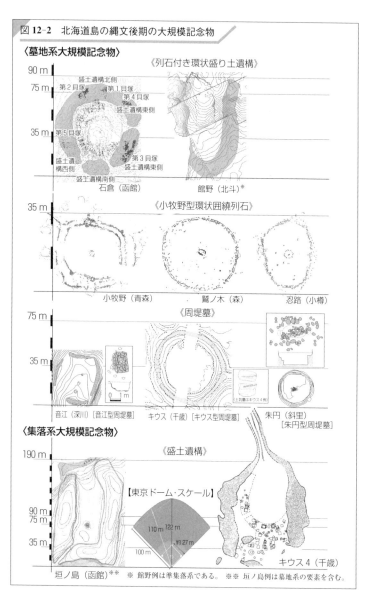

図 12-2　北海道島の縄文後期の大規模記念物

〈墓地系大規模記念物〉

《列石付き環状盛り土遺構》

90 m
75 m
盛土遺構北側
第2貝塚　　第1貝塚
第4貝塚
盛土遺構東側
35 m
第5貝塚
盛土遺構西側
盛土遺構南側
第3貝塚
盛土遺構東側
石倉（函館）　　　　　　　館野（北斗）※

《小牧野型環状囲繞列石》

35 m

小牧野（青森）　　　鷲ノ木（森）　　　忍路（小樽）

《周堤墓》

75 m

35 m

0　　1 m

音江（深川）[音江型周堤墓]　キウス（千歳）[キウス型周堤墓]　朱円（斜里）
[朱円型周堤墓]

〈集落系大規模記念物〉

《盛土遺構》

190 m

【東京ドーム・スケール】

90 m
75 m
110 m　122 m
約27 m
35 m
100 m
キウス4（千歳）

垣ノ島（函館）※※　※ 館野例は準集落系である。　※※ 垣ノ島例は墓地系の要素を含む。

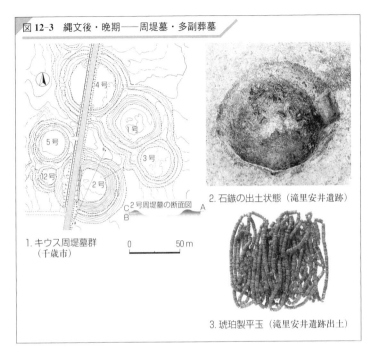

図12-3 縄文後・晩期──周堤墓・多副葬墓

1. キウス周堤墓群
（千歳市）

2号周堤墓の断面図

0   50 m

2. 石鏃の出土状態（滝里安井遺跡）

3. 琥珀製平玉（滝里安井遺跡出土）

半に，道央を中心に分布し，一部道東でも確認されています。

　縄文後期末葉から晩期にかけて，1つの土坑墓に多くの副葬品や着装品を伴った**多副葬墓**があらわれてきます。規格を揃えた150点もの石鏃（芦別市滝里安井遺跡，pit 15，図12-3-2）や3000点を超える琥珀玉（同，pit 22，図12-3-3）が1つの土坑墓から出土しています。1つの墓地を構成するすべての墓がこのような多副葬墓であるのではなくて，ごく限られた墓のみです。

　周堤墓においては，その中央部に造られた土坑墓は造作と配置といった外形的な特徴によって差別化されましたが，多副葬墓では副葬するといった葬送の儀礼過程においてその卓越性が示されたことになります。北海道島の縄文の後半期におけるこのような墓（地）

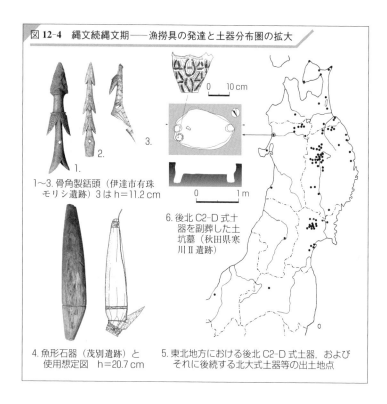

図 **12-4** 縄文続縄文期——漁撈具の発達と土器分布圏の拡大

1~3. 骨角製銛頭（伊達市有珠
　　モリシ遺跡）3 は h=11.2 cm

6. 後北 C2-D 式土
　器を副葬した土
　坑墓（秋田県寒
　川 II 遺跡）

4. 魚形石器（茂別遺跡）と
　　使用想定図　h=20.7 cm

5. 東北地方における後北 C2-D 式土器，および
　　それに後続する北大式土器等の出土地点

址にあらわれた著しい差別化は，集団関係の複雑化の過程が本州島
以南とはかなり異なっていたことを示しています。

縄文文化続縄文期

「続縄文時代」の特徴は何か。本州島以南
で「縄文時代」が終わると，水稲農耕を特
徴とする「弥生時代」が始まります。しかし北海道島では，「縄文
時代」と同じ狩猟・漁撈・採集を中心とした生業活動が続くために
「続縄文時代」と呼ばれます。「縄文時代」との違いを際立たせるた
めに，とくに漁撈活動に特化した側面が強調されることがあります
（図 **12-4**-1~4）。しかし，その相違は程度の問題であって，縄文文化

図 12-5　縄文文化（続縄文期を含む）の銛頭の分類体系

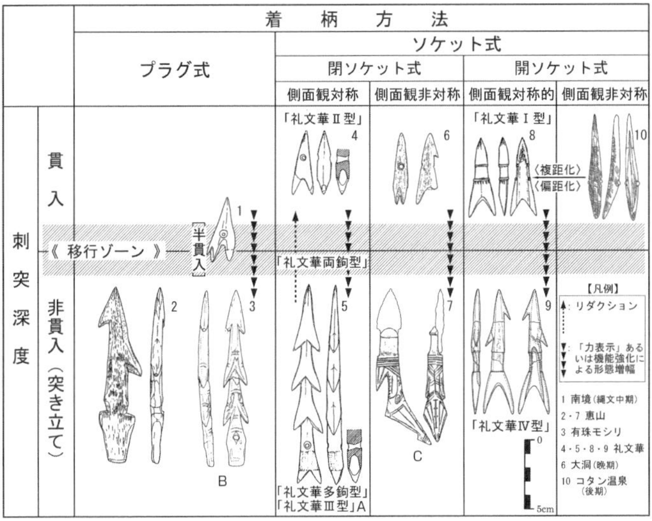

		着　柄　方　法				
		プラグ式	ソケット式			
			閉ソケット式		開ソケット式	
			側面観対称	側面観非対称	側面観対称的	側面観非対称
刺突深度	貫入	1 《移行ゾーン》 〔半貫入〕	「礼文華Ⅱ型」 4	6	「礼文華Ⅰ型」 8 〈複距化〉 〈偏距化〉	10
	非貫入（突き立て）	2 3 B	「礼文華両鉤型」 5 「礼文華多鉤型」 「礼文華Ⅲ型」A	7 C	9 「礼文華Ⅳ型」	〔凡例〕 ：リダクション ：「力表示」あるいは機能強化による形態増幅 1 南境（縄文中期） 2・7 恵山 3 有珠モシリ 4・5・8・9 礼文華 6 大洞（晩期） 10 コタン温泉（後期） 0 5cm

柄との装着（プラグ式かソケット式か）と，刺さり方（貫入〜非貫入）とによって分類される。続縄文では形態的な装飾性が増した主に下段の銛頭が発達する。Aは図 12-4-1，Bは同-2，Cは同-3 に該当する。

の内においてもそのくらいの変異幅を認めることは可能です（図 12-5）。研究が進展した現在においては，ことさら「縄文時代」や「続縄文時代」といった年代観をも示し得る用語を用いる必要はないと思います。土器型式編年に基づきながら，年代観については，たとえば「今から約〜年前」あるいは「西暦前〜世紀ごろ」などといったように，絶対年代や暦年代などの数値によっておおよその時間の深さ（時点）を表示することができる段階です。よって筆者は，文化内容としては「続縄文時代」は縄文文化の内であり，その大別に相当する一時期として晩期に続く続縄文期と理解し，表記するのが妥当であると考えています。

　ミネルヴァ論争とは山内清男が歴史学者喜田貞吉と雑誌『ミネルヴ
ァ』（1936 年）誌上で展開した論争です。「日本石器時代」すなわち縄
文文化，その終末をどのように考え，いつにするのかの議論です。縄文
の終末年代を東北地方では鎌倉時代まで引き下げる喜田に対して，山内
らは土器型式編年の成果をもって，「縄紋式下限弥生式上限の地方によ
る差」は僅少であることを示します。軍配は山内らにあがります。山内
著『日本遠古之文化』（1932・33 年）の「縄紋式以後」の記述に登場し
た北海道の様相は，『同』（補註附）新版（1939 年）では「続縄紋式」
と呼ばれます。北海道島に「弥生時代」が到来しなくとも，本州島以南
と一緒に「縄文時代」は終わらなければならなかったのです。

　では，続縄文期における縄文文化の空間的な広がりはどうだった
のでしょうか。『日本遠古之文化』（1932-33）で山内清男は狩猟採
集生活を基本とする縄文文化が，水稲耕作による食料生産を行う弥
生文化へと展開することを述べます。その際，弥生文化の範囲は本
州島の東北地方まででした。かつて同じ縄文文化の範囲であった北
海道・千島・サハリンは弥生文化へと展開しなかったという認識が
提示されます。現在，続縄文期における分布の北限に関しては北海
道島にとどまることなく，サハリン南部と中部千島まで広がること
が確認されています。一方，南限については，東北北部においても
弥生文化の前期・中期には水稲耕作を行った水田が発見されました。
しかし，後期になると東北北部の様相は一変します。その間の様子
は，たとえば「北東北では，弥生時代には水田稲作も認められてい
るが，弥生時代後期以降になると，狩猟採集活動に基盤を置く北海
道の続縄文文化が南下していく。北東北では，ごく一部を除くと，
古墳文化に由来する遺構・遺物は広がらない」（藤沢，2007，圏点は
引用者）などと叙述されています。「北海道の続縄文文化の南下」

とは，おおよそ4世紀以降の，北海道島の道央を中心として成立した斉一的な様相の土器（後北C2-D式）が北海道島の周辺，とくに東北北半にまで分布圏を拡大することを意味しています（図12-4-5）。また，集落遺跡ははっきりとしませんが，その土器を副葬した土坑墓を伴った遺跡が発見されています（秋田県寒川Ⅱ遺跡，図12-4-6）。これとは反対にこの時期には，弥生文化の系統を受け継ぐ土器やそれを伴った集落遺跡が東北北半にはみられなくなります。このような現象を説明するのに，「いったん『弥生時代』になった東北北半が，その後『続縄文時代』になった」とは表現しづらいので，「弥生時代」と「続縄文文化」とを混用した叙述法がとられたのでしょう。

後北C2-D式土器の広がり

また同時に，北海道島においても大きな変化がみられます。道央から道南においてはこの時期に，竪穴住居址並びに定住型の集落遺跡がみられなくなり，その代わりに道央の石狩低地帯では数百基規模の焼土址群からなる遺跡や大規模な土坑墓群からなる遺跡が多くあらわれます。このような北海道島での現象と先の東北北部のそれとを結びつけて説明するものとして，広域遊動仮説なるものが提起されています（石井，1997）。

その概要は，河川でのサケ類の季節的な集中捕獲を行うために，個別の小集団が元の居住地である道央石狩低地帯へ周年的に回帰したことと，そこで捕獲・加工されたサケ類の生産物を鉄器・穀物類と交換・交易するために，東北北部を含む土器型式圏内全域へと広域遊動したというものです。これとは異なり，竪穴住居址並びに定住型の集落遺跡がみられなくなるのは，住居構造が平地式に変化したために，遺構として確認できなくなっただけであり，北海道島側にも，また東北北部にも，後北C2-D式の続縄文土器を製作・使用

する集落が存在した，とする見解もあります（辻，1996）。

　いずれにせよ，縄文晩期以降の東北北部では，いったん水稲耕作への転換が図られながらも（弥生前期・中期併行期），その後に起こる気候の冷涼化（「古墳寒冷期」と呼ばれる）によって，おそらくは人口が激減する状況にいたったと思われます。あたかも無人地帯（ノーマンズランド）のような様相を呈した東北北部は，東北南部以南の古墳文化と北海道島における続縄文期の縄文文化との接触・交渉地帯であったと評価できるのではないでしょうか。

3　擦文文化・オホーツク文化

擦文文化の開始について

　縄文文化（続縄文期）の終わる7世紀初頭から9世紀ごろにかけて，東北北部から道南・道央で大きな動きがあります。東北北部では古墳文化の系統をひくところの，カマドを伴った平面形が方形を呈する竪穴住居と土師器（じき），また周囲に溝をめぐらせた直径10ｍ前後の小規模な円い墳丘をもった末期古墳（まっきこふん）と呼ばれる墓が普及します。農耕を基盤とする生活への転換です。東北北部では，この時期に東北南部からの集団移住をきっかけとして定住化が進んだのでしょう。

　同時に，東北北部からさらに北へ向けての集団移住も誘発され，道南・道央へと古墳文化に由来する多くの文物が導入されます。その1つがカマドを造り付けた平面方形の竪穴住居（図12-6-1）であり，地域的に限定されますが，石狩低地帯には末期古墳と共通した北海道式古墳（図12-6-2）と呼ばれる墓も一部で採用されます。また，東北北部の土師器と同じ簡素な無文（むもん）の土器が作られるようになりますが，しだいに文様を増し，やがて9世紀末葉には再び文様で

図 12-6　擦文文化とオホーツク文化——竪穴住居址・北海道式古墳・土器

煙道

掛け口
焚き口

甕

支脚

燃焼部

カマド

主柱穴

0　　　2 m

1. 竪穴住居址（札幌市 K36 遺跡）

2. 北海道式古墳（江別市江別古墳群）

3. 擦文土器
（札幌市 K39 遺跡）

4. トビニタイ土器
（羅臼町トビニタイ遺跡）

5. オホーツク土器
（北見市常呂川河口遺跡）

飾りたてられた独自な土器へと変化します（擦文土器，図 12-6-3）。この間に農耕技術（雑穀栽培）も導入され，従来からの狩猟や漁撈，採集に加えて重要な生業活動に加わります。生産用具としての刃物類や権威の象徴としての武器類は，大半が石器から鉄器へと変わります。それらは本州島側からもたらされたものです。鉄鉱石を製錬して鉄素材を作る製鉄の技術はありませんでしたが，古い鉄製品を鉄素材として新たな製品に加工する鍛冶技術が導入されます。

　北海道島における以上のような一連の変化は，縄文文化（続縄文期）から新たな考古文化への展開過程として理解されています。擦文文化の開始です。ただし，その評価をめぐっては 2 つの対立する見解があります。1 つは本州島側の文化に由来する文化内容へと大きく変質したという見方です。もう 1 つは，そのような変化は外見的なものにすぎず，文化内容は前代の伝統を強く引き継ぐというものです。また，このことは擦文土器の系統性に関しても，「その母体が土師器にあったのか，続縄文土器にあったのか」というような問題設定として顕著にあらわれています。

　このように把握することで問題の焦点ははっきりとしましたが，しかしながらそのことがかえって，水掛け論的な議論の膠着状態を引き起こしてしまっているのではないかと懸念されます。7 世紀ごろから北海道島で始まる，古墳文化に由来する文物の導入と擦文文化へ向けての変化の動向は，東北北部からの集団移住といった実際の人の移動を抜きにしては説明できません。しかし，それらの人たちは古墳文化に由来する多くの文物を携えていたものの，移住先の道南・道央の人たちとは本質的には異質な存在ではなかった点が重要です。だからこそ，生活の必需品である土器やカマドなどの新来の文物が速やかに取り入れられたのでしょう。

　この段階およびその前段階における東北北部から道南・道央にか

けての地域に対して，津軽海峡を境として「東北」（あるいは「本州
文化」）と「北海道」といった対照的な地理的認識を前面に押し出
したような叙述法では，この間の状況をうまく語ることはできない
のです。当該地域を境界線で分割してその左右の文化圏に割り振る
のではなくて，境界帯あるいは変動帯といったように理解すること
が必要です。

擦文文化は1つか
擦文土器はほとんど無文の簡素な土器から
始まり，文様で飾られる土器になり，最終
段階では器形・文様ともに粗雑になって，土器作りの伝統が途絶え
ます。このような変化の趨勢に合わせて，3期あるいは5期に区分
する編年案が提示されています。これに対して，土器にあらわれた
地域差に着目して，北海道島内をいくつかの地域に区分し，それぞ
れの特徴的な変遷過程も議論されるようになりました（塚本，2002）。
しかし，それはあくまでも地域的な差異であって，細別型式として
擦文土器が地域的に細分されることはありません。

　その例外といえるものがトビニタイ土器（図 12-6-4）です（菊池，
1972；榊田，2006）。擦文文化の後半期，10 世紀から 12 世紀にかけ
て，道東の釧路・根室から知床を中心として分布します。縄文文化
の続縄文期から擦文文化の前半期に並行して，道東からサハリン島，
千島列島南部にかけて出現したオホーツク文化，その土器であるオ
ホーツク土器（図 12-6-5）が，末葉段階に擦文土器化したものだと
理解されています。擦文的な器形に，オホーツク土器に特徴的な粘
土紐を貼り付ける文様施文が用いられます。これと類似した現象が
10 世紀から 11 世紀代に道南の日本海側に広がる土器群にもみられ
ます。擦文土器と本州側の土師器とが融合した土器型式であるとも
評価され，青苗文化土器と呼ぶことが提唱されています（瀬川，
2005）。これらを同等に，擦文土器が地域的に細分された細別型式

として評価することはできませんが，斉一性を前提としたうえでの地域差としての評価だけでなく，「融合」や「折衷」として土器にあらわれた現象の背景や実態の解明が大切です。

> オホーツク文化

すでに紹介したようにオホーツク文化は，5世紀から13世紀にかけて，サハリン南部から道北・道東の沿岸部，そして千島列島にかけて展開しました。海での漁撈活動に卓越した生業を特徴とした海洋漁撈民が残した考古文化です。食用のために豚や犬を家畜として飼育していました（天野，2008）。オホーツク文化の出現と消失，並びにその分布の様相は，縄文早期の石刃鏃の展開と類似しています。そのような分布圏の変動のために，「オホーツク文化の担い手は誰なのか」といった点に多くの関心が寄せられてきました。ニヴフ説，ウリチなどのアムール川下流域の先住民説，サハリンアイヌ説などがその代表です。

　しかし，考古文化と民族誌や現在に生きる特定の人々とを直接対比するようなことは，適切ではありません。考古資料の一定の組合せとその時間的・空間的な広がりによって把握される考古文化には，その背景に同じ行動様式・思考様式，それを支える伝統性などの存在が想定（仮定）されています（第4章）。ただし，このようにして把握された考古文化とエスニックグループやエトノス（国民国家〔民族国家〕に関連する近代的な概念である民族〔nation〕と区別する意図で使用される用語）とが，一致するものであるか否かは検証されるべき課題であって，それを前提とすることはできません。DNA分析によって遺伝学的な近縁性を論じるだけではなく，人類文化の多様性と歴史的な展開過程における複合性の実態を明らかにする視点が大切です。

1. 吊耳鉄鍋
（平取町二風谷遺跡）

2. 内耳土器
（上ノ国町米沢屋敷遺跡）

3. チャシ（浦幌町オタフンベチャシ）

4　アイヌ文化期と明治期以降の北海道

アイヌ文化期の考古学

　住居は竪穴式から平地式へと変わり，壁際に作り付けられたカマドはなくなり，屋内での火処は炉（地床炉）になります。カマドに適した煮沸器具である土製の深鍋（擦文土器の甕形土器）は，ツルで吊るす鉄製の浅鍋（吊耳鉄鍋）（写真 12-1-1）に取って代わられます。北海道島で 13 世紀末葉までに展開するこのような一連の現象は，擦文文化の終焉を意味します。一方，擦文文化の次にあらわれてくる考古文化が，文献史料や民族誌にみられる「アイヌ民族」あるいは彼ら彼女らの生活様式の総体としての「アイヌ文化」であるとは簡単にはいえないのです。現代，当該領域を研究する考古学者は，後者と区分する意

味で「アイヌ文化期」や「原アイヌ文化」「ニブタニ文化」などと表現したり，また特徴的な考古資料に着目して「内耳土器時代」や「チャシの時代」などと呼称したりしています。

なお，内耳土器（写真 12-1-2）とは器の内側にツルをかける突起が付けられた土製の浅鍋で，同形の鉄鍋（内耳鉄鍋）をまねて 14〜15 世紀ごろに作られたものです。チャシ（写真 12-1-3）とは本来アイヌ語で砦や柵を意味します。アイヌの口承文芸「ユカラ」の中に出てきます。16〜18 世紀ごろ，周囲を溝などで区画して造られた砦のような施設ですが，現在ではその機能・用途が何であったかははっきりと伝承されていません。

アイヌ文化の成立を理解するためにクマ祭文化複合体という考え方が渡辺 仁 によって提起されています（渡辺，1972）。「クマ祭」とは民族誌や聞き取り調査などから知ることができた「イオマンテ」と呼ばれるもので，飼育した仔グマを手厚く殺処分する「送り儀礼」です（仔グマ飼育型クマ祭）。これはアイヌ文化の根幹をなす文化要素であり，それと密接に関連する一群の物質文化の出現過程・時点を明らかにすることによって，アイヌ文化の成立を考古学的に検証できる，という方法論的な構想です。しかし，そもそも仔グマ飼育型クマ祭をアイヌ文化の指標として一般化することに対しての批判もあります（天野，2003）。

「日本人はどこから来たのか」，ほぼ同じ表現の書籍がこれまでにも多く出版されてきました。それほど一般の読者の関心を引く言い方なのでしょう。考古学者の佐原眞（*Column* ❼参照）は「日本人になるべき外国の人は向こうにいましたけれども，向こうにいたときは日本人ではありません」「日本にやって来て日本人・日本文化になる」（佐原，1993）といった表現で，「民族の故地」を安易に求めるような研究態度や出版界の動向に警鐘を鳴らしました。しかし残

念なことに今でも，考古学的な新発見や新たに導入された自然科学（物理化学）の分析結果や，これらの装いをもって現在に知られる「民族」の「起源地」が判明したといった研究は繰り返しあらわれてきます。現在に知られる特定の「民族」の原郷（unserer Heimatstadt）を求めるために先史文化の年代にさかのぼって研究を行う住地考古学（Siedlungsarchäologie）の「成果」（コッシナ，2002）が過去において侵略戦争を行う大義名分とされた考古学史における辛苦の経験を忘れてはいけません（エガース，1981）。考古文化にせよエスニックな文化にせよ，それらに共通する特徴は，歴史的な展開の中で外部と接触し変容したり，内的に変化したりすることによって，繰り返し更新される一群の要素にみられる複合性です。「伝統」とは，この更新の時間幅と変化の程度に対する別名にすぎません。

アイヌ・エコシステム

また，クマ祭文化複合体は，アイヌを採集狩猟民として理解する生態学的モデル，アイヌ・エコシステムと対をなしています。民族学的なフィールド調査の結果に基づいて作成されたこのモデルによってアイヌの農耕民化する過程が説明され，さらにそれが人類史的な農耕化過程に対する考古学的解釈として援用されます（渡辺，1990）。このようなモデルと解釈に対して，それがアイヌと和人（幕藩体制側）との歴史的な経緯を無視している点が指摘されています。前代の擦文文化において雑穀類の農耕はかなりの程度に普及したのに，アイヌが農耕を行わなかったのは松前藩による「禁農・禁鉄政策」のためである，という理解です（深沢，1995）。

さらに，新たな研究動向としては，自然環境との生態学的な関係を重視するアイヌ・エコシステムの考え方の有効性を積極的に再評価しながらも，単にそれを環境適応の民族誌的モデルにとどめるだけではなく，またそれを批判する見解が禁農・禁鉄政策といったア

イヌに対する抑圧的な側面ばかりを強調していたのとも異なり，そこに異文化との流通と共生という視点を取り込むことによって，「交易適応」といったアイヌ側の積極的な活動と歴史性を問う研究もあらわれてきました（瀬川，2005）。

開拓使時代の考古学

1980 年代に刊行されたある百科事典の中にたいへん興味深い記述があります。「考古学でいう遺跡はその主要な研究対象となる原始・古代のものにまず集中し，最近の中・近世考古学の発達は中・近世のさまざまな人間活動の痕跡を遺跡として取り上げる傾向を強め，産業考古学の開始は産業革命前後の生産に関連する人間活動の痕跡を追跡し，それを遺跡とする。北海道では，開拓使時代のものが遺跡として取り上げられているが，本州では明治時代以後のものが遺跡として研究や保護の対象になることは少ない」（田中，1984）というもので，「遺跡」の解説文の一節です。刊行から数年経るうちに，本州島以南においても明治期以降のものが，遺跡として考古学の研究対象や文化財としての保護対象として扱われるケースが多くなってきました。さらに，現代においては実際に機能しているものも含めて近代化遺産として保護・研究する機運が高まってきています（第11章参照）。

開拓使とは明治初年に設置された北海道開拓と経営のための行政機関です。北海道島における近代化とは日本史の一コマであると同時に，まさに「開拓」といった名前がはからずも示しているように，アフリカに出現した人類の祖先が，北半球を寒冷地適応しながら高緯度地帯へと向かっていった人類史における構造性を内包しているのであり，その意味でも人類史の研究を標榜する現代の考古学にとって重要な研究対象なのです。

沖縄・首里城の守礼門

　この写真は沖縄県那覇市にある世界遺産首里城の守礼門です。首里城はグスクと呼ばれる遺跡の１つです。本章では，グスクが南西諸島に出現するまで，社会や人々の生活がどのように変化してきたのか，を跡づけます。

日本列島南西部，とくに奄美諸島以南は本土と違った独自の文化が栄えましたので，本書では独立して扱います。この地域を特徴づけるのは，「南西諸島」「琉球列島」という言葉が示すように，多数の島々から成り立っているということです。また，奄美諸島以南は亜熱帯地域に属し，火山島の屋久島などは例外として，この地域の考古学が珊瑚礁環境の成立と密接に関連しています。そのため，基本的に砂丘遺跡が多いという現実があります。

　この地域は，本土と離れて立地するからでしょうか，また島の環境が豊かだったからでしょうか，本格的な水稲耕作が本土の西日本で採用された紀元前6～5世紀以降も，縄文文化を特徴づける狩猟採集経済が紀元11世紀ごろまで続きました。使う道具も，海獣の骨から作られたものが目立つのも，島という環境が大きく影響しているのでしょう。鉄がもたらされたのは本土より遅く，7～8世紀ごろです。

1　南西諸島の概要

地　理

　南西諸島は琉球列島とも呼ばれ，先史時代には2ないし3つの文化圏に分かれていたといわれています。北から，種子島・屋久島を中心とする北部圏，奄美諸島・沖縄諸島を中心とする中部圏，そして宮古島・石垣島など先島諸島が南部圏です（国分，1959）。現在の行政区画では北部圏と中部圏の奄美諸島が鹿児島県に，中部圏の沖縄諸島と南部圏が沖縄県に属します。北部・中部圏は，九州島も含めて隣の島が視認できる範囲内の近距離にあって，先史時代以来恒常的に交流がありましたので，北部・中部圏を一括する立場もあります（安里，1991）。

また，九州島に由来する縄文早・前期の爪形文土器・曽畑式土器や，九州島から搬入された弥生土器の分布域もこの北部・中部圏までです。それに対し，沖縄島と宮古島の間は約260 km も離れており，文化交流が始まったのは13世紀になってからです。むしろ，先島諸島は台湾により近いのです。したがって，本章でも，北部・中部圏をまとめて解説し，適宜南部圏の文化に触れていきます。

編　年　南西諸島考古学において，旧石器時代（1万年以上前）を旧石器時代，原史時代（12世紀〜15，16世紀ごろ）をグスクと呼ばれる城塞的遺構にちなんで名づけられたグスク時代と呼称することについては研究者の見解はおおむね一致しています。しかし，その間の時代にどのような名称を使うか，現在2つの立場が存在します。1つは沖縄諸島の土器文化が縄文土器から派生していることを重視し縄文時代・弥生〜平安並行期と呼称する立場です。対して，琉球の文化の独自性を強調する立場の研究者は「貝塚時代」という名称を用います。本章では，第8章の縄文文化の定義を尊重し，縄文時代という呼称を用います。

この地域で現在確認されている最古の土器，爪形文土器は九州縄文草創期の爪形文土器を源流とするもので，次いで西九州で栄えた曽畑式土器（ほぼ5000年前）も沖縄諸島に搬入され，定着しています。近年の調査では，爪形文土器より古い可能性がある無文土器や押引文土器などが各地でみとめられており，今後の調査研究が期待されています（沖縄考古学会編，2018）。そしてこの時代の人骨も，自然人類学の立場から「琉球人も縄文人の伝統を濃厚に残している集団」（埴原編，1984）とのことですから，土器の伝統とあわせて，この時代を「縄文時代」と呼称するのは妥当でしょう。

しかしながら，弥生〜平安並行期については，農耕社会が発達した本土に対して，狩猟採集経済が生業の中心であったことから，

「貝塚時代後期」と区別し，括弧に本土で並行する時期を記すようにします。編年の並行関係は第II部扉（160頁）のとおりです。

2 旧石器文化・縄文文化（貝塚時代早・前・中期）

●狩猟採集経済の時代

旧石器文化の証拠

沖縄諸島で旧石器時代の人骨が発見された遺跡は5カ所知られていますが，これらの遺跡では石器などの遺物はいっさい発見されていません。旧石器時代の所産であることの根拠は年代測定値のみです。このうち，現在最古の遺跡は那覇市山下町第1洞穴遺跡（高宮ほか，1975）で，3万2000年前といわれています（埴原編，1984）。この遺跡出土の石塊は自然のものという見解が主流でしたが，人工品という説もあります（小田，2003）。そのほか，港川フィッシャー遺跡では4体の化石人骨が発見されました。そのうちの1号人骨ほど保存状態がよい化石人骨は，県内はもちろん日本国内にも例がなく，日本人の起源を研究する形質人類学者にとって，港川人は大変重要なデータとなっています。埴原和郎によると，港川人は形質的に旧石器時代人類である蓋然性がきわめて高いのですが，縄文人との系譜関係も濃厚で，縄文人の祖先といえるそうです（埴原編，1984）。

そして，近年には新石垣空港の建設に先立ち，石垣市白保竿根田原遺跡では約1万6000〜2万4000年前の複数の人骨が，埋没していた洞穴から発見されました。この人骨は発見後，沖縄県立埋蔵文化財センターを中心に人類学，堆積学，動物学など学際的な調査チームが組織され，土壌の水洗による微細遺物の抽出や，人骨のDNAや年代測定などの数多くの理化学的分析も行われました。人骨は良好な保存状態で身長なども復元でき，港川人と比べて高いこ

となどがわかりつつあります。その中の4号人骨は，屈葬姿勢で洞穴内に風葬された状況が推定されています。しかし，この調査では数点の剝片石器はみられたものの，その具体的な物質文化の様子を明らかにするところまでにはいたりませんでした。一方で，港川フィッシャー遺跡に近いサキタリ洞遺跡では沖縄県立博物館・美術館による継続的な発掘調査が行われ，約2万～2万2000年前の堆積層より釣針やビーズなどの貝製品が発見されています（沖縄考古学会編，2018；宮城，2022）。

　当時の人々は，世界中の旧石器時代人と同様，狩猟採集経済を営んでいたと推測できますが，それを裏づけるような遺物の発見には恵まれていません。しかしながら，断片的な情報とはいえ，南西諸島における旧石器時代の研究は人骨の発見にとどまらず，新たな研究法の進展により多様な成果が蓄積されていくものといえましょう。

| 縄文時代の概要 |

旧石器時代に続く縄文時代は貝塚が非常に多いので，貝塚時代とも呼ばれます。本節では本土の縄文時代に併行する時期（貝塚時代早・前・中期）を取り上げます。この時期の遺跡は2003年時点で，沖縄県では270カ所確認されています。南西諸島の貝塚は，九州や関東の貝塚のように純貝層をなすものは稀で，貝を多く含む土層という状況です。また，数種類の貝のみによる貝層もきわめて稀です（木下，1996）。貝の種類が多く，ハマグリのような二枚貝が多い本土の貝塚と違って巻貝が目立ちます。

　縄文時代草創期・早期の遺跡は知られていません。沖縄諸島で現在確認されている最古の土器は7000～6500年前の爪形文土器で，九州縄文草創期の爪形文土器を源流とするものです。じつは，嘉手納町野国貝塚では，爪形文土器より下の層から無文土器が検出されていますが，破片の数が少なく，その土器の起源や年代はまだ不明

です。また，沖縄の爪形文土器の年代に対して九州の爪形文土器は1万年以上前のもので，両者の直接の系譜関係についてはまだ議論の余地はあるようです。

縄文人の生活・生業

この時代を通して，本土の縄文人と同様，人々は狩猟採集経済を営んでいたことが考古学的にわかっています。「島」という狭い環境でこのように長期間狩猟採集経済を営んでいたのは，世界史上きわめて稀です（高宮，2005）。というのは，狩猟採集民は食料を求めて，本来は広い地域を移動しながら生活せねばならないはずだからです。これは，南西諸島の自然環境がきわめて豊かで，遠くまで移動しなくともさまざまな食料が獲得できたからでしょう。

とくに南西諸島の場合，縄文時代の四肢（手足）骨形態と外耳道骨腫を分析したところ，本土の縄文人よりもさらに海に依存した漁撈中心の生活を送っていたことがわかりました（土肥ほか，2000）。海産物は食料としてだけではなく，貝殻や魚骨，海獣骨も利器や装飾品などの材料として最大限利用されています。魚類も多様で，ジュゴンを捕獲したりもしています。外洋で生息するサメやエイなど大型の魚のほか，珊瑚礁内で生息するブダイ類，ベラ類がとくに多いようです。釣針の出土はあまり多くないのですが，貝製の錘が多いので，沖縄諸島では釣漁より網漁が主体であったと考えられます。

陸上では，リュウキュウイノシシの骨が一番多く検出されています。アホウドリ，ワシタカ，カラスといった鳥類，ハブを含むヘビ，ネズミも食用にされました。狩猟のほか，植物，とくにドングリ（カシ，シイの実）のような堅果類も食用として採集していました。カシの実は，水さらしをして灰汁抜きをしたと考えられます。

縄文人の生活の場所

そして，縄文時代早・前・中期（貝塚時代早期）と縄文時代後・晩期（貝塚時代前・中

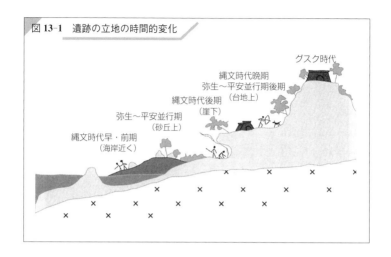

図 13-1　遺跡の立地の時間的変化

期）とでは生活も変化した可能性を高宮広土（2005）は指摘しています。高宮の議論は遺跡出土の動物の骨の細かい分析に基づくのですが，遺跡の立地の変化からも高宮の仮説を補強することができます。遺跡の立地は，どのような食物を主として獲得するかの反映だからです。縄文中期までの遺跡は，野国貝塚群をはじめ大半が海岸砂丘やそれに近いところに立地しています。縄文後期になると，遺跡の数が急増し，内陸部への進出がみられます。遺跡は砂丘には少なくなり琉球石灰岩の丘陵台地の縁辺や崖下，岩陰に立地しています。晩期になると，琉球石灰岩の台地や平坦面が居住地となり，その規模も大きくなります（図 13-1）。離島でも同じ傾向がみられます。

　後・晩期の遺跡では，明確な形で住居が検出されています。大半が竪穴住居ですが，岩陰や洞穴を利用した住居もわずかながら確認されています。竪穴住居は，床面を地面から約 20〜40 cm 掘り下げたもので，床面積は 6〜7 m² くらいです。広場のように，集落内で特別な機能をもった場所もあったようです。

南西諸島で土器が出現したのは，現在のところ6700年前と考えられています。メソアメリカなど世界のほかの地域では，土器は入れ物として出現したのですが，日本列島・南西諸島では食物の煮炊きの道具として出現しました。煮炊きに適するよう，中期までの沖縄諸島の土器は深鉢形で，底は尖底またはそれに近い形態になっています。時代が下がるにつれ，貯蔵用などほかの用途の土器が発達してきました。後期になると壺形土器が出現します。この時期（3000〜4000年前），石垣島，西表島，多良間島など先島諸島では一時期土器を作り，使用しましたが，のちに途絶えてしまいます。ポリネシア東部でも同じ現象がみられます。

　沖縄諸島では，土器製作が始まったころまでに，石斧（せきふ）（木の伐採加工・土掘り具），磨石（すりいし）（堅果類を磨り潰す），スクレーパー（掻器；獣皮・骨や木を掻き切る），敲石（たたきいし）（石器製作のための石の打割・食材の破砕）などさまざまな石器が用途に応じて使い分けられていました。縄文後期ともなると，外来の石鏃（せきぞく）が出現し，弓矢が狩猟具として使われるようになったことがわかります。チャートを除き，沖縄本島には石器に適した石材がないため，そのほかの石材を本島から50km離れた慶良間（けらま）諸島から得ています。石鏃に使われた黒曜石は佐賀県腰岳（こしだけ）産でした。また，ヒスイが沖縄諸島では少数ですが見つかっており，そのほとんどは新潟県糸魚川（いといがわ）産のものとされています。

　南西諸島の先史時代を特徴づける道具に，貝刃・螺蓋製貝斧・スイジガイ製利器・貝錐・貝鏃・貝錘・貝匙といったさまざまな貝製品があります（図13-2）。そのほか，ビーズや有孔竜・獣形貝製品といった装飾品も作られました。骨器も針，釣針など本土の縄文文化と共通するものもあるのですが，ジュゴンやクジラ，サメなどの海獣や魚の骨を利用したものが多いのが特徴といえます。南西諸島

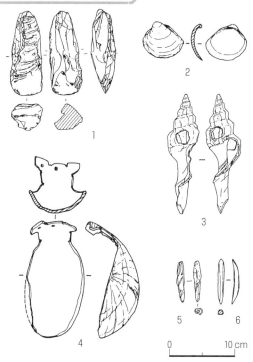

図 13-2　南西諸島のさまざまな貝製品

1　2　3　4　5　6

0　　　　　　　　10 cm

1：螺蓋製貝斧*——ヤコウガイの蓋の縁辺部に刃をつけたもの。削る・切る・敲打するなど。

2：貝刃——二枚貝の腹縁部を加工して刃をつけたもの。調理や木器加工，海草刈りなど。

3：スイジガイ製利器*——スイジガイの管状突起の先端をノミ刃または錐状に加工したもの。木工具として，あるいは貝製品の彫刻・加工。

4：貝匙——ヤコウガイの体層部を長楕円状に切り取り，一端に柄を取り付けて研磨加工したもの。調理具や食器の1つ。

5・6：貝錐——木工具として，あるいは貝製品の彫刻・加工。

＊　　グスク時代まで使用が継続

文化を特徴づける装飾品として，蝶形骨器があります。

3 貝塚時代後期（弥生・古墳・飛鳥・奈良・平安時代併行）
●本土との交流の時代

概　要

この時期は，本土の弥生時代以降平安時代までの 1200〜1400 年間を指します。縄文時代以来の狩猟採集経済に依存したままですが，本書ではこの貝塚時代後期の文化をとくに，縄文文化と区別して扱います。というのは，この時代は生業において本土と異なるうえ，本土からは弥生土器そのほかの物質文化が多く移入され，さらに重要なことは貝輪が南西諸島から移出され，活発な交易・交流が行われたため，縄文文化とも区別されるからです。その交易・交流の一環として，数は少ないにしろ鉄器が 7〜8 世紀ごろにもたらされます。また，この時代の遺跡数も約 270 カ所を数えています。縄文時代を 5000 年とすると，1300 年前後の期間に同じ数の遺跡が営まれたわけで，遺跡数は大きく増加したことになります。

生活立地と生業

この時期の遺跡の大半は海岸砂丘に立地しています。それまでの内陸での生活からまた海岸に戻ったという現象については，生業が漁撈中心に変化したという説が受け入れられています。考古学的に検出された食物残滓には，やはり貝類，魚類が多いのです。たとえば，伊江島のナガラ原貝塚（貝塚時代後期前半）では，多くのシャコガイとブダイ科の魚類が 798 尾，そのほかの魚類が 347 尾も発見されました。ただ，これだけでは食料としては不足なので，考古学的に検出できない山野の可食植物を多く採集していたはずです。漁撈中心の生活にシフトしたことの反映でしょうか，イノシシは縄文時代に比べ激減してい

ます。そのほか，アホウドリやハシボソミズナギドリといった鳥類
も捕獲していたことがわかっています。ただ，ナガラ原貝塚ではブ
タと考えられる骨も検出されており，もしそうだとすると家畜とし
て飼育された可能性が出てきます（松井ほか，2001）。

　しかしまた，本土の古墳～平安時代に並行する時期になると，沖
縄本島の南部では内陸部に進出するようになり，丘陵の縁辺部，崖
下で生活を営むようになります。丘陵への遺跡の立地の移動は，採
集経済を生業の基盤としつつも，食物栽培といった農耕的要素の比
重が増したことの反映と思われます。炭化したイネ（畑で栽培され
る陸稲），アワ，ヒエなどが検出された遺跡があります。

住　居
縄文文化以来の竪穴住居が一般的でしたが，
掘立柱建物がこの時期出現します。掘立
柱建物は床を地面に掘り込むことなく，床・屋根を複数の柱で支え
たものです。考古学的には柱穴しか見つかりません。時代が下がる
につれ，掘立柱建物が多くなり，グスク時代になると竪穴住居はな
くなります。

　またこの時期，集落には違った機能を有するさまざまな空間が有
機的に配置されていたようです。宜野湾市真志喜安座間原第 2 遺跡
（弥生～平安時代中期併行）では，集会場など特殊な機能をもつ大型竪穴
建物を中心に住居が配され，貝輪に加工されるイモガイは別の場所
に積まれており，集落から離れたところに墓域が営まれていました。

本土との交易・交流
南西諸島では弥生土器が各地から発見され
ており，トカラ列島・奄美諸島地域で 36
カ所，沖縄諸島地域で 52 カ所に及んでいます。ただし，宮古島な
ど先島諸島では弥生土器は発見されていません。北と南の琉球文化
圏の境界がこの段階でも明確であることを示しています。搬入され
た弥生土器は，弥生時代初頭から終末期にわたっており，それらの

圧倒的多数は九州南部のものです。そして地元の人々は搬入された弥生土器を自分たちなりに模倣しました。そういった土器群を「弥生系土器」と区別します（安座間，2000）。

土器とともに，五銖銭・開元通宝といった中国銭貨，後漢青銅鏡片，中国の三角翼鏃，板状鉄斧，鉄製ヤリガンナ，銅鏃，銅剣の破片など多様な文物が九州からもたらされました。

さらに，在来の土坑墓が多い中にあって，「箱式石棺」という弥生文化にみられる墓制もこの時期伝わっています。須恵器も 9〜10 世紀の本土産のものが那覇市那崎原遺跡から発見されています。

このように，縄文文化にはないものが南西諸島にこの時期もたらされたのは，ゴホウラ・イモガイといった大型巻貝を，貝輪の素材として弥生・古墳時代の九州に移出するようになったからです。沖縄本島では数十カ所の遺跡から，ゴホウラ・イモガイの集積や貝輪の半製品などが検出されていることからも，それは裏づけられています（木下，1996）。本土の古墳時代が終わると，今度はヤコウガイが螺鈿細工の素材として，貝匙が酒器として本土で珍重されるようになり（山里，1999），南西諸島の貝の需要は続きました。

| 道　具 | 縄文文化に引き続き，土器，石器，貝製品，骨器が使われました。土器は，煮炊き用の |

尖底深鉢形土器が継続して使われました。また，食べ物を盛るための盆形土器，酒のような飲み物を入れた片口土器，祭祀用のミニチュア土器など，さまざまな機能に応じて違った形態（器種）の土器が使い分けられるようになりました。貯蔵用・運搬用などの壺形土器の祖形もこの時期出現します。貝塚時代後期の先島諸島では，土器を用いず，焼け石で調理したようです。

石器は，石斧，凹石，敲石，磨石・石皿，砥石などがこの時期使われていますが，石斧は縄文時代に比べ大幅に減少します。海岸

砂丘で漁撈中心の生活にシフトしたことの反映かもしれません。逆に，調理・加工具としての凹石，敲石，磨石・石皿が目立ちます。漁撈・採集のための貝製品も前代以来変わらず使われました。また，ヤコウガイ製杓子といった食器やホラガイ製煮沸容器などは，琉球特有の道具といえます。骨製品には，骨針，骨錐，クジラの肋骨やジュゴンの骨を利用した剣状骨器（ヤスとして利用されたか）などがあります。

4 グスク時代
●食糧生産経済の確立と階層社会の発展

| 概　　要 |

この時代は，およそ 12 世紀から 15，16 世紀ごろまで続く「新しい」時代ですが，中国の『明実録』，朝鮮の『李朝実録』といった外国の交流・交易の記録にわずかに記されているだけで，研究は文献史学よりも考古学の比重が高いのです。この時代は，本格的な農耕社会が成立し，鉄器が普及し，階層社会の進化が始まりました。つまり，琉球王国の形成段階です。外交的には明との間に冊封関係が確立し，また日本本土，中国，朝鮮，東南アジアとの交易が活発になりました。そのおかげで北の奄美諸島から沖縄諸島，先島諸島を含めた地域が初めて 1 つの共通する文化圏を形成するにいたりました。

また，この時代の遺跡は，北は奄美諸島から南は先島諸島まで，340 カ所以上が知られています。約 1300 年（あるいはそれ以上）続いた貝塚時代後期の遺跡数が約 270 に対して，長く見積もっても約 400 年間のグスク（城）時代の遺跡数が 340 以上ということは，遺跡数が急増したということです（木下，1996；高宮，2005）。これは世界史上，農耕開始後にみられる現象です。農耕のおかげでより多

図13-3 三山の領域

くの人口を養えるようになったということでしょうか。

文献史学の成果に対応させると，この時代の後半，14〜15世紀は按司（あじ）と呼ばれる地域領主の統廃合が進み，沖縄本島では北山（ほくざん）（国頭（くにがみ）地域，拠点は今帰仁城（なきじんぐすく）），中山（なかがみ）（中頭地域，拠点は浦添城・首里城），南山（なんざん）（島尻地域，拠点は島尻〔添〕大里城）と三地域にまとまり（三山時代），それぞれが王を名乗った時期です（図13-3）。そして1420年代に思紹・尚巴志（ししょう・しょうはし）父子が鼎立していた三山を統一（第1尚氏時代），1469年のクーデターで尚円（しょうえん）（金丸）を開祖とする第2尚氏が成立，1609年に島津氏により琉球王国が支配下におかれるまでの時期を指します。この1609年にグスクの城塞的機能も停止させられます。本章の記述内容は，琉球王国の支配までです。

グスクとそのほかの遺跡　この時代の遺跡は南西諸島にまんべんなく分布しているわけではなく，たとえば沖縄諸島では，海岸平野および内陸部のなだらかな台地が発達した中南部地域に密集しています。これは，グスクを支えた生活基盤として，平野部だけでなく内陸部の浅い谷部まで耕作地が必要とされたためと考えられます。グスクは聖域を内包した防御集落として発生し，時間がたつにつれ按司の支配拠点としての城塞に変化したもの，と考えられています。遺跡は主として石灰岩の発達する岩塊地域に立

地し，丘陵頂部や海岸の突出部などに石塁を築いています。非石灰岩地帯では，掘切りや土塁をめぐらせています。

じつは，グスク時代の始まりである 12 世紀には砂丘や低位段丘に集落跡がみられますが，13 世紀ごろになると，石塁を築く以前に，不便で農耕にはあまり適切ではない丘陵頂部に集落が営まれるようになるのです。ですから，石塁をもつグスクらしいグスクが出現する以前に，集団間にある程度の緊張関係が芽生えていたと解釈することも可能でしょう。

石塁を伴うグスクも多様です。当初，グスクは面積数百 m^2 と小規模で，内部構造も単純（単郭）でした。郭は石塁で囲まれた内部をさらに石塁で区画された，宗教，政治活動，生活といった違った機能を担う空間です。時間が下るにつて，一部のグスクが大規模化，多郭化します。たとえば，勝連町の勝連グスクは四郭構成で 1 万 2000 m^2 あり，1477 年と 1546 年に拡張を重ねた首里グスクは南西諸島最大で 4 万 3000 m^2 もあります。

経済 この時代は対外貿易が盛んでした。前半期（12〜13 世紀）は対外貿易の開始期で，主として，奄美諸島や日本本土との私的な貿易が行われました。11 世紀末ごろから中国産白磁椀が搬入されるようになります。また，徳之島産の須恵質のカムィヤキ（亀焼）と長崎産の滑石製石鍋が流通するようになります。この私的貿易は博多を拠点とする商人のリードによると考えられています（安里，1998）。2000 年代以降には，喜界島城久遺跡などを中心に奄美地域の発掘調査が多く行われ，前半期の集落が多く発見されました。その中には 9〜10 世紀にさかのぼる初期貿易陶磁や土師器などが確認され，喜界島が九州以北との交易の中心地であった可能性が指摘されています（沖縄考古学会編，2018）。

後半期（14～15世紀ごろ）は交易の発展期です。1372年に中山の
察度王が中国と公式の朝貢貿易を開始し，北山，南山もそれに続き
ました。交流，交易の範囲は中国，朝鮮，ベトナム・タイなど東南
アジア周辺地域へと広がりました。陶磁器類の出土量は前半期に比
べ倍増し，15世紀初頭にその輸入がピークに達します。なかでも
中国産陶磁器の質・量が他を抜きん出ています。グスク遺跡，集落
跡，御嶽から多数の銭貨が出土しますが，ほとんどが中国の宋，元，
明銭です。ちなみに，これらの輸入品を運んだ船は，発見された碇
石が300kg以上のものが多く，大型船であったと想定できます。

　そのほか，グスクの石塁の石を加工しそれを積み上げる技術は，
技術者とともに中国から導入されたと考えられます。瓦製作も同様
です。とくに瓦の場合，仏教とともに仏教寺院にまず導入され，そ
の後短期間のうちに，首里城正殿や勝連城跡主郭の宝物殿的建物な
どに採用されたようです。

| 生　活 |

この時代の中心的な生業活動は農業です。
とくに，琉球列島の発掘調査では，土壌を
水洗し，炭化種子を検出する分析が継続的に行われることにより，
11世紀代には確実にコメ，ムギ，アワなどが栽培されたことが裏
づけられてきました（沖縄考古学会編，2018）。また，考古学的に検
出されていないイモ類・野菜類も生産されていたと考えられていま
す。ウシ・ウマを使役し，そしてニワトリ・ヤギ・ブタを飼育しま
した。家畜はもちろん食用ですが，残った骨もヘラといった道具や
装身具，遊具，武器の材料として活用しました。石灰台地上では畑
が営まれ，低地は水田として開発されました。尚巴志，尚円，勝連
の阿麻和利といったグスク時代後期の政治的有力者は，非石灰岩地
帯の中城湾岸を本拠地としていることから，対外貿易に加えて，
低地での水田二期作が経済発展を促した可能性が指摘されています

（安里進，1991）。

　また，漁撈・狩猟も重要でした。土錘・貝錘を使った網漁が行われたほか，釣針・モリ・ヤスなどで珊瑚礁近海の多様な魚を捕っていました。ジュゴン，イルカ，ウミガメなど比較的大型の海獣類も捕獲しています。またシジミ，タカラガイなど特定の貝類が多数採集されたほか，ホラガイ，ヤコウガイなどの大型貝類は朝貢品目的で養殖していたようです。首里城（銭蔵東地区）の発掘調査では，ヤコウガイなどの貝殻を規格的に加工した破片が集中的に廃棄された跡が発見され，具体的に螺鈿などに利用したことがうかがわれています。

| 道　具 |

　この時代，食器はもっぱら外来の陶磁器類を使用し，在来のグスク土器は主として煮炊き，貯蔵のための調理具として使われました。グスク土器とは，グスク時代初期に煮炊き，貯蔵の器として流通した徳之島産の須恵質のカムィヤキと長崎産の滑石製石鍋を模したものが多く，量は少ないですが中国産陶磁器の碗・皿，鉄鍋を模したものもあります。土器の次に出土量が多いのが青磁，白磁，染付，褐釉陶器，瓦器で，中国産を主として，朝鮮，日本，東南アジアのものがあります。これらは皿，盤，椀，鉢，壺，水差し，甕，瓶，火鉢など多種多様で，日常什器，儀礼・祭祀の器，また権威を示す宝器として使われました。

　農具は木製が一般的で，棒の先端にソケット状に取り付ける鉄ヘラ類が鉄器化の始まりと考えられています。また，鉄ヘラの代わりに骨ヘラも使われました。収穫具としての鉄鎌は小型なので，コメ，ムギ，アワは穂刈りと考えられています。先史時代以来この時代でも，凹石・敲石は，食べ物を準備するために使われました。

| 鉄 |

　この時代の鉄器や鉄滓（てっさい）は沖縄本島および周辺離島，宮古・八重山諸島地域まで広く分

布しています。鉄釜や鍋の煮沸具，鉄ヘラ類・鉄鎌のほか，斧，錐，楔，ヤリガンナ，釘，鏨が鉄器として使われました。鉄器は，グスクの城壁，基壇，橋，井戸，墓，道などあらゆるものに使われた琉球石灰岩の切断・加工を可能にしました。また，武具の発達も目覚ましく，鉄鏃や鉄刀，日本製もしくはその影響が強い鎧・冑も出土します。

　そういった鉄器は輸入されたのではなく，グスクや集落内で作っていました。鉄そのものを生産する大鍛冶，鉄素材から製品を作る小鍛冶の両方が知られています。鉄滓は鍛冶の重要な証拠ですが，そのほか鉱石，砂鉄，鞴の羽口，炉材片，炭灰，鉄塊，錬金などが発見されています。鉄素材としての砂鉄は日本本土から，またそのほかの鉄素材は中国江南地域から輸入されたと考えられています。鍛冶技術は青銅や真鍮製品の製作も可能にしました。おかげで引き金具，掛け金具，飾り金具，煽り止め，釘隠し　筆筒や化粧箱などの調度品，工芸品がこの時代に生み出されました。

> 信　仰

　琉球王国時代の斎場御嶽では，鍍金製の大型勾玉が拝所の石畳下から発見されました。これに類するグスク時代遺跡での考古学的知見に，稲福遺跡（上御願地区）の拝所近くの柱穴から140個の数珠の発掘があげられます。この知見は，琉球各地に残る御嶽の開始期の可能性を示唆するものとして，重要です。祭祀具としての数珠は，そのほかグスク，集落を中心に，古墓からも発見されます。

　人をどのように葬るかも，当時の信仰に迫る手がかりとなります。琉球のこの時代の葬制は多様で，まず遺骸処理の方法として風葬，二次葬，土葬，火葬があり，お墓として土坑墓，石組墓が知られています（瀬戸，2003）。この時代に仏教が沖縄諸島に導入されましたが，在地の信仰も根強かったことが明らかです。

Column ⓰　沖縄県の考古学

　学際的アプローチ　　南西諸島の大半を占める現在の沖縄県での考古学研究法が「学際的」であることは特筆すべきです。これは，戦前から遺跡探索を行い，初めての編年である「琉球列島の貝塚と編年の概念」を 1956 年に発表し，現在「沖縄考古学の祖」と評価されている多和田真淳（たわだしんじゅん）が植物学者であったことも大きな要因かもしれません。現在でも遺跡での動植物遺存体の取り上げ・同定に積極的で，遺跡の解説では，検出した動植物の種とその数量が事細かく記載されます。

　また沖縄県は，1945 年の第二次世界大戦終戦後，1972 年まで 27 年間アメリカ合衆国の統治を受けるという制約があった中で，多和田の協力者として，金関丈夫や国分直一・永井昌文ら本土の研究者による発掘調査も行われています。金関と永井はもともと形質人類学者ですから，学際協力が沖縄では当然だったということでしょう。また，金関・国分はともに台湾で研究生活を送ったことがあり，以下の国際性を沖縄県の考古学に導入することにも無意識に貢献したのではないでしょうか。

　国際的方法論　　アメリカ合衆国統治のためでしょうか，日本考古学の英文概説書が 1990 年代，2000 年代になって刊行されるはるか以前に，カナダ人考古学者リチャード・ピアソンにより南西諸島の考古学の英文概説書が 1969 年に刊行されています（Pearson, 1969）。また，地元の研究者の中でも，友寄英一郎，高宮廣衞・広土父子のようにアメリカ合衆国で人類学・考古学の大学・大学院教育を受け，活躍している人もいます。おかげで，沖縄考古学の方法論には，本土のいわゆる日本考古学と若干異なる，「アメリカ的」な側面が存在します。

　最大の違いは，自然層位と併用し，5 cm ごとの任意層位による発掘を採用していることです。英語圏では 5 cm ごとに掘り下げ，地層の変化を認識すればその面を出して，また新たに 5 cm ずつ掘り下げるという方法をとります。それに対し日本本土では，遺跡の一部をまず深めに掘って，地層の堆積状況（層位）を見きわめてから，その堆積状況に従って自然層位ごとに広く発掘する方法をとるのが一般です。日本，英語圏，どちらの発掘方法がよいというものではなく，遺跡や地層の堆積状況に応じて使い分けられるのです。

5 おわりに

　高宮広士（2005）はパトリック・カーチ（Kirch, 1986）の主張を継承し，島の環境が単純で，さまざまな複雑多様な要因をすべて考慮に入れる必要がないこと，また四方を海で囲まれており，明確な境界があること，島と島の環境の比較を行いやすく，多様性を明確にしやすいこと，の3点をあげ，島の研究の有効性を説いています。そして，「沖縄諸島先史時代のデータを利用して，世界のほかの島々の先史学あるいは人類学で提唱されている仮説や理論を検証できるかもしれません」と続けます。学史的にも，島のデータに基づく民族学的研究が他地域の研究にも参考となるようなモデルを提供してきました。

　エルマン・サーヴィス（Service, 1967）らによって提唱された「首長制」論は，国家前段階の社会のモデルとして弥生・古墳時代研究者にとっても傾聴に値しますが，じつはポリネシアの事例に基づいている部分が大きいのです。たとえば，南西諸島におけるグスクの出現の背景に関して議論を積み重ねると，本土における古墳出現の背景とその地域的差異に関して，示唆を与えることができるようになるかもしれません。

　また，琉球列島の特性である四周が海に囲まれた島嶼地域であることから沈没船の痕跡や石切り場や塩田跡など沿岸部の遺跡などを対象とする水中考古学や，沖縄戦などの戦争遺跡を調査する戦跡考古学など新しい分野の考古学も注目されています（沖縄考古学会編，2018）。

読書案内――さらに学びたい人のために

★ 第Ⅰ部　考古学の考え方・方法

安斎正人編『現代考古学事典』同成社，2004

岩崎卓也・高橋龍三郎編『現代社会の考古学』（現代の考古学1）朝倉書店，
　2007

エガース，H.G.／田中　琢・佐原　眞訳『考古学研究入門』岩波書店，1981

大塚初重・戸沢充則・佐原　眞編『日本考古学を学ぶ』全3巻〔新版〕有斐
　閣，1988

金田明大・津村宏臣・新納　泉『考古学のための GIS 入門』古今書院，2001

近藤義郎ほか編『研究の方法』（岩波講座日本考古学1）岩波書店，1985

齋藤　努『必携考古資料の自然科学調査法』ニュー・サイエンス社，2010

佐原　眞著／金関　恕・春成秀爾編『考古学と現代』（佐原眞の仕事6）岩
　波書店，2005

チャイルド，V.G.／近藤義郎訳『考古学の方法』〔新装版〕河出書房新社，
　1994（Childe, V. G. *Piecing Together the Past: the Interpretation of Ar-*
　chaeological Data. Routledge & Kegan Paul, 1956）

勅使河原彰『日本考古学史――年表と解説』東京大学出版会，1988

長友恒人編『考古学のための年代測定学入門』古今書院，1999

西川寿勝・河野一隆編『考古学と暦年代』ミネルヴァ書房，2003

土生田純之編『文化遺産と現代』同成社，2009

美備郷土文化の会／理論社編集部編『月の輪教室』理論社，1954（1978 年
　に月の輪古墳刊行会より増補復刻）

平尾良光・山岸良二『文化財を探る科学の眼』1〜6，国土社，1998-2000

文化庁文化財部記念物課監修『史跡等整備のてびき――保存と活用のため
　に』同成社，2005

文化庁文化財部記念物課編『発掘調査のてびき』文化庁文化財部記念物課，
　2010

松浦秀治・上杉　陽・藁科哲男編『考古学と年代測定学・地球科学』同成社，
　1999

Johnson, M. *Archaeological Theory: An Introduction.* 3rd ed. Blackwell,

313

Oxford. 2019

★ 第Ⅱ部　考古学からみた日本列島の人類史（章ごとに紹介）

第7章　旧石器文化

安蒜政雄『旧石器時代の日本列島史』学生社，2010

稲田孝司『遊動する旧石器人』（先史日本を復元する1），岩波書店，2001

小野　昭『旧石器時代の日本列島と世界』同成社，2007

竹岡俊樹『旧石器時代の型式学』学生社，2003

松藤和人『日本と東アジアの旧石器考古学』雄山閣，2010

第8章　縄文文化

今村啓爾『縄文の実像を求めて』吉川弘文館，1999

小杉　康『縄文のマツリと暮らし（先史日本を復元する3），岩波書店，2003

小杉　康・谷口康浩・西田泰民・水ノ江和同・矢野健一編『縄文時代の考古学』全12巻，同成社，2007-2010

高橋龍三郎『縄文文化研究の最前線』早稲田大学文学部，2004

林　謙作『縄紋時代史』1・2，雄山閣，2004

松本直子『縄文のムラと社会』（先史日本を復元する2）岩波書店，2005

第9章　弥生・古墳文化

石川日出志『農耕社会の成立』（日本古代史1）岩波新書，2010

近藤義郎『前方後円墳の時代』岩波文庫，2020

白石太一郎編『倭国誕生』（日本の時代史1）吉川弘文館，2002

鈴木靖民編『倭国と東アジア』（日本の時代史2）吉川弘文館，2002

都出比呂志『日本農耕社会の成立過程』岩波書店，1989

寺沢　薫『王権誕生』（日本の歴史01）講談社学術文庫，2008

松木武彦『列島創生記——旧石器・縄文・弥生・古墳時代』（全集日本の歴史1）小学館，2007

第10章　古代から中世前半の考古学

上原真人・白石太一郎・吉川真司・吉村武彦編『列島の古代史——ひと・もの・こと』1〜8，岩波書店，2005-2006

宇野隆夫『荘園の考古学』青木書店，2001

河原純之編『古代から中世へ』（古代史復元 10）講談社，1990

木下正史・佐藤　信・田辺征夫・西山良平・鈴木久男編『古代の都』全 3 巻，吉川弘文館，2010

菱田哲郎『古代日本国家形成の考古学』京都大学学術出版会，2007

第 11 章　中世後半から近現代の考古学

江戸遺跡研究会編『図説江戸考古学研究事典』柏書房，2001

熊野正也・川上　元・谷口　榮・古泉　弘編『歴史考古学を知る事典』東京堂出版，2006

坂詰秀一『歴史考古学の問題点』近藤出版社，1990

鈴木公雄ゼミナール編『近世・近現代考古学入門』慶應義塾大学出版会，2007

メタ・アーケオロジー研究会『近現代考古学の射程──今なぜ近現代を語るのか』（考古学リーダー 3）六一書房，2005

第 12 章　列島北東部の考古学

宇田川洋『アイヌ文化成立史』北海道出版企画センター，1988

菊池俊彦『北東アジア古代文化の研究』北海道大学図書刊行会，1995

木村英明『シベリアの旧石器文化』北海道大学図書刊行会，1997

瀬川拓郎『アイヌ・エコシステムの考古学──異文化交流と自然利用からみたアイヌ社会成立史』北海道出版企画センター，2005

野村　崇・宇田川洋『新北海道の古代』全 3 巻，北海道新聞社，2001-2004

第 13 章　南西諸島の考古学

安里　進『考古学からみた琉球史』上・下巻，ひるぎ社，1990・1991

安里　進『グスク・共同体・村──沖縄歴史考古学序説』榕樹書林，1998

沖縄考古学会編『南島考古入門──掘り出された沖縄の歴史・文化』ボーダーインク，2018

高宮廣衛『先史古代の沖縄』第一書房，1991

高宮広土『島の先史学──パラダイスではなかった沖縄諸島の先史時代』ボーダーインク，2005

藤本　強『もう二つの日本文化──北海道と南島の文化』東京大学出版会，1988

引用・参考文献

* 五十音（日本語文献，翻訳書含む）・アルファベット（外国語文献）順に配列。

* 同一著者は年代順に配列。

* 定期刊行物の出版団体のうち，複数回引用されたものについてはここにまとめて掲載し省略しました。雑誌タイトルに出版団体が言及されているものについても省略しました。

例：『雑誌タイトル』出版団体（所在地）

『考古学研究』考古学研究会（岡山）

『考古学雑誌』日本考古学会（東京）

『考古学ジャーナル』ニューサイエンス社（東京）

『物質文化』物質文化研究会（東京）

『日本考古学』日本考古学協会（東京）

『人類學雜誌』日本人類学会（東京）

相原淳一 2021「再考貞観津波——考古学から『津波堆積物』を考える」『考古学研究』第 68 巻第 1 号，53-74 頁

阿子島香 1983「ミドルレンジセオリー」『考古学論叢 I ——芹沢長介先生還暦記念論文集』171-197 頁，寧楽社

安里嗣淳 1991「中国唐代貨銭『開元通寶』と琉球圏の形成」『沖縄県教育委員会文化課紀要』第 7 号，1-10 頁

安里嗣淳 2003「旧石器時代」『沖縄県史』各論編第 2 巻（考古），79-96 頁，沖縄県教育委員会

安里　進 1990・1991『考古学からみた琉球史』上下，ひるぎ社

安里　進 1998『グスク・共同体・村——沖縄歴史考古学序説』榕樹書林

安座間充 2000「琉球弧からみた弥生時代併行期の九州との交流様相——当該期搬入土器および『弥生系土器』の再検討を中心に」『地域文化論叢』第 3 号，1-46 頁，沖縄国際大学大学院地域文化研究科

阿部芳郎 2006「『環状盛土遺構』研究の現在」『考古学ジャーナル』第 548 号，3-7 頁

天野哲也 2003『クマ祭りの起源』雄山閣

天野哲也 2008『古代の海洋民オホーツク人の世界——アイヌ文化をさかのぼる』雄山閣

安斎正人 1995「エスノアーケオロジー入門」『物質文化』第 59 号，1-15 頁

安藤広道 2003「弥生時代集落群の地域単位とその構造——東京湾西岸域における地域社会の一位相」『考古学研究』第50巻第1号，77-97頁

石井 淳 1997「北日本における後北C2-D式期の集団様相」『物質文化』第63号，23-35頁

石川日出志 2003「弥生時代暦年代論とAMS法年代」『考古学ジャーナル』第510号，21-24頁

石川正行 2005「市民と地域博物館による遺跡公園づくり」『日本ミュージアムマネージメント学会研究紀要』第9号，37-48頁

石母田正 1971『日本の古代国家』岩波書店

稲田孝司 2001『遊動する旧石器人』（先史日本を復元する1），岩波書店

今村啓爾 1999『縄文の実像を求めて』吉川弘文館

今村峯雄・小林謙一・坂本 稔 2002「AMS14C年代測定と土器編年との対比による高精度編年の研究」『考古学と自然科学』第45号，1-18頁

今村峯雄・坂本 稔・中村俊夫・丹生越子 2004「出雲大社境内遺跡より出土した本殿柱材の年代測定結果について」『出雲大社境内遺跡』大社町教育委員会，341-348頁

上島 享 2010「法勝寺創建の歴史的意義」同著『日本中世社会の形成と王権』464-496頁，名古屋大学出版会

宇野隆夫 1991『律令社会の考古学的研究』桂書房

エガース，H.J./田中 琢・佐原 真訳 1981『考古学研究入門』岩波書店

江上波夫 1976「考古学と社会」同監修『考古学ゼミナール』28-32頁，山川出版社

江原 英 1999「寺野東遺跡環状盛土遺構の類例——縄紋後・晩期集落の一形態を考える基礎作業」『研究紀要』第7号（栃木県文化振興事業団埋蔵文化財センター），1-56頁

エンゲルス，F./戸原四郎訳 1965『家族私有財産国家の起源』岩波文庫（原著，1884）

大久保徹也 2004「前期前方後円墳の築造頻度と規模構成」広瀬和雄ほか『古墳時代の政治構造——前方後円墳からのアプローチ』青木書店

大田区立郷土博物館編 1997『トイレの考古学』東京美術

大橋康二 1990「肥前陶磁の変遷と流通」東京都新宿区立新宿歴史博物館編『江戸のくらし——近世考古学の世界』147-152頁，新宿区教育委員会

大八木謙司 2001「食生活の道具復元にむけて——新宿区の江戸遺跡を中心に」『江戸遺跡研究会第14回大会発表要旨 食器にみる江戸の食生活』6-23頁，江戸遺跡研究会

岡村秀典 1999『三角縁神獣鏡の時代』吉川弘文館

沖縄考古学会編 2018『南島考古入門——掘り出された沖縄の歴史・文化』ボーダーインク

小田静夫 2003「山下第1洞穴出土の旧石器について」『南島考古』第22号，1-19頁，沖縄考古学会

小野　昭 1978「分布論」大塚初重・戸沢充則・佐原　眞編『日本考古学を学ぶ』第 1 巻（日本考古学の基礎），36-47 頁，有斐閣〔新版，1988〕

小野山節 1985「資料論」近藤義郎ほか編『岩波講座日本考古学』第 1 巻（研究の方法），17-41 頁，岩波書店

加藤雅士 2006「石棺墓の展開とその意義——縄文時代後期の関東甲信越」『考古学雑誌』第 90 巻第 1 号，1-38 頁

金関丈夫 1959「弥生時代の日本人」『日本の医学——第 15 回日本医学会総会学術集会記録』1，167-174 頁

金関　恕 1982「神を招く鳥」『考古学論考——小林行雄博士古稀記念論文集』281-303 頁，平凡社

金関　恕・池上曽根史跡公園協会 2003『ジャーナリストが語る考古学』雄山閣

金子裕之 2000「考古学からみた律令的祭祀の成立」『考古学研究』第 47 巻第 2 号，49-62 頁

亀田修一 2008「吉備と大和」土生田純之編『古墳時代の実像』19-71 頁，吉川弘文館

菊池徹夫 1972「トビニタイ土器群について」東京大学文学部考古学研究室編『常呂——北海道サロマ湖沿岸・登呂川下流域における遺跡調査』447-461 頁，東京大学文学部

岸本雅敏 2005「塩」上原真人ほか編『暮らしと生業』（列島の古代史 2），287-302 頁，岩波書店

鬼頭清明 1985『古代の村』（古代日本を発掘する 6），岩波書店

木下尚子 1996『南島貝文化の研究——貝の道の考古学』法政大学出版局

朽木　量 2004『墓標の民族学・考古学』慶応義塾大学出版会

朽木　量 2009「セリエーション・グラフによる六道銭分析と標準化」谷川章雄・櫻木晋一・小林義孝編『六道銭の考古学』51-60 頁，高志書院

群馬県埋蔵文化財調査事業団編 1986『下触牛伏遺跡』群馬県考古資料普及会

国分直一 1959「史前時代の沖縄」岩村　忍・関　敬吾編『日本の民族・文化』320-335 頁，講談社

国立歴史民俗博物館・松木武彦・福永伸哉・佐々木憲一編 2020『日本の古墳はなぜ巨大なのか——古代モニュメントの比較考古学』吉川弘文館

御所野縄文博物館編/高田和徳・菅野紀子執筆 2021『縄文里山づくり——御所野遺跡の縄文体験』新泉社

小杉　康 1986「千葉県江原台遺跡及び岩手県雨滝遺跡出土の亀形土製品——所謂亀形土製品，土版，岩版の型式学的研究と用途問題・素描」『明治大学考古学博物館館報』第 2 号，51-71 頁

小杉　康 1995「土器型式と土器様式」『駿台史學』第 93 号，58-131 頁

小杉　康 2005「子生みの造形・鼻曲りの造形」明治大学文学部考古学研究室編『地域

と文化の考古学 I』589-620 頁，六一書房

小杉　康 2014「葬墓祭制と大規模記念物」『講座日本の考古学』第 4 巻（縄文時代・下），青木書店

小杉　康 2020「分布から見えてくるもの」小野昭『ビジュアル版 考古学ガイドブック』50-51 頁，新泉社

コッシナ，G./ 星野達雄訳 2002『ゲルマン人の起源──居住地考古学の方法について』レスキス企画

後藤　明 2004「物質文化」安斎正人編『現代考古学事典』369-375 頁，同成社

後藤建一 2006「地方官衙と須恵器窯──在地首長と窯業生産」『古代の役所と寺院──郡衙とその周辺』133-145 頁，静岡県考古学会

小林達夫 1996『縄文人の世界』朝日新聞社

小林正史編 2006『黒斑からみた縄文・弥生土器・土師器の野焼き方法』平成 16・17 年度文部科学省科学研究費補助金研究成果報告書，北陸学院短期大学

小林行雄 1943「土器類」・「弥生式土器細論」末永雅雄・小林行雄・藤岡謙二郎『大和唐古弥生式遺跡の研究』41-143 頁，京都帝国大学文学部考古学研究報告第 16 冊

小林行雄 1955「古墳の発生の歴史的意義」『史林』第 38 巻第 1 号（『古墳時代の研究』青木書店，1961，135-159 頁に再録）

小林行雄 1961『古墳時代の研究』青木書店

小林行雄・杉原荘介編 1956・1961『弥生式土器集成』資料編，同集成刊行会

小林行雄・杉原荘介編 1964・1968『弥生式土器集成』本編，東京堂

近藤義郎 1959「共同体と単位集団」『考古学研究』第 6 巻第 2 号，13-20 頁

近藤義郎 1962「弥生文化論」家永三郎ほか編『岩波講座日本歴史』第 1 巻（原始および古代），139-199 頁，岩波書店

近藤義郎 1983『前方後円墳の時代』岩波書店

近藤義郎編 1991・1992・1994『前方後円墳集成』全 5 巻，山川出版社

酒井龍一 1997『歴史発掘』第 6 巻（弥生の世界），講談社

榊田朋広 2006「トビニタイ式土器における文様構成の系統と変遷」『物質文化』第 81 号，51-72 頁

狭川真一 2003『墳墓遺跡及び葬送墓制研究からみた中世』元興寺文化財研究所

佐々木憲一 2004「古代国家論の現状」『歴史評論』第 655 号，68-75 頁，歴史科学協議会

佐々木憲一 2020「古墳時代考古学の国際化」『明治大学人文科学研究所紀要』第 86 冊，197-228 頁

佐藤雄史・中島達也 1995『苅又地区遺跡群 V』小郡市教育委員会

佐原　眞 1960「銅鐸の鋳造」杉原荘介編『世界考古学大系』第 2 巻（日本 II 弥生時代），92-104 頁，平凡社

佐原　眞 1985「分布論」近藤義郎ほか編『岩波講座日本考古学』第 1 巻（研究の方法），115-160 頁，岩波書店

佐原　眞 1987「考古学をやさしくしよう」『京都府埋蔵文化財論集』第 1 集，京都府埋蔵文化財調査研究センター（金関　恕・春成秀爾編『佐原眞の仕事』第 6 巻〔考古学と現代〕2005，248-274 頁，岩波書店に再録）

佐原　眞 1993『考古学千夜一夜』小学館

設楽博己 1992「III　縄文時代 2．道具の組み合わせ f．晩期」日本第四紀学会・小野昭・春成秀爾・小田静夫編『図解・日本の人類遺跡』74-77 頁，東京大学出版会

設楽博己 2008『弥生再葬墓と社会』塙書房

下條信行 1975「北九州における弥生時代の石器生産」『考古学研究』第 22 巻第 1 号，7-14 頁

白石太一郎 1969「畿内における大型古墳群の消長」『考古学研究』第 16 巻第 1 号，8-26 頁

白石太一郎 1989「巨大古墳の造営」同編『古代を考える――古墳』73-106 頁，吉川弘文館

白石太一郎 1992「関東の後期大型前方後円墳」『国立歴史民俗博物館研究報告』第 44 号，21-52 頁

白石太一郎 2000『古墳と古墳群の研究』塙書房

白石太一郎 2002『倭国誕生』（日本の時代史 1），吉川弘文館

白石太一郎・村木二郎 2004「大和における中・近世墓地の調査」『国立歴史民俗博物館研究報告』第 111 号，1-562 頁

新宿区南元町遺跡調査会 1991『発昌寺跡――社団法人金融財政事情研究会新館建設に伴う第 2 次緊急発掘調査報告書』新宿区南元町遺跡調査会

杉原荘介・大塚初重編 1971〜1974『土師式土器集成　本編』1〜4，東京堂

鈴木公雄 1988「出土六道銭の組合せからみた江戸時代前期の銅銭流通」『社会経済史学』第 53 巻第 6 号，749-775 頁

鈴木忠司 2001「岩宿時代の槍と陥穴」『考古学ジャーナル』第 468 号，5-8 頁

鈴木博之編 2006『復元思想の社会史』建築資料研究社

鈴木靖民 1983「日本古代国家形成史の諸段階」『國學院雑誌』第 94 巻 12 号，55-74 頁

須田　勉 2006「古代村落寺院とその信仰」国士舘大学考古学会『古代の信仰と社会』35-77 頁，六一書房

清家　章 2002「近畿古墳時代の埋葬原理」『考古学研究』第 49 巻第 1 号，59-78 頁

清家　章 2010『古墳時代の埋葬原理と親族構造』大阪大学出版会

清家　章 2018『埋葬からみた古墳時代――女性・親族・王権』吉川弘文館

瀬川拓郎 2005『アイヌ・エコシステムの考古学――異文化交流と自然利用からみたアイヌ社会成立史』北海道出版企画センター

関口慶久 2004「近世東北の『家』と墓——岩手県前沢町大室鈴木家の墓標と過去帳」『国立歴史民俗博物館研究報告』第 112 号, 465-485 頁

関根達人 2010『近世墓と人口史料による社会構造と人口変動に関する基盤的研究』科学研究費補助金基盤研究 B 研究成果報告書（課題番号 19320123）

関根達人・澁谷悠子 2007「墓標からみた江戸時代の人口変動」『日本考古学』第 24 号, 21-39 頁

瀬戸哲也 2003「グスク時代の土壙墓・石組墓」『紀要　沖縄埋文研究』1, 25-34 頁, 沖縄考古学会・沖縄県立埋蔵文化財センター

セミョーノフ, S. A./田中　琢　抄訳 1968「石器の用途と使用痕」『考古学研究』第 14 巻第 4 号, 44-68 頁

千田嘉博 2000『織豊系城郭の形成』東京大学出版会

高倉洋彰 1981「右手の不使用」『九州歴史資料館紀要』1, 1-32 頁

高宮廣衞・金武正紀・鈴木正男 1975「那覇山下町洞穴発掘経過報告」『人類學雜誌』第 83 巻, 137-150 頁

高宮広土 2005『島の先史学——パラダイスではなかった沖縄諸島の先史時代』ボーダーインク

武末純一 1991「倉庫の管理主体」『児島隆人先生喜寿記念古文化論叢』107-117 頁, 児島隆人先生喜寿記念論集刊行会

武末純一 1998「弥生時代環溝集落と都市」田中　琢・金関　恕編『古代史の論点』第 3 巻（都市と工業と流通）, 81-108 頁, 小学館

嵩元政秀 2003「縄文時代」『沖縄県史』各論編第 2 巻（考古）, 97-182 頁, 沖縄県教育委員会

立花　聡・菱田哲郎ほか 1987『播磨繁昌廃寺——寺院と古窯跡』加西市教育委員会

田中　琢 1984「いせき遺跡」『平凡社大百科事典』第 1 巻, 980 頁

田中　琢 1987「『銅鐸文化圏』と『銅剣銅矛文化圏』」金関　恕・佐原　眞編『弥生文化の研究』第 8 巻（祭と墓と装い）, 33-41 頁, 雄山閣

田中良之 1995『古墳時代親族構造の研究——人骨が語る古代社会』柏書房

田中良之 1998「出自表示論批判」『日本考古学』第 5 号, 1-18 頁

田中良之・土肥直美 1988「二列埋葬墓の婚後居住規定」『日本民族・文化の生成』（永井昌文教授退官記念論文集）, 397-417 頁, 六興出版

谷川章雄 1988「近世墓標の類型」『考古学ジャーナル』第 288 号, 26-30 頁

谷川章雄 1989「近世墓標の変遷と家意識」『史観』第 121 号, 2-16 頁

谷川章雄 2004「江戸の墓の埋葬施設と副葬品」江戸遺跡研究会編『墓と埋葬と江戸時代』吉川弘文館

多和田真淳 1956「琉球列島の貝塚分布と編年の概念」『文化財要覧　1956 年版』琉球政府文化財保護委員会（沖縄県教育庁『沖縄文化財調査報告〔1956 年-1962 年〕』12-

24 頁に再録）

多和田真淳 1975「沖縄先史原史時代の主食材料について」『南島考古』第 4 号, 25-28 頁, 沖縄考古学会

チャイルド, V. G./近藤義郎訳 1981『考古学の方法』〔改訂新版〕河出書房新社（原著, Childe, V. G. 1956 *Piecing Together the Past: the Interpretation of Archaeological Data*. Routledge & Kegan Paul）

塚原正典 2012「群馬県中野谷松原遺跡に見る縄文時代前期の社会変化──ランクサイズ分布による分析」『考古学研究』第 59 巻第 1 号, 81-91 頁

塚本浩司 2002「擦文土器の編年と地域差について」『東京大学考古学研究室研究紀要』第 17 号, 145-184 頁

辻　秀人 1996「蝦夷と呼ばれた社会」鈴木靖民編『古代王権と交流』第 1 巻（古代蝦夷の世界と交流）, 215-248 頁, 名著出版

辻田淳一郎 2019『鏡の古代史』角川選書

都出比呂志 1986『竪穴式石室の地域性の研究』大阪大学文学部国史研究室（『前方後円墳と社会』塙書房, 2005, 413-535 頁に加筆修正のうえ再録）

都出比呂志 1989a「古墳が造られた時代」同編『古代史復元』第 6 巻（古墳時代の王と民衆）, 25-52 頁, 講談社

都出比呂志 1989b『日本農耕社会の成立過程』岩波書店

都出比呂志 1991「日本古代の国家形成論序説──前方後円墳体制の提唱」『日本史研究』第 343 号, 5-39 頁, 日本史研究会

都出比呂志 2000『王陵の考古学』岩波新書

坪井正五郎 1895・96「コロボックル風俗考」『風俗画報』第 90〜108 号

坪井良平 1939「山城木津惣墓墓標の研究」『考古学』第 10 巻第 6 号, 310-346 頁, 東京考古学会

ディーツ, J./関　俊彦 1994『考古学への招待』第 2 版, 雄山閣（Deetz, J. 1967 *Invitation to Archaeology*. American Museum of Natural History, New York）

寺田和夫 1986『人類の創世記』講談社学術文庫

寺沢　薫 1998「集落から都市へ」都出比呂志編『古代国家はこうしてうまれた』103-162 頁, 角川書店

寺沢　薫 2002「首長霊観念の創出と前方後円墳祭祀の本質」初期王権研究委員会編『古代王権の誕生』第 1 巻（東アジア）, 29-69 頁, 角川書店

寺村光晴 1980『古代玉作形成史の研究』吉川弘文館

土肥直美・田中良之・船越公威 1986「歯冠計測値による血縁者推定法と古人骨への応用」『人類学雑誌』第 94 巻, 147-162 頁

土肥直美・泉水　奏・瑞慶覧朝盛・譜久嶺忠彦 2000「骨から見た沖縄先史時代人の生活」『高宮廣衞先生古希記念論集──琉球・東アジアの人と文化』下巻, 431-448 頁,

高宮廣衛先生古希記念論集刊行会

當眞嗣一 1984「戦跡考古学のすすめ」『南島考古学だより』第30号, 沖縄考古学会

時津裕子 2000「近世墓に見る階層性」『日本考古学』第9号, 97-122頁

栃木県教育委員会 1997『寺野東遺跡V（縄紋時代　環状盛土遺構・水場の遺構編1)』

中塚　武 2022『気候適応の日本史——人新世をのりこえる視点』吉川弘文館

中橋孝博 1987「福岡県志摩町新町遺跡出土の縄文・弥生移行期の人骨」『新町遺跡』志摩町文化財調査報告書7, 87-105頁

新納　泉 1991「6，7世紀の変革と社会の動向」『考古学研究』第38巻第2号, 55-67頁

西川寿勝・河野一隆編 2003『考古学と暦年代』ミネルヴァ書房

西田正規 1981「"鳥浜村"の四季」『アニマ』第9巻第3号, 22-27頁

新田重清 2003「弥生～平安並行時代」『沖縄県史』各論編第2巻（考古), 183-252頁, 沖縄県教育委員会

日本考古学協会 1971『埋蔵文化財白書』学生社

日本考古学協会 2003『前・中期旧石器問題の検証』

日本考古学協会 2008「学習指導要領と教科書の変遷」『日本考古学協会第74回総会研究発表資料』178-179頁

花田勝広 2005「鉱物の採集と精錬工房」上原真人ほか編『暮らしと生業』（列島の古代史2), 207-247頁, 岩波書店

埴原和郎編 1984『日本人の起源』朝日新聞社（増補, 1994)

土生田純之 2006『古墳時代の政治と社会』吉川弘文館

土生田純之編 2008『古墳時代の実像』吉川弘文館

林　謙作 1993「縄文土器の範囲」『環日本海における土器出現期の様相』21-26頁, 日本考古学協会1993年度新潟大会実行委員会

原田大六 1960「鋳鏡における湯冷えの現象について」『考古学研究』第6巻第4号, 10-22頁

春成秀爾 1973・74「抜歯の意義」『考古学研究』第20巻第2号, 25-48頁, 第3号, 41-58頁

春成秀爾 1979「縄文晩期の婚後居住規定」『岡山大学法文学部学術紀要』40（史学篇), 25-63頁

春成秀爾 1984「弥生時代九州の居住規定」『国立歴史民俗博物館研究報告』第3集, 1-40頁

春成秀爾・藤尾慎一郎・今村峯雄・坂本　稔 2003「弥生時代の開始年代——[14]C年代の測定結果について」『日本考古学協会第69回総会研究発表要旨』65-68頁

坂　靖 2008『古墳時代の遺跡学——ヤマト王権の支配構造と埴輪文化』雄山閣

菱田哲郎 1994「瓦当文様の創出と七世紀の仏教政策」荒木敏夫編『ヤマト王権と交流

の諸相』（古代王権と交流 5），207-232 頁，名著出版

菱田哲郎 1996『須恵器の系譜』（歴史発掘 10），講談社

菱田哲郎 2007『古代日本国家形成の考古学』京都大学学術出版会

美備郷土文化の会／理論社編集部編 1954『月の輪教室』理論社〔1978 年に月の輪古墳刊行会より増補復刻〕

広瀬和雄 1986「中世への胎動」近藤義郎ほか編『岩波講座日本考古学』第 6 巻（変化と画期），295-356 頁，岩波書店

広瀬和雄 2003『前方後円墳国家』角川書店

広瀬和雄 2007『古墳時代政治構造の研究』塙書房

深沢百合子 1995「エスノヒストリー（ethnohistory）としてのアイヌ考古学」『北海道考古学』第 31 輯，271-290 頁

福田敏一 2005『方法としての考古学——近代における認識』雄山閣

福永伸哉 2001『邪馬台国から大和政権へ』大阪大学出版会

福永伸哉 2005「倭の国家形成過程とその理論的予察」前川和也・岡村秀典編『国家形成の比較研究』39-60 頁，学生社

藤尾慎一郎 2002『縄文論争』講談社

藤尾慎一郎 2009「弥生時代の実年代」西本豊弘編『弥生農耕のはじまりとその年代』9-54 頁，雄山閣

藤沢　敦 2007「倭と蝦夷と律令国家」『史林』第 90 巻，4-27 頁

藤澤良祐 1998「近世瀬戸・美濃焼の生産と流通」瀬戸市史編纂委員会編『瀬戸市史陶磁史編』第 6 巻，473-492 頁

藤田和尊 2002「古墳時代官僚機構の発展過程序説」『ヒストリア』第 178 号，1-17 頁

藤本　強 1988『もう二つの日本文化——北海道と南島の文化』東京大学出版会

藤山龍造編 2003『漁村の考古学——三浦半島における近現代貝塚調査の概要』三浦の塚研究会

文化庁文化財第二課 2022「埋蔵文化財関係統計資料——令和 3 年度」

文化庁文化財部記念物課監修 2005『史跡等整備のてびき——保存と活用のために』同成社

文化庁文化財部記念物課 2007『埋蔵文化財関係統計資料』

朴　天秀 2007『加耶と倭——韓半島と日本列島の考古学』講談社

ホッダー，I.／三木健裕訳 2023『絡まり合うモノと人間——関係性の考古学にむけて』同成社（原著，Hodder, I. 2012 *Entangled: An Archaeology of the Relationships between Humans and Things.* Wiley-Blackwell, Malden, Mass）

松井　章・石黒直隆・本郷一美・南川雅雄 2001「野生のブタ？飼育されたイノシシ？——考古学からみるイノシシとブタ」高橋春成編『イノシシと人間——共に生きる』45-78 頁，古今書院

松尾充晶 2006「奈良・平安時代の青木遺跡」『青木遺跡II 弥生時代～平安時代編』第3分冊, 547-604頁

松岡　進 1988「戦国期城館遺構の史料的利用をめぐって」『中世城郭研究』第2号, 4-49頁, 中世城郭研究会

松岡　進 2002「岩城領境目の城館群と地域社会」『中世城郭研究』第16号, 6-29頁, 中世城郭研究会

松田　陽・岡村勝行 2012『入門パブリック・アーケオロジー』同成社

馬淵久夫・平尾良光 1982「鉛同位体比からみた銅鐸の原料」『考古学雑誌』第68巻, 42-62頁

マリノフスキ, B./増田義郎訳 2010『西太平洋の遠洋航海者――メラネシアのニュー・ギニア諸島における, 住民たちの事業と冒険の報告』講談社（原著, Malinowski, B. 1922 *Argonauts of the Western Pacific*, Routledge, London）

三沢勝衛 1931『郷土地理の観方――地域性と其の認識』2版, 古今書院

三島市教育委員会編 1999『初音ヶ原遺跡』

光谷拓実 2001「年輪年代法と文化財」『日本の美術』第421号, 1-98頁, 至文堂

港区教育委員会 2022『概説 高輪築堤』港区教育委員会 https://www.city.minato.tokyo.jp/bunkazai/documents/20220610gaisetsutakanawachikuteigenkou.pdf

宮城弘樹 2022『琉球の考古学――旧石器時代から沖縄戦まで』敬文舎

宮本一夫 2003「弥生の実年代を考古学的に考える」『東アジアの古代文化』第117号, 130-140頁, 大和書房

宮本一夫 2018「弥生時代開始期の実年代再論」『考古学雑誌』第100巻第2号, 図巻頭2頁, 1-27頁

三好義三 1985「近世墓標の形態と民衆精神の変化について」『立正大学大学院年報』第3号, 31-40頁

村上恭通 1999『倭人と鉄の考古学』青木書店

村田修三 1980「中世史部会共同研究報告城跡調査と戦国史研究」『日本史研究』第211号, 82-106頁

メンギーン, O./岡　正雄訳 1943『石器時代の世界史』聖紀書房（原著, 1931）

森本六爾 1933「弥生式文化と原始農業問題」『日本原始農業』1-18頁, 東京考古学会〔復刻, 1969〕

森本六爾・小林行雄 1939『彌生式土器聚成図録』東京考古学会

モンテリウス, O./濱田耕作訳 1932『考古学研究法』岡書院

安田喜憲 2000『気候と文明の盛衰』朝倉書店

家根祥多 1987「弥生土器のはじまり――遠賀川式土器の系譜とその成立」『季刊考古学』第19号, 18-23頁

山里純一 1999『古代日本と南島の交流』吉川弘文館

山中　章 2001「京内寺院と京外寺院」同著『長岡京研究序説』144-162頁，塙書房

山中　章 2004「古代王権の首都像」考古学研究会編『文化の多様性と比較考古学——
　考古学研究会50周年記念論文集』197-206頁，考古学研究会

山中敏史 1994『古代地方官衙の研究』塙書房

山中敏史・石毛彩子 2004「末端官衙と豪族居宅」『古代の官衙遺跡Ⅱ遺物・遺跡編』
　213-246頁，奈良文化財研究所

山内清男 1932・33「日本遠古之文化（1）〜（7）」『ドルメン』第1巻第4〜9号・第2
　巻第2号〔『日本遠古之文化（補註附）』新版，1939，先史考古学会に再録〕

山内清男 1937「縄紋土器型式の細別と大別」『先史考古学』第1巻第1号，29-32頁，
　先史考古学会

山内清男 1967『日本先史時代土器図譜』先史考古学会

山内清男 1969「縄文時代研究の現段階」『日本と世界の歴史』第1巻，86-97頁

八幡一郎編 1982『弾談義』六興出版

横山浩一 1978「刷毛目調整工具に関する基礎的実験」『九州文化史研究所紀要』第23
　号，1-24頁

横山浩一 1985「総論——日本考古学の特質」近藤義郎ほか編『岩波講座日本考古学』
　第1巻（研究の方法），1-15頁，岩波書店

吉岡康暢 1994『中世須恵器の研究』吉川弘文館

吉兼秀夫 2000「遺跡保存と住民生活」片桐新自編『環境社会学』第3巻（歴史的環境
　の社会学），27-48頁，新曜社

ラトゥール，B./伊藤嘉高訳 2019『社会的なものを組み直す——アクターネットワーク
　理論入門』法政大学出版局（原著，Latour, B. 2005 *Reassembling the Social: An
　Introduction to Actor-network-theory.* Oxford University Press）

ラドクリフ＝ブラウン，A./青柳真智子（まちこ）訳 2002『未開社会における構造と機
　能』新版，新泉社（原著，Radcliff-Brown, A. R. 1952 *Structure and Function in
　Primitive Society.* Cohen and West, London.）

レンフルー，C.・バーン，P./池田　裕・常木　晃・三宅裕監訳，松本建速・前田　修
　訳 2007『考古学——理論・方法・実践』東洋書林（原著，Renfrew, C. and Bahn, P.
　2004 *Archaeology: Theories, Methods and Practice.* Thames & Hudson, London）

若狭　徹 2005「史跡を活用した地域創造の実践」『歴博』第128号，11-14頁，国立歴
　史民俗博物館

若狭　徹 2009『もっと知りたいはにわの世界——古代社会からのメッセージ』東京美術

若狭　徹 2021a『埴輪は語る』ちくま新書

若狭　徹 2021b『古墳時代東国の地域経営』吉川弘文館

和田晴吾 1987「古墳時代の時期区分をめぐって」『考古学研究』第34巻第2号，44-55頁

和田晴吾 2004「古墳文化論」歴史学研究会・日本史研究会編『日本史講座』第1巻

（東アジアにおける国家の形成），167-200 頁，東京大学出版会

渡辺　仁　1972「アイヌ文化の成立」『考古学雑誌』第 58 巻，251-268 頁

渡辺　仁　1990『縄文式階層化社会』六興出版

渡辺　仁　1993「土俗考古学の勧め——考古学者の戦略的手段として」『古代文化』第
45 巻，609-622 頁，古代学協会

Adams, R. McC. 1981 *Hertland of Cities*. University of Chicago Press, Chicago

Alperson-Afil, N. and Goren-Inbra, N. 2010 *The Acheulian Site of Geshar Benot Ya'
aqov Volume Ⅱ: Ancient Flames and Controlled Use of Fire*. Springer, Dordrecht

Bahn, P. 1996 *Archaeology: A Very Short Introduction*. Oxford University Press,
Oxford

Binford, L. R. 1978 *Nunamiut Ethnoarchaeology*. Academic Press, New York

Binford, L. R. 1981 *Bones: Ancient Men and Modern Myth*. Academic Press, Orlando,
Florida

Brainerd, G. W. 1951 The Place of Chronological Ordering in Archaeological Analysis.
American Antiquity, Vol. 16, No. 4, pp. 301-313

Castro, E. B. V. de 1998 Cosmological Deixis and Amerindian Perspectivism. *The
Journal of the Royal Anthropological Institute*, Vol. 4, No. 3, pp. 469-488

Champion, S. 1980 *A Dictionary of Terms and Techniques in Archaeology*. Phaidon
Press Limited, Oxford

Chang Kwang-chih〔張光直〕1958 Study of the Neolithic Social Grouping: Examples
from the New World. *American Anthropologist*, Vol. 60, pp. 298-334

Childe, V. G. 1936 *Man Makes Himself*. Watts & Co., London

Childe, V. G. 1942 *What Happened in History*. Penguin Books, Harmondworth, Middle
sex

Childe, V. G. 1950 Urban Revolution. *Town Planning Review*, Vol. 21, pp. 3-17

Childe, V. G. 1957 *The Dawn of European Civilization*, 6th ed. Routledge & Kegan
Paul, London

Clark, J. G. D. 1932 Fresh Evidence for the Dating of Gold "Lunulæ" *MAN*, XXXII,
pp. 40-41

Clark, J. G. D. 1939 *Archaeology and Society*. Methuen, London

Dark, K. R. 1995 *Theoretical Archaeology*. Cornell University Press, Ithaca, New York

Deetz, J. F. and Dethlefsen, E. S. 1965 The Doppler Effect and Archaeology: A Consid-
eration of the Spatial Aspects of Seriation. *Southwestern Journal of Anthropology*.
Vol. 21, pp. 196-206

Deetz, J. F. and Deetz, P. S. 2001 *The Times of Their Lives: Life, Love, and Death in
Plymouth Colony*. Anchor Books, New York

Dethlefsen, E. S. and Deetz, J. F. 1966 Death's Head, Cherubs, and Willow Trees: Experimental Archaeology in Colonial Cemeteries. *American Antiquity*, Vol. 31, pp. 502–510

Goody, J. 1962 *Death, Property, and Ancestors*. Stanford University Press, Stanford, California

Haviland, W. A. 1967 Stature at Tikal, Guatemala: Implications for Ancient Maya Demography and Social Organization. *American Antiquity*, Vol. 32, pp. 316–325

Hawkes, C. F. C. 1954 Archeological Theory and Method: Some Suggestions from the Old World. *American Anthropologist*, Vol. 56, pp. 155–168

Henare, A., Holbraad, M., and Wastell, S. eds. 2006 *Thinking Through Things: Theorising Artefacts Ethnographically*. Taylor & Francis Group, London

Hodder, I. 1982 *Symbols in Action*. Cambridge University Press, Cambridge

Kirch, P. V. 1986 Introduction: the Archaeology of Island Societies. *Island Societies: Archaeological Approaches to Evolution and Transition*, edited by P. V. Kirch, pp. 1–5. Cambridge University Press, Cambridge

Johnson, G. A. 1980 Rank-Size Convexity and System Integration: A View from Archaeology. *Economic Geography*, Vol. 56, No. 3, pp. 234–247

Malinowski, B. 1922 *Argonauts of the Western Pacific*. Routledge, London

Moberg, C.-A. 1969 *Introduktion till Arkeologi: Jämförande och Nordisk Fornkunskap*. Natur och Kultur, Stockholm

Montelius, O. 1903 *DIE TYPOLOGISCHE METHODE*, separat aus Die Älteren Kulturperioden im Orient und in Europa. SELBSTVERLAGE DES VERFASSERS

O'Shea, J. M. 1984 *Mortuary Variability*. Academic Press, New York

Parker Pearson, M. 1982 Mortuary Practices, Society and Ideology. *Symbolic and Structural Archaeology*, edited by I. Hodder, pp. 99–114. Cambridge University Press, Cambridge

Pearson, R. J. 1969 *Archaeology of the Ryukyu Islands*. University of Hawai'i Press, Honolulu

Radcliffe-Brown, A. R. 1952 *Structure and Function in Primitive Society: Essays and Addresses*. Routledge & Kegan Paul, London

Saul, F. P. 1972 *The Human Skeletal Remains of Altar de Sacrificios*. Papers of the Peabody Museum of Archaeology and Ethnology, Vol. 63, No. 2. Harvard University, Cambridge, Mass

Savage, S. H. 1997 Assessing Departures from Log-Normality in the Rank-Size Rule. *Journal of Archaeological Science*, Vol. 24, No. 3, pp. 233–244

Service, E. R. 1967 *Primitive Social Organization: An Evolutionary Perspective*.

Random House, New York

Storey, R. 1999 Late Classic Nutrition and Skeletal Indicators at Copan, Honduras. *Reconstructing Ancient Maya Diet*, edited by C. D. White, pp. 169-179. University of Utah Press, Salt Lake City

Whittle, A. W. R. 1985 *Neolithic Europe: A Survey*. Cambridge University Press, Cambridge

Wright, H. T. 1977 Toward an Explanation of the Origins of the State. *Explaining Prehistoric Change*, edited by J. N. Hill, pp. 215-230. University of New Mexico Press, Albuquerque

Zipf, G. K. 1949 *Human Behavior and the Principle of Least Effort: An Introduction to Human Ecology*. Addison-Wesley, Cambridge

図版出所一覧

* 列記した掲載文献より引用・一部改変しました。
* 写真については提供先を明記しました。
* なお本書執筆者関係の図版については省略しました。

口絵1：かみつけの里博物館提供
口絵2：国土地理院地図 電子国土 Web

◆ 第1章
扉図：『図書』1985年11月号（岩波書店発行）・園山俊二作画

◆ 第2章
扉写真：京都大学総合博物館提供
写真 2-1：文化庁保有／写真提供茨木市立文化財資料館
写真 2-2：加古川市教育委員会提供
写真 2-3：兵庫県立考古博物館提供
写真 2-4：大阪府立弥生文化博物館提供

◆ 第3章
扉図：Deetz, J. F. and Deetz, P. S. *The Times of Their Lives: Life, Love, and Death in Plymouth Colony*, Anchor Books, 2001
表 3-1：山内清男『日本先史時代土器図譜』先史考古学会，1967
図 3-1：Moberg, C.-A. and Arbman, H. *Introduktion till Arkeologi: Jämförande och Nordisk Fornkunskap*, Natur och Kultur, Stockholm, 1969
図 3-2：Brainerd, G. W. The Place of Chronological Ordering in Archaeological Analysis. *American Antiquity*, Vol. 16, No. 4, 1951
図 3-3：Champion, S. *A Dictionary of Terms and Techniques in Archaeology*, Phaidon Press Limited, 1980
図 3-4：坂本 稔「特集 総論 較正曲線の現在地」『考古学ジャーナル』第779号（2023年3月号）（特集 ^{14}C 年代研究の現在地），ニューサイエンス社，2023
図 3-5：OxCal v4.4.4 Bronk Ramsey（2021）r5: Atmospheric data from Reimer *et al.*（2020）

◆ 第4章

扉 図：Clark, J. G. D. Fresh Evidence for the Dating of Gold "Lunulæ" *MAN*, XXXII, 1932；チャイルド V. G./近藤義郎訳『考古学の方法』〔改訂新版〕河出書房新社, 1981

図4-1

①：江原　英「寺野東遺跡環状盛土遺構の類例――縄紋後・晩期集落の一形態を考える基礎作業」『研究紀要』第7号, 栃木県文化振興事業団埋蔵文化財センター, 1999

②：財団法人栃木県文化振興事業団埋蔵文化財センター『寺野東遺跡V（栃木県埋蔵文化財調査報告第200集）』栃木県教育委員会, 1997

③：石坂　茂「関東・中部地方の環状列石――中期から後期への変容と地域的様相を探る」『研究紀要』第22号, 群馬県埋蔵文化財調査事業団, 2004

④：長野県埋蔵文化財センター『北村遺跡（中央自動車道長野線埋蔵文化財発掘調査報告書11）』長野県教育委員会, 1993；小杉　康「縄文時代後半期における大規模配石記念物の成立――「葬墓祭制」の構造と機能」『駿台史学』第93号, 1995

⑤：加藤雅士「石棺墓の展開とその意義――縄文時代後期の関東甲信越」『考古学雑誌』第90巻第1号, 2006

⑥：群馬県埋蔵文化財調査事業団『深沢遺跡・前田原遺跡（上越新幹線関係埋蔵文化財発掘調査報告第10集）』群馬県考古資料普及会, 1987

Column ②中の図：小杉　康「千葉県江原台遺跡及び岩手県雨滝遺跡出土の亀形土製品――所謂亀形土製品, 土版, 岩版の型式学的研究と用途問題・素描」『明治大学考古学博物館館報』第2号, 1986

設楽博己「Ⅲ　縄文時代 2. 道具の組み合わせ f. 晩期」日本第四紀学会・小野昭・春成秀爾・小田静夫編『図解・日本の人類遺跡』東京大学出版会, 1992

Column ④中の図：Alperson-Afil, N. and Goren-Inbra, N. *The Acheulian Site of Geshar Benot Ya'aqov Volume II: Ancient Flames and Controlled Use of Fire*. Springer, 2010, Dordrecht

◆ 第5章

扉図：原図は Clark, G. *Archaeology and Society*, 1939；井川史子「旧石器文化研究の方法論」麻生優・加藤晋平・藤本強編『日本の旧石器文化』第5巻（旧石器文化の研究法）雄山閣, 1976

図5-3：大久保徹也「前期前方後円墳の築造頻度と規模構成」広瀬和雄ほか『古墳時代の政治構造――前方後円墳からのアプローチ』青木書店, 2004

図5-4：塚原正典 2012「群馬県中野谷松原遺跡に見る縄文時代前期の社会変化」『考古学研究』第59巻第1号

◆ 第 6 章

扉写真：財団法人横浜市ふるさと歴史財団埋蔵文化財センター提供

図 6-1：文化庁（2022）「埋蔵文化財関係統計資料 令和 3 年度」文化庁文化財第二課

図 6-2：毎日新聞社提供（平成 12 年 11 月 5 日付毎日新聞 1 面）

写真 6-1：時事通信フォト提供

写真 6-2：公益財団法人 アイヌ民族文化財団提供

写真 6-3：群馬県所蔵・提供

写真 6-4：広島平和記念資料館提供

写真 6-5：佐賀県提供

写真 6-6：かみつけの里博物館提供

◆ 第 7 章

扉写真：明治大学博物館所蔵

図 7-2

　1・6：戸沢充則「埼玉県砂川遺跡の石器文化」『考古学集刊』第 4 巻第 1 号，1968

　2：新潟県朝日村教育委員会『樽口遺跡（奥三面ダム関連遺跡発掘報告Ⅴ）』1996

　3：高槻市教育委員会『郡家今城遺跡発掘調査報告書』1978

　4：都立府中病院内遺跡調査会『武蔵台遺跡Ⅰ』1984

　5：長野県埋蔵文化財センター『日向林 B 遺跡・日向林 A 遺跡・七ツ栗遺跡・大平 B 遺跡（上信越自動車道埋蔵文化財発掘調査報告書 15──信濃町内その 1）』長野県教育委員会，2000

　7：杉原荘介・戸沢充則『北海道白滝服部台における細石器文化（明治大学文学部研究報告考古学第五冊）』1975

　8：北海道埋蔵文化財センター『千歳市柏台 1 遺跡（北海道埋蔵文化財センター調査報告書第 138 集）』1999

　9：大和市教育委員会『月見野遺跡群上野遺跡第 1 地点』1986

　10・11：鶴丸俊明「北海道地方の細石刃文化」『駿台史学』第 47 号，1979

図 7-3

　①：神奈川県教育委員会文化財保護課『神奈川県の遺跡』有隣堂，1990

　②・③：安蒜政雄「文化の復原をめざして」同編『日本人類文化の起源』六興出版，1988

図 7-4

　上：群馬県埋蔵文化財調査事業団『下触牛伏遺跡』群馬県考古資料普及会，1986；稲田孝司『先史日本を復元する』第 1 巻，岩波書店，2001

　下：三島市教育委員会『初音ケ原遺跡』1999

図 7-5：小杉 康「経済的交換から友好関係を生み出す交換へ」『週刊新発見！ 日本の

歴史』第 49 号，2014

◆ 第 8 章

扉図：小杉　康「神像が回帰する社会──前期末葉以降の本州北東域」安斎正人編『縄
　文社会論（上）』同成社，2002

図 8-1：佐原　眞『大系日本の歴史 1』小学館，1987；小林謙一 2006「縄紋時代研究に
　おける炭素 14 年代測定」『国立歴史民俗博物館研究報告』第 133 集，2006；小林謙一
　2007「縄紋時代前半期の実年代」『国立歴史民俗博物館研究報告』第 137 集，2007；
　春成秀爾・今村峯雄・藤尾慎一郎・坂本稔・小林謙一「弥生時代の実年代」『日本考
　古学協会第 70 回総会研究発表要旨』2004

図 8-2：坪井正五郎「コロボックル風俗考（第 10 回）」『風俗画報』108 号，1896

図 8-3：メドヴェージェフ，V. E.「ガーシャ遺跡とロシアのアジア地区東部における土
　器出現の問題について」日本考古学協会新潟大会実行委員会編『シンポジウム 1 環日
　本海における土器出現期の様相』1993；大平山元 I 遺跡発掘調査団『大平山元 I 遺跡
　の考古学調査』1999；大和市教育委員会『月見野遺跡群上野遺跡第 1 地点』1986；喜
　入町教育委員会『帖地遺跡（基盤整備促進事業「帖地地区」に伴う埋蔵文化財発掘調
　査報告書）』2000

図 8-4

　1：永峯光一「長野県石小屋洞穴」『日本の洞穴遺跡』日本考古学協会洞穴調査委員会，
　　1967

　2：南郷村教育委員会『黄檗遺跡（南郷村埋蔵文化財調査報告書第 3 集）』2001

　3：中村孝三郎・小片　保『縄文早期　室谷洞窟』長岡市立科学博物館考古研究室，
　　1964

　4：緒方　勉「熊本県大津町瀬田裏遺跡出土の縄文早期の注口土器」『考古学雑誌』第
　　77 巻第 1 号，1991

　5：志布志町教育委員会『下田遺跡（志布志町埋蔵文化財発掘調査報告書 22）』1992

　6：熊本県教育委員会『白鳥平 A 遺跡（熊本県文化財調査報告第 127 集）』1993

図 8-5：小杉　康「文化制度としての縄文モニュメント」『日本考古学協会 2014 年度伊
　達大会研究発表資料集』2014

Column⑩中の図：小杉　康「子生みの造形・鼻曲りの造形」明治大学文学部考古学研
　究室編『地域と文化の考古学』六一書房，2005

◆ 第 9 章

扉写真：堺市博物館提供

写真 9-1：奈良県立橿原考古学研究所提供

写真 9-2：福岡市埋蔵文化財センター所蔵。日本の美術 357『古代の農具』至文堂，

1996

写真 9-3：鳥取県とっとり弥生の王国推進課提供

写真 9-4：島根県立古代出雲歴史博物館提供

写真 9-5：財団法人横浜市ふるさと歴史財団埋蔵文化財センター提供

写真 9-6：佐賀県提供

写真 9-7：島根県古代文化センター提供

写真 9-8：奈良県立橿原考古学研究所提供（撮影は阿南辰秀氏）

図 9-1：白石太一郎・春成秀爾・杉山晋作・奥田　尚「箸墓古墳の再検討」『国立歴史民俗博物館研究報告』第 3 集，1984

図 9-3：かみつけの里博物館提供。かみつけの里博物館「常設展示図録　よみがえる 5 世紀の世界」1999（イラストは金斗鉉氏）を一部改変。

写真 9-9：文化庁所蔵／写真提供埼玉県立さきたま史跡の博物館

図 9-4

　上：かみつけの里博物館提供

　下左：藤井寺市教育委員会提供

　下右：若狭　徹『もっと知りたいはにわの世界──古代社会からのメッセージ』東京美術，2009（イラストは金斗鉉氏）

Column⑪中の写真：かみつけの里博物館提供

◆ 第 10 章

扉写真：奈良文化財研究所提供

写真 10-1：大野城市所蔵

図 10-1：枚方市文化財研究調査会編『九頭神廃寺──寺院北西域の調査成果（枚方市文化財調査報告第 54 集）』2007

図 10-2：関市文化財保護センター提供

◆ 第 11 章

扉写真：東京都教育委員会所蔵

図 11-1：千田嘉博『織豊系城郭の形成』東京大学出版会，2000

図 11-2：港区立郷土歴史館所蔵（港区教育委員会『概説 高輪築堤』港区教育委員会，2022）

Column⑬中の写真：Wikipedia, the free encyclopedia（author: Swampyank）

◆ 第 12 章

扉写真

　左・a：森町教育委員会『鷲ノ木遺跡（森町埋蔵文化財調査報告書第 15 集）』2008

b：森町教育委員会「資料・遺跡　鷲ノ木5遺跡」『北海道考古学』第40輯，2004

図12-1

1：帯広市教育委員会『帯広・大正遺跡群2（帯広市埋蔵文化財調査報告第27冊）』
2006

2：浦幌町教育委員会『共栄B遺跡』1976

3：標茶町史編さん委員会『標茶町史通史編』第1巻，1998

4：北海道埋蔵文化財センター『函館市中野B遺跡Ⅲ（北海道埋蔵文化財センター調
査報告書第120集）』1998

5：木村英明「北海道の石刃鏃文化と東北アジアの文化」『季刊考古学』第38号，
1992

6：女万別町教育委員会『女満別遺跡』1960

7：帯広市教育委員会『帯広・大正遺跡群3（帯広市埋蔵文化財調査報告第29冊）』
2008

図12-2：小杉　康「大規模記念物と北海道縄文後期の地域社会について（予察)」『北
海道考古学』第49輯，2013

図12-3

1：大谷敏三「環状土籬」『縄文文化の研究』第9巻（縄文人の精神文化）雄山閣，
1983

2・3：北海道埋蔵文化財センター『遺跡が語る北海道の歴史――(財)北海道埋蔵文化
財センター25周年記念誌』2004

図12-4

1～3：伊達市教育委員会『図録有珠モシリ遺跡』2003

4：北海道埋蔵文化財センター『遺跡が語る北海道の歴史――(財)北海道埋蔵文化財
センター25周年記念誌』2004；高瀬克範「恵山文化における魚形石器の機能・用
途」『物質文化』60，1996

5・6：日本考古学協会1991年度宮城・仙台大会実行委員会『北からの視点』1991

図12-5：小杉　康「続縄文期前半における礼文華遺跡の銛頭」『北海道考古学』第52輯，
2016

図12-6

1：札幌市教育委員会『K36遺跡（札幌市文化財調査報告書ⅩⅩⅩⅢ)』1987；北海道
大学埋蔵文化財調査室『北海道大学埋蔵文化財調査室ニュースレター』第3号，
2008

2：江別市教育委員会『江別の遺跡をめぐる（江別ガイドブックシリーズⅤ)』2010

3：北海道大学埋蔵文化財調査室『サクシュコトニ川遺跡』1986

4・5：東京大学総合研究博物館『北の異界――古代オホーツクの氷民文化』2002

写真 12-1
　1・2：財団法人アイヌ文化振興・研究推進機構『よみがえる北の中・近世――掘りだ
　　されたアイヌ文化』社団法人北海道ウタリ協会，2001
　3：北海道開拓記念館『アイヌ文化の成立（常設展示解説書2）』1999

　◆ 第13章
図13-1：高宮広土『島の先史学――パラダイスではなかった沖縄諸島の先史時代』ボ
　ーダーインク，2005
図13-2：木下尚子『南島貝文化の研究』法政大学出版局，1996
図13-3：安里　進『グスク・共同体・村――沖縄考古歴史考古学序説』榕樹書林，
　1998

事 項 索 引

340

遺跡名索引

348

人 名 索 引

【有斐閣アルマ】

はじめて学ぶ考古学〔改訂版〕

Invitation to Archaeology, 2nd ed.

2011 年 4 月 15 日 初　版第 1 刷発行
2023 年 12 月 25 日 改訂版第 1 刷発行

著　者　佐々木憲一・小杉康・菱田哲郎・朽木量・若狭徹
発行者　江草貞治
発行所　株式会社有斐閣
　　　　〒101-0051 東京都千代田区神田神保町 2-17
　　　　https://www.yuhikaku.co.jp/
装　丁　デザイン集合ゼブラ＋坂井哲也
印　刷　大日本法令印刷株式会社
製　本　牧製本印刷株式会社
装丁印刷　株式会社亨有堂印刷所

落丁・乱丁本はお取替えいたします。定価はカバーに表示してあります。
©2023, K. Sasaki, Y. Kosugi, T. Hishida, R. Kutsuki, T. Wakasa.
Printed in Japan. ISBN 978-4-641-22225-0